# BESTER SEX 2

*Das Autorinnen-Allstar-Team*

# BESTER SEX 2

*33 Frauen erzählen ihre
aufregendsten, unanständigsten
& romantischsten Abenteuer*

*Schwarzkopf & Schwarzkopf*

»*Liebe ist die Antwort, aber während man auf die Antwort wartet, entstehen durch Sex einige hübsche Fragen.*«      WOODY ALLEN

»*Sex ist in Bewegung umgesetztes Gefühl.*«
MAE WEST

# *Liebe Leserinnen, liebe Leser!*

Alle träumen von tollem Sex, jeder will es erleben: das eine unvergessliche Mal. Und natürlich sind auch alle neugierig, was für andere richtig guter Sex ist. Das beweist der Erfolg des ersten Bandes von *Bester Sex*, in dem 33 Frauen ihre aufregendsten Abenteuer erzählt haben. Seitdem wissen wir, dass Frauen es nicht nur romantisch mögen, dass guter Sex auch schnell sein kann und dass man das beste Mal sowohl mit einem leidenschaftlichen Lover als auch mit dem festen Freund haben kann. Die Geschmäcker sind eben verschieden. Es gibt kein Sex-Drehbuch, an das man sich halten kann, um den Gipfel der Lust zu erklimmen.

Und das ist gut so, sonst gäbe es in diesem Buch 33-mal die gleiche Geschichte zu lesen. Stattdessen können wir 33 neue authenthische Geschichten von echten Frauen präsentieren. Aufgeschrieben von Autorinnen, die sich auskennen mit dem Thema Lust und Liebe: Ina Küper, Marlene Burba, Mia Ming, Annika Hennebach, Marie Sommer, Kira Licht und viele andere. Sie geben ihr persönliches Bester-Sex-Erlebnis preis oder erzählen von den erotischen Erfahrungen ihrer Freundinnen. Dabei stellt sich heraus, dass phänomenaler Sex überall und zu jedem Zeitpunkt passieren kann: in der Mittagspause, zu Weihnachten, zu Hause, im Hotel, auf dem Balkon, im Park, im Wasser, auf einer Party, auf Reisen oder, ja, im berüchtigten Fahrstuhl. Diese Vielfalt macht das Leben aufregend und die folgenden Geschichten so lesenswert!

*Viel Spaß und ein anregendes Leseerlebnis wünscht*
*das Schwarzkopf-&-Schwarzkopf-Team!*

Christiane Hagn

# SEX STATT SUSHI

*Katinka Stein (27), wissenschaftliche Mitarbeiterin im Bundestag, Berlin,*
*über*
*Markus Hof (30), Künstler, Berlin*

Es ist Montag, 12 Uhr 10 in Deutschland und ich kann nicht glauben, dass ich schon seit über drei Stunden vor diesem Rechner sitze und eine Excel-Tabelle erstelle. Montage sind das Letzte! Man hat das ganze Elend einer kompletten Arbeitswoche vor sich. Heute ist wieder so ein verdammter Tag. Mein Chef liebt Excel-Tabellen, nicht nur montags.

»Frau Stein«, begrüßte er mich heute Morgen mit drei dicken Aktenordnern unter dem Arm, »seien Sie doch so gut und übertragen Sie diese Ergebnisse in eine Excel-Tabelle.« Ergebnisse in eine Excel-Tabelle zu übertragen ist eine überflüssige, stupide und daher sehr deprimierende Angelegenheit. Die Ergebnisse stehen ja schon da. Es entsteht keinerlei Mehrwert. Aber es liest sich eben schöner in Tabellenform, wie Herr Doktor findet. Der Alte hat einen Excel-Fetisch und ich muss das ausbaden.

Dafür habe ich nicht studiert, du Arschloch, denke ich. »Gerne, Herr Doktor Bruderlich«, sage ich. Mein Chef, Dr. Anton Magnus Bruderlich, hat einen Doktortitel und er besteht darauf, auch mit Doktor angesprochen zu werden. Ich habe mir vorgenommen, so oft »Herr Doktor Bruderlich« zu ihm zu sagen, bis ihm das Blut aus den Ohren läuft. Aber der Alte ist zäh.

»Was steht denn heute für mich an?«, fragt er, als ich ihm seinen Filterkaffee serviere, schwarz, versteht sich, ganz auf Parteilinie. Schau doch einfach in deinen Outlook-Kalender, den ich jeden Tag für dich anlege, fauler alter Mann! Mist, wieder nur gedacht. Mit einem charmanten Lächeln lege ich ihm wortlos seinen Tagesplan vor, in Form einer Excel-Tabelle selbstverständlich.

Bereits im Rausgehen drehe ich mich noch einmal um. »Ach, ich sollte Sie noch an Ihre Konzertkarten erinnern, Herr Dr. Bruderlich!« Klischee hin oder her, als wissenschaftliche Mitarbeiterin und erste Assistentin des Herrn Doktor muss ich auch seine Privattermine im Kopf haben. Immerhin muss ich nicht seine Hemden aus der Reinigung holen. Aber ich bestelle den Kurier, der sie abholt. Ich besorge auch nicht das Geburtstagsgeschenk für seine Frau, aber ich recherchiere Wellness-Resorts und liste meine Ergebnisse in Tabellenform auf. Außerdem haben der Doktor und ich kein sexuelles Verhältnis – um mit einem weiteren Klischee zu brechen. Aber vielleicht würde das helfen. Doktorspielchen! Bestimmt steht er auf Rollenspiele. Wir könnten Chef und Sekretärin spielen. »Ups, mir ist mein Bleistift zwischen Ihre Beine gefallen!« Ich sehe mich schon im kurzen Rock auf allen vieren unter seinem Schreibtisch knien. Ich blase, während er eine Excel-Tabelle als Wichsvorlage benutzt. Na toll, jetzt ist mir schlecht.

Dass ich von seinem Verhältnis mit Frau Yellnikoff weiß, der blonden langbeinigen Frau Kulturattaché der russischen Botschaft, die auch eine Vorliebe für Wellness pflegt, ist uns beiden klar, aber wir sprechen nicht darüber. Vermutlich, weil es nicht in eine Excel-Tabelle passt. Erwähnte ich schon, dass ich Excel überhaupt nicht beherrsche?

Wie konnte ich nur so auf die schiefe Bahn geraten und in der Politik landen? Bestimmt weiß Dr. Excel auch nicht mehr so genau, warum er mich eingestellt hat. Vermutlich hat er sich von meinen guten Noten und meinem phänomenalen Aussehen blenden lassen. Ich wiederum habe mich von dem völlig übertriebenen Gehalt blenden lassen und meinen Idealismus für einen kurzen Moment unter den Tisch fallen lassen, den Arbeitsvertrag mit geschlossenen Augen unterschrieben und mich für die nächste Legislaturperiode verpflichtet. Ich bin den Bund mit dem Teufel eingegangen. Ich habe meine Seele verkauft. Zumindest für die nächsten vier Jahre. Meine einzige Rettung wäre ein Sturz der Regierung.

Der ersehnte Putsch ist bis heute ausgeblieben. Jetzt arbeite ich hier schon seit über sieben Monaten. Mein ursprüngliches Vorhaben war es, mit Kunst die Welt zu verändern. Aber jetzt versuche ich, gekünstelt Politik zu machen. Tagtäglich, mit der Kunst des Verstellens. Denn froh gesinnte Menschen wie ich werden in unserer Partei nicht geduldet. Das merkt man schon an der strengen Kleidungsordnung. Während der Sitzungswochen zwänge ich mich in unbequeme Kostümchen, hohe Schuhe und Blazer. Außerhalb der Sitzungswochen dürfte ich auch mal in Jeans kommen, aber die vorwurfsvollen Blicke bleiben mir nicht verborgen. Bunt fällt auf, kurz fällt auf, bequem fällt auf, eigentlich alles, was Spaß macht. Abgesehen von diesen Äußerlichkeiten muss ich auch noch durchgehend demütig sein. Widerworte werden als aufmüpfig empfunden. Und so etwas nennt sich Demokratie! Das ist allerhand.

Also habe ich angefangen, mich anzupassen. Sobald ich mein Büro betrete, bin ich eine andere. Ich bin demütig und ernst. Wenn ich dringend mal lachen will, rufe ich eine Freundin an oder schreibe für Herrn Doktor eine seiner Reden. Das macht mir Spaß, egal zu welchem Anlass. Leider sorgt sein nicht vorhandenes rhetorisches Vermögen dafür, dass auch die bestgeschriebene Rede ziemlich fad rüberkommt. Und sei es auch nur die Rede zur Segnung eines neuen Feuerwehrhauses oder zur Eröffnung irgendeines Gurkenfasses im Wahlkreis. Er kann es einfach nicht. Kein Wunder, dass dieser Mann Politiker geworden ist.

Manchmal spiele ich mit dem Gedanken, als weibliches Pendant zu Günter Wallraff einen Enthüllungsroman über den Bundestag zu schreiben. Titel: Wo eine Kuppel, da ist immer Zirkus. Aber sogar dafür bin ich zu frustriert. Kein Wunder. Schließlich werfe ich Tag für Tag mit Perlenkette um den Hals Perlen vor die Säue! Wie Peter Licht so schön singt: »Hier muss ich nicht sein, hier möcht' ich nicht mal fehlen.«

Der schönste Moment des Tages ist, wenn abends der Uhrzeiger auf 6 Uhr steht. Der zweitschönste Moment, wenn der Zeiger auf 12 Uhr 30 steht. Mittagspause. Es ist jetzt 12 Uhr 29 und ich stelle das Telefon auf mein Handy um. Für Montage nehme ich mir immer was ganz Besonderes für meine Mittagspause vor, um einen letzten Funken Glück an diesem Tag zu bewahren. Heute bin ich mit Markus, einem ehemaligen Studienfreund, zum Sushi-Essen verabredet. Wir haben zusammen Kunstgeschichte studiert, aber Markus hat den »theoretischen Scheiß« bald abgebrochen. Er bezeichnet sich als Künstler und versetzt die Berliner Galeristen mit seinen »Vernissagen« regelmäßig in Aufruhr. Einmal hat er die weißen Wände einer Galerie schwarz überstrichen, samt Stuck. Ein andermal ein Lagerfeuer entzündet und darüber Spiegeleier gebraten. Kunst ist eben ein weites Feld. Die angerückten Feuerwehrmänner zeigten allerdings keinerlei Kunstverständnis.

»Kann ich noch etwas für Sie tun, Herr Dr. Bruderlich?«, frage ich, als ich die farbig ausgedruckte Excel-Tabelle auf seinen Schreibtisch lege. Er wirft einen flüchtigen Blick auf das Papier, macht einen Kaffeefleck drauf und entlässt mich ohne weiteren Kommentar in meine Pause. Ein »Danke« wäre schön gewesen. Aber kein Kommentar ist hier schon das höchste Lob!

An der Pforte zeige ich beim Verlassen des Gebäudes meinen Ausweis vor. Das müsste ich eigentlich nicht. Nur beim Betreten ist es Pflicht. Da ich diesem Pförtner seit sieben Monaten jeden Morgen meinen Ausweis vorzeige und er jedes Mal so tut, als würde er mich nicht kennen, halte ich ihm auch beim Verlassen immer demonstrativ meinen Ausweis unter die Nase. Reine gegenseitige Schikane.

Ich freue mich richtig, als Markus in seinem grünen Saab um die Ecke biegt, springe auf den Beifahrersitz und drücke ihm einen Kuss auf seine stopplige Wange.

»Wie siehst du denn wieder aus?«, lautet seine Begrüßung.

»Sitzungswoche!«, lautet meine schlichte Antwort.

»Oh Mann, Katinka, was ist nur aus dir geworden? Du bist zur dunklen Seite der Macht übergelaufen!«

»Hallo Markus. Ich freue mich auch, dich zu sehen. Danke. Du siehst auch sehr gut aus. Und ich bin nicht zur dunklen Seite übergelaufen, sondern ich höhle das System von innen aus! Ganz subversiv, mit Excel-Tabellen.« Markus muss lachen.

»Oh je, hat dich der Doktor wieder mit seinem Fetisch gequält?« Ich nicke.

»Das Gurkenfass ist am Überlaufen! Fehlt nur noch, dass ich ihm in seinen Tagesplan eintragen muss, wann er sein Geschäft zu verrichten hat. Mit einer Spalte für die Uhrzeit und Zeilen mit »groß« oder »klein«. Vielleicht sollte ich auch noch eine tägliche Masturbation einbauen. Ein bisschen Wichsen zur Entspannung.« Markus findet, das sei eine ganz große Idee. Wir könnten daraus ein Kunstprojekt machen: »Sexcel-Life«, oder so ähnlich.

»Wo ist denn nun dein Sushi-Restaurant, Kati? Früher haben wir uns von Kunst, Zigaretten und Hotdogs ernährt. Heute gehen wir Sushi essen. Das ist das Ende!«

»Sushi essen macht schön und glücklich.« Das habe ich zumindest mal gehört. Ich deute auf die nächste Straßenkreuzung. »Hier vorne, am Eck!« Markus seufzt.

»Süße, wo soll ich hier denn parken?« Er hat recht. Es ist nahezu unmöglich, um diese Zeit in der Friedrichstraße einen Parkplatz zu bekommen. Außerdem ist mir eh der Appetit vergangen. Heute kann nicht mal Sushi helfen, mich glücklich zu machen. »Ach Markus, wir können auch in deine Galerie fahren, rauchen und über unsere wilde alte Zeit plaudern.« Markus findet, das sei mein bisher bester Vorschlag, und fährt mit Vollgas weiter Richtung Checkpoint Charlie.

Seine »Galerie« ist eigentlich eine Erdgeschosswohnung in der Kochstraße. Eine schmutzige, unmöblierte Erdgeschosswohnung. Wir parken im Innenhof und Markus eilt um das Auto, um mir die Beifahrertür zu öffnen. Jetzt komme ich mir ein bisschen blöd vor in meinem Kostümchen neben Markus. Er trägt Jeans und Trainingsjacke wie immer. Seine braunen Locken sind ungewaschen und sein Bart ist älter als fünf Tage. Aber Markus sieht immer gut aus. Er ist keine Schönheit, aber ein Typ. Seine Nase ist etwas zu groß, seine Zähne leicht schief, aber er hat wunderschöne dunkelbraune Augen. Er sieht genauso aus, wie man sich einen Berliner Performancekünstler eben so vorstellt. Schmutzig, aber adrett. Anziehend.

Markus öffnet mir die Wohnungstür und ein stechend scharfer Farbgeruch dringt in meine Nase. Ich liebe es, wenn es nach Farbe riecht. Es riecht nach Renovierung, nach Neubeginn. Mein Blick fällt sofort auf eine Bleistiftzeichnung auf dem Schreibtisch. Es ist eine nackte Frau, die Saxofon spielt.

»Das ist gut«, sage ich. »Ich wusste gar nicht, dass du wirklich zeichnen kannst.«

»Ich wusste auch nicht, dass du was von Politik verstehst«, gibt Markus zurück.

»Ach Schatz, wir sind uns eben sehr ähnlich. Wir verdienen beide unser Geld damit zu verbergen, dass wir von unserer eigentlichen Arbeit überhaupt keine Ahnung haben.«

Ich betrachte weiter das Bild. Markus tritt hinter mich, legt seine Arme um meine Hüfte und flüstert in mein Ohr: »Du siehst irgendwie scharf aus in den Spießerklamotten!« Ich bekomme eine Gänsehaut auf meiner kompletten linken Körperhälfte. »Erinnerst du dich noch, wie ich ohne aussehe?« Markus steht ganz dicht an mir dran und ich spüre seine Erektion an meinem Po.

»Nicht mehr genau.« Er fängt an, mich am Hals zu küssen. Es ist bestimmt zwei Jahre her, dass Markus und ich zusammen waren. Es war nur ein Monat. Wir hatten drei Wochen tollen Sex und haben dann beschlossen, doch besser nur Freunde zu bleiben, um uns gegenseitig nicht umzubringen. Wir sind uns einfach zu ähnlich.

Ich drehe mich um und küsse Markus auf den Mund. Er schmeckt vertraut. Wir küssen uns heftiger und Markus beißt etwas zu fest in meine Unterlippe. Ich spüre, dass ich feucht werde. Ich habe richtig Lust auf ihn, jetzt und hier, in dieser Künstlerabsteige.

»Markus, ich habe noch vierzig Minuten Mittagspause. Lass das Schmusen und zieh dich aus!« Markus lächelt mich an.

»Da ist sie ja wieder, meine alte Katinka! Du willst ficken, Schatz? Dann ficken wir.« Markus befreit sich umgehend von seinen Klamotten. Ich muss lachen und ziehe mich dabei komplett aus.

Wir stehen nackt voreinander. Markus nimmt meine Brüste fest in seine Hände und sieht sie ganz genau an. »Ohne Klamotten siehst du immer noch am schönsten aus.« Bei Markus fühle ich mich immer wunderschön. Vielleicht weil ich weiß, dass er meinen Körper liebt. Jetzt will ich nicht mehr reden. Ich will eine schnelle, versaute Nummer und gehe Richtung einziges Möbelstück in dieser Butze: eine schäbige Matratze, die im Eck auf dem Boden liegt, ohne Laken. Typisches Künstlerklischee, aber gerade genau richtig.

Ich lege mich auf den Rücken und strecke meine Hand nach Markus aus. Er kniet sich vor mich.

»Fass dich ein bisschen an!«, fordert er mich auf.

»Markus, ich hab nicht mehr viel Zeit.«

»Komm schon, nur kurz. Ich will dir ein bisschen zusehen, wie du es dir machst.« Na schön. Aber nur, weil er so lieb fragt. Ich lege meinen rechten Zeigefinger auf meinen Kitzler und massiere ihn in kreisenden Bewegungen. Mit der anderen Hand streichle ich meine Brüste. Markus greift sich an seinen erigierten Schwanz und fängt an, ihn zu reiben. »Das ist schön, Katinka. Hör nicht auf!« Ich befeuchte meinen linken Mittelfinger und lasse ihn langsam nach unten wandern, zwischen meine Beine, bis ich ihn mir ganz genüsslich in meine Muschi schiebe. Markus stöhnt auf. Ich schiebe ihn ganz langsam rein und wieder raus. Es macht mich an, Markus zuzusehen, wie er immer geiler wird, sich sein Oberarmmuskel beim Wichsen anspannt, seine Adern auf der Stirn hervortreten. Markus stöhnt schon gefährlich laut. Ich will nicht, dass er ohne mich kommt.

Ich höre auf, mich zu streicheln, drehe mich um und präsentiere mich ihm auf allen vieren. Ich werfe Markus einen auffordernden Blick über meine Schulter zu. »Fickst du mich jetzt?« Markus lässt seinen Schwanz los und streichelt mich zwischen meinen Pobacken. Dann schiebt er mir seinen Finger in die Muschi und reibt weiter an seinem Schwanz. Endlich greift Markus mit beiden Händen nach meiner Hüfte und dringt mit einem Ruck in mich ein. Ich stöhne auf und genieße seine vorsichtigen Bewegungen in mir drin. Er fickt mich mit ganz langsamen Stößen. »Fester!« Markus gehorcht. Seine Bewegungen werden schneller, energischer. Ich greife durch meine Beine und nehme seine Hoden in meine Hand. Es erregt mich, ihn an dieser Stelle festzuhalten. Ihn auch. Markus fickt mich noch heftiger. Ich brauche wieder beide Hände, um mich abzustützen, und stöhne laut auf. Markus' Hoden klatschen an meinen Po, seine Fingernägel krallen sich in meine Hüfte. Wir kommen gleichzeitig.

Wenn Markus kommt, fängt er an zu lachen. Das war schon immer so. Er kann nicht anders. Kein Orgasmus ohne Lachanfall. Anfangs hatte mich das irritiert, aber schon bald musste ich mitlachen. So auch heute. Wir liegen selig nebeneinander und lachen.

»Danke«, sagt Markus.

»Dafür nicht«, gebe ich zurück. »Wenn ich schon meine Seele verkauft habe, muss ich mich doch wenigstens um meinen Körper kümmern!« Ein Blick auf die Digitaluhr neben der Matratze lässt mich aufspringen. »Ich hab nur noch zwanzig Minuten!« Markus seufzt.

»Ach Katinka, dass du immer so Stress machen musst!«

»Beeil dich. Ich muss noch ›Beischlaf der Assistentin‹ in den Excel-Tagesplan integrieren. Vielleicht bekomme ich dann eine Gehaltserhöhung.«

Markus lässt mich vor dem Eingang aussteigen und gibt mir einen Kuss auf die Wange. »Weißt du, ich bin irgendwie froh, dass es da drin so Leute wie dich gibt. Aber wenn ich doch noch einen Putsch in die Wege leiten soll, sag mir einfach Bescheid! Dann trommle ich meine Jungens zusammen.« Markus greift auf die Rückbank und drückt mir eine Papierrolle in die Hand. »Für dich! Und jetzt ab zu deinem perversen Doktor!« Ich nehme sein Geschenk an und küsse ihn zum Abschied auf den Mund.

»Ich bin sehr glücklich über die schlechte Parksituation in Berlin-Mitte. Danke für die schöne Bumspause. Das sollten wir öfter machen.«

Mit einem herzlichen Lächeln zeige ich dem gemeinen Pförtner meinen Ausweis, fahre mit dem Aufzug in den fünften Stock und mache noch einen Abstecher auf die Toilette, um meinen Spießer-look zu überprüfen. Ich rücke meine etwas durchgebumste Frisur zurecht und stöckle zurück an meinen Schreibtisch. Punkt 13 Uhr 30 leite ich die Anrufe wieder auf die Zentrale um und beglück-wünsche mich innerlich zu diesem perfekten Timing. Ich bin sehr hungrig, aber auch sehr zufrieden. Dann entrolle ich Markus' Geschenk. Es ist die Bleistiftzeichnung der nackten Frau mit dem Saxofon. Ich hänge sie an die Wand gegenüber und spüre, wie mir Markus' Sperma gerade in mein Höschen läuft.

In diesem Moment kommt der Doktor aus seinem Zimmer, ge-folgt von Frau Yellnikoff, der blonden Frau Kulturattaché. Die Dame im Kostüm hat ganz rosige Wangen.

»Das ist aber eine außergewöhnliche Zeichnung, Frau Stein.« Ich spüre, wie ich rot werde. Irgendwie fühle ich mich ertappt.

»Ist es Ihnen lieber, wenn ich sie nicht aufhänge, Herr Doktor Bruderlich?« Er schüttelt den Kopf. »Nein, nein, bitte. Nur zu. Ich finde diese Zeichnung außergewöhnlich …«, der Doktor überlegt, »interessant!«

»Finde ich auch«, lächle ich ihn an und lasse das »Dr. Bruder-lich« einfach mal weg. Dann knurrt mein Magen. Er knurrt wirk-lich sehr laut. Das ist kein Knurren, eher ein Brüllen. Mein Doktor sieht mich fragend an. »Waren Sie nicht gerade Mittag essen?«

»Nein. Ich wollte mit einem Freund Sushi essen, aber wir haben keinen Parkplatz gefunden.« Soll ich jetzt weitererzählen? Und dann haben wir eben in seiner Galerie gebumst. Es gab auch Eiweiß, aber anders. Ach, das wäre so lustig. So lustig! Und ich wäre diesen verdammten Job endlich wieder los, wegen Unzucht am Arbeitsplatz.

»Nun, ich gehe jetzt eh etwas essen«, unterbricht der Doktor meine Gedanken. »Ich bringe Ihnen einfach noch was mit. Pasta? Übrigens, hervorragende Rede, die von gestern.«

Das war ein Lob! Das war eben ganz eindeutig ein Lob. Die beiden verlassen mein Büro und ich sehe ihnen schmunzelnd hin-terher. Ob ich der Yellnikoff sagen soll, dass sie ihren Rock auf links trägt?

*Kira Licht*

# KEIN MANN FÜR EINE NACHT

*Fiona (23), Germanistikstudentin, Düsseldorf,*
*über*
*Laurenz (24), Student der Kommunikationswissenschaften, Düsseldorf*

Laurenz war der Shootingstar unserer Literaturgruppe: scharf-sinnig, belesen und unglaublich gutaussehend. Außerdem war er Frontmann einer ziemlich angesagten Rockband. Zu seinen Markenzeichen gehörten kajalgerahmte Augen und ein beeindruckender Whiskykonsum. Vom Styling her sah er immer ein wenig aus wie Johnny Depp in seiner Paraderolle als Pirat und das Image als Frauenschwarm pflegte er, indem er gekonnt mit jedem weiblichen Wesen flirtete. Verständlicherweise rankten sich um ihn die wildesten Sagen, die er wiederum eher pflegte als dementierte. Insgeheim waren wir alle eine bisschen verschossen in ihn. Seit ich vor einem Vierteljahr der Gruppe beigetreten war, knisterte es heftig zwischen uns. Ehrlich gesagt stand ich ziemlich auf ihn und ich glaube, er auch ein bisschen auf mich.

Unsere Gruppe traf sich immer dienstags am frühen Abend in einem der Seminarräume des Publizistikinstituts. Eines Abends gingen wir alle nach der Sitzung auf ein kleines Sit-in in meine Wohnung. Ich war nun schon seit einem Jahr Single und hatte mir den wilden Laurenz für einen heißen, unverbindlichen One-Night-Stand ausgesucht. Das sollte doch auch okay für ihn sein, meinte ich, denn einem Typen wie ihm traute ich nicht wirklich zu, sich längerfristig und ernsthaft binden zu wollen.

Obwohl Laurenz noch nie bei mir gewesen war, folgte er mir wie selbstverständlich in die Küche, während der Rest der Mannschaft sich in mein winziges Wohnzimmer quetschte. Der alte Kühlschrank wackelte ein wenig, als mein gut aussehender Gast schwungvoll die Tür aufriss.

»Och, Baby«, schnurrte er und hob mit leicht angewidertem Blick ein paar der Flaschen an, die sorgsam aufgereiht in der Seitentür parkten. Allein seine tiefe, melodische Stimme schickte mir wohlige Schauer über den Körper.

»Milch? Gemüsesaft? Himbeersirup? Kinderpunsch?«

»Geh doch einfach wieder, wenn dir was nicht passt«, erwiderte ich frech und schenkte ihm einen gekonnten Augenaufschlag. Er ließ den Kühlschrank Kühlschrank sein und kam langsam auf mich zu, nur um sich dann ziemlich nah vor mich zu stellen.

»Weißt du, was ich an dir mag?«

»Dass ich so viel Alkohol im Haus habe?«, riet ich.

»Ja, das auch, du kleine Schnapsdrossel, aber vor allem …«, er lehnte sich zu mir herüber und seine Lippen berührten fast mein Ohr, als er sprach, »dass du dir nie Mühe gibst, nett zu mir zu sein.«

»Warum auch?«, antwortete ich scheinbar gelassen, doch mein Herz klopfte bis zum Hals. Er hatte es echt raus mit Frauen! Ich wollte mir nicht vorstellen, wie viele vor mir er schon mit dieser Masche flachgelegt hatte. Sein Mund war mittlerweile in Richtung meiner Halsbeuge gewandert, doch er hielt sich zurück und berührte mich nicht. Leise hörte ich ihn lachen und sein Atem streifte warm über meine Schulter.

»Und nun? Tee? Oder vielleicht ein Glas Gemüsesaft?«, fragte ich, um ihn noch ein bisschen weiter zu ärgern. Er hob den Kopf und richtete sich zu voller Größe auf. Der Blick seiner dunklen Augen war gleichermaßen resigniert wie belustigt.

»Tee wäre toll, Baby«, antwortete er schließlich. Ich drehte mich daraufhin schwungvoll Richtung Wasserkocher um und gab ihm so genügend Zeit, einen ausgiebigen Blick auf meinen Hintern werfen zu können. Er machte ebenfalls keinen Hehl daraus, dass er dieser Aufforderung nachgekommen war — das merkte ich, als ich mich wieder umdrehte.

»Welche Sorte?«

»Hm?« Fast etwas unwillig sah er zurück in mein Gesicht.
»Tee. Du. Welche Sorte?«

»Egal.«

»Okay.«

»Aber keinen schwarzen!«

»Gut.«

»Und keinen Pfefferminz.«

»Okay.«

»Und nichts mit Früchten.«

»Und was bleibt da noch als Alternative übrig?«

Er zuckte die Schultern und seine Augen blitzten amüsiert. »Ingwertee? Vanilletee? Grüner Tee? Zum Beispiel.«

Ich schnaufte empört. »Sehe ich aus wie ein Teegeschäft?«

Er lehnte sich erneut zu mir herüber, wobei er die rechte Hand auf der Arbeitsplatte hinter meinem Rücken abstützte.

»Du siehst in erster Linie toll aus«, sagte er dann. Oh Mann, ich schwöre, bei jedem anderen Kerl hätte ich diesen Satz als plump und dumpfbackig abgetan, bei ihm jedoch ließ er meinen ganzen Körper prickeln. Doch um unser Spielchen fortzuführen, überging ich seine Schmeichelei.

»Also was für Tee nun?«, fragte ich scheinbar völlig unbeeindruckt.

»Wasser, einfach nur Wasser, wenig Kohlensäure, oder am besten stilles.«

»Schau mal, dort drüben steht ein ganzer Kasten, nimm dir einfach eine Flasche und ich geb dir ein Glas dazu, ja?«

Laurenz' Blick folgte meinem ausgestreckten Arm, dann machte er einen großen Schritt zum Tisch, unter dem der Kasten stand. Er hatte sich kaum eine Flasche herausgeangelt, da hielt ich ihm schon das Glas hin. Laurenz warf mir noch einen schmachtenden Blick und ein »Danke« zu, dann verschwand er aus der Küche. Ich sah ihm hinterher und zwang energisch meinen Puls zurück in den Keller.

Nach zweieinhalb alkoholfreien Stunden brachen die Ersten auf, nach drei Stunden waren nur noch Laurenz und ich übrig.

Er schien nicht gehen zu wollen und ich hatte auch keinerlei Absicht, ihn rauszuschmeißen. Er hatte den ganzen Abend weiter mit mir geflirtet, aber wirklich eindeutig war er nicht geworden. Mit einem leidenden Gesichtsausdruck ließ er den Blick über die vielen leeren Teetassen auf meinem niedrigen Wohnzimmertisch schweifen. »Das Ende eines Kindergeburtstages«, brummte er.

Ich kniff spontan in seine knackigen Oberarme. »Du bist unmöglich.«

»Magst du meine Muskeln?«, fragte er mich völlig am Thema vorbei.

»Was denn für Muskeln?«

»Ja meine eben.«

»Du hast doch gar keine.«

»Wie bitte?«

»Ja dann zeig!«, forderte ich ihn heraus.

»Von mir aus ...« Mit einem gekonnten Griff zog er sich sein T-Shirt über den Kopf.

»Oha«, raunte ich beifällig. Seine appetitlichen Brustmuskeln konnten sich wirklich sehen lassen.

»Rasierst du dich da?«, fragte ich und tippte auf seine nackte Haut.

»Auf Stahl wachsen keine Haare«, flüsterte er. Ich nickte entzückt und versank in seinen dunklen Jack-Sparrow-Augen.

»Soll ich dir eigentlich aufräumen helfen?«

»Nein nein nein nein«, erwiderte ich hastig und schüttelte dabei zur Bekräftigung heftig mit dem Kopf. Wie konnte er mich jetzt auf so weltliche Dinge wie Geschirr und volle Aschenbecher ansprechen. Ich wollte jetzt an nichts anderes mehr denken als an ihn und seine allzu körperliche Anwesenheit.

»Aber es würde mir wirklich nichts ...«

»Lass uns über etwas anderes reden, ja?«, unterbrach ich ihn mit lieblichem Augenaufschlag.

»Alles was du willst«, sagte er, griff nach einer meiner langen Haarsträhnen und drehte sie neckisch um seinen Finger.

»Sollen wir rübergehen?«, flüsterte ich.

»Rüber wohin?«

»Ähm … ich könnte dir mein Schlafzimmer zeigen?«

Laurenz lachte zwar, machte aber keine Anstalten aufzustehen. Ich schaute ihm dabei zu und wusste nicht so recht, was ich davon nun halten sollte. Zwischen uns entstand eine seltsame Stille. Er drehte immer noch an meinen Haaren, ich kaute auf meiner Unterlippe.

»Willst du mich abschleppen oder was?«, fragte er dann.

Mir wurde heiß und kalt zugleich. Sollte ich sagen: »Hey, endlich hast du's kapiert. Na wie sieht's nun aus? Rübergehen oder direkt hier auf der Couch?« oder sollte ich sittsam die Augen niederschlagen und mir Mühe geben, wenigstens ein bisschen rot zu werden. Ich entschloss mich für Variante drei: Ich sagte gar nichts. Laurenz gab mein Haar wieder frei, setzte sich sehr aufrecht hin und sah mich weiter forschend an.

»Oder unterstelle ich dir jetzt etwas zu Unrecht?«, durchbrach er ein zweites Mal die Stille, die wie eine klebrige Kaugummiblase zwischen uns hing.

»Fiona?«

Ich zwang mich zu antworten. »Ja?«

»Bist du jetzt beleidigt?«

»Warum?«

»Wegen der Frage, Dummerchen.«

»Nein«, sagte ich und kniff erneut in seine Brustmuskeln. Mir war einfach danach. Und er sah aus wie Spielzeug, ein immerhin halbnacktes Spielzeug, also warum sollte ich ihn nicht anfassen?

»Na, na, na!«, lachte er und wollte mir ausweichen, indem er sich zur Seite drehte.

»Du hast dich freiwillig ausgezogen, denk daran.«

»Na gut, dann gleiches Recht für alle!«, sagte er und wollte mein Shirt hochziehen. Ich spielte mit, indem ich scheinbar empört aufsprang und halb um den niedrigen Couchtisch rannte.

»Hiergeblieben, Feigling!« Mit diesen Worten war Laurenz ebenfalls auf den Beinen. Ich kicherte und rannte Richtung Schlafzimmer, er mir dicht auf den Fersen. Vor meinem Bett hielt ich an und sah ihm zu, wie er mit wehenden Haaren und entblößtem Oberkörper meine Tür passierte.

»Oh, ein Schlafzimmer!«, grinste Laurenz und blieb dicht vor mir stehen.

»Was für ein Zufall«, sagte ich und machte noch einen halben Schritt auf ihn zu, sodass ich direkt vor ihm stand. Er rührte sich nicht und so küsste ich ihn, ohne groß darüber nachzudenken. Es war einfach zu verlockend. Laurenz schlang seine Arme um meine Hüfte und zog mich an seine nackte Brust. Als sich unsere Zungen das erste Mal berührten, flatterte ein bis dato sicher verpuppt gewesener Schwarm Schmetterlinge in meinen Bauch und ich presste mein Becken unwillkürlich gegen seines.

»Du böses Mädchen«, flüsterte Laurenz, als er seine Lippen von meinen löste.

»Ich?«

»Ja, du.«

»Wieso?«

»Na, lässt man denn halbnackte fremde Männer in sein Schlafzimmer?«

Ich zuckte mit den Schultern. »Dann bin ich wohl ein böses Mädchen.«

»Allerdings.«

Ich sah ihn an und wartete. Warum machten wir nicht weiter, wo wir aufgehört hatten. Was sollte das Gelaber? Also machte ich erneut Anstalten, unser Vorhaben in die richtige Richtung zu pushen, doch er hielt mich auf.

»Warte.«

Was denn nun wohl? Ich hob fragend die Augenbrauen. Wieder wurde es still zwischen uns. Ich sah in sein Gesicht und rechnete so ziemlich mit allem. Von »Ich bin heimlich schwul« über »Ich habe eine ansteckende Krankheit« bis »Du bist einfach nicht mein Typ«. Laurenz schien immer noch nach den richtigen Worten zu suchen.

»Ich bin kein Mann für eine Nacht«, platzte es aus ihm heraus.

»Was?« Ich war mir sicher, mich verhört zu haben. Ich sah in sein Gesicht, heimlich davon überzeugt, dass er sich einen Spaß mit mir erlaubte. Er schien es ernst zu meinen. Ich rekapitulierte kurz: Laurenz, unser Flirt-Weltmeister, Prinz Charming persönlich und der Rockstar zum Anfassen, wollte mir gerade weismachen, er lebe im Zölibat? Das fiel ja schon fast unter vorsätzliches Vortäuschen falscher Tatsachen. Ich überlegte ernsthaft, ihn wortlos rauszuschmeißen.

»Sag das noch mal«, flüsterte ich stattdessen.

»Ich bin nicht so für One-Night-Stands«, sagte Laurenz ziemlich ernst. Ich schluckte betroffen.

»Aber du ...«, setzte ich an.

»Ja?«

»Alle Leute denken von dir, dass du ...«

»Ja, ich weiß. Das ist aber nur mein Image.«

»Ach so. Klar.«

»Weißt du, die Phase habe ich einfach hinter mir«, sagte Laurenz leise. »Man hat Spaß und am nächsten Morgen wacht man noch leerer auf, als man vorher schon war. Dann haut man ab und ist wieder allein. Ist doch einfach nur scheiße.«

»Stimmt«, pflichtete ich ihm bei, ungeachtet der Tatsache, dass ich ihn vorhin zu eben dem genauen Gegenteil hatte verführen wollen. Na toll und was nun? Ich kaute erneut auf meiner Unterlippe herum.

»Du bist so eine Süße«, flüsterte Laurenz und sah mir beim Kauen zu. »Schade, dass du mich nur flachlegen willst.«

Was sollte ich darauf erwidern? Dass ich ihn natürlich nicht nur einfach sexy, sondern auch echt nett fand? Aber dass ich nie damit gerechnet hätte, dass er, der wilde Musiker, bei Frauen an mehr als nur der körperlichen Seite interessiert war? Sollte ich ihm das einfach sagen? Und vor allem: Würde er mir glauben?

»Ich wollte dich schon länger mal fragen, ob wir was zusammen machen wollen, aber irgendwie war die Situation nie da.«

»Ich würde gerne mal was mit dir zusammen machen«, sagte ich. Auf Laurenz' hübschem Gesicht manifestierte sich ein Grinsen, das von einem Ohr zum anderen reichte. Und dieses Mal wurde ich wirklich rot.

»Also ähm …«, stotterte ich. »Ich meine natürlich etwas anderes als … ähm …«

»Sex«, vervollständigte er den Satz für mich.

»Genau.« Herrje, was für eine peinliche Situation. Meine Wangen glühten, unter meinen Achseln war es feucht und er war immer noch halbnackt. Und dann, wie aus dem Nichts, hatte ich eine revolutionäre Idee.

»Ich habe einen Plan!«, sagte ich triumphierend.

»Toll! Und wofür?«, fragte Laurenz immer noch ziemlich amüsiert.

»Na für uns! Du und ich, wir beide, wir ziehen es von rückwärts auf!«

»Von rückwärts?« Schon wieder dieses überdimensionale Grinsen.

»Laurenz, jetzt sei mal ernst. Wir fangen von rückwärts an! Normalerweise ist es beim Daten ungefähr so: Erstes Treffen Kaffeetrinken, zweites Treffen Spazierengehen, drittes Treffen Abendessen, viertes Treffen Kino, fünftes Treffen Ausgehen und Sex! Und wir fangen von rückwärts an!«

»Also mit Sex, ja? Und dann Kino und dann Abendessen und so weiter.«

»Genau!«

Ich sah, wie er nachdachte, dann lächelte er.

»Ich glaube, das gefällt mir. Ist so unkonventionell. Aber was machen wir, wenn wir beim Kaffeetrinken angekommen sind? Sollen wir ab dann so tun, als würden wir uns nicht kennen?«

»So weit habe ich noch nicht gedacht«, murmelte ich und schaute auf meine Füße. Er nahm dies zur Aufforderung, den Arm auszustrecken und seine Hand in meinen Haaren zu vergraben.

»Denk nicht weiter darüber nach. Ich finde, wir sollten jetzt unbedingt hemmungslos rummachen und dann unsere lustverschwitzten Körper aneinanderreiben«, flüsterte er. Ich sah in seine dunklen Augen und der Rest meines klaren Verstandes verabschiedete sich weitestgehend. Stattdessen rasten seine Worte wie eine Gänsehaut über meinen Körper und starben in einem letzten

Kribbeln in meinen Zehen. Nun war ich es, die die Hand ausstreckte und mit dem Zeigefinger die Linie seiner sinnlich geschwungenen Oberlippe nachmalte.

»Dein Mund ist fast zu schade zum Sprechen.«

Laurenz lächelte schief und in dem schummrigen Licht meines Schlafzimmers sah er noch mehr aus wie ein Pirat.

»Dieser Mund kann so manches viel besser als sprechen«, flüsterte er und dann küsste er mich. Sein Kuss war zärtlich und wild zugleich. Mit seiner Zunge eroberte er meinen Mund, ohne lange vorsichtig zu tasten. Seine Hände wanderten über meinen Rücken, schoben sich gierig unter mein Shirt und fuhren an meiner nackten Haut entlang. Dann wanderten sie hinunter zu meinen Hüften, bis sie sich mit festem Griff um meinen Hintern schlossen. Laurenz streichelte nicht, er griff richtig zu, wobei er sein Becken gegen meines presste. Ich spürte deutlich, was sich da an meinen Oberschenkel drückte. Laurenz ließ von meinen Lippen ab und seine Zunge ertastete sich ihren Weg meinen Hals entlang bis zu den zarten Muskeln meiner Schultern. Mit der rechten Hand zog er an dem Bündchen meines Shirts. Als das nicht so richtig klappen wollte, nahm er auch die andere Hand zur Hilfe und zerrte mir das lästige Stück Stoff über den Kopf. Mit einem letzten leisen Rascheln landete es auf dem Fußboden neben uns. Ich ließ ihn machen, weil es mir gefiel, was er da tat und vor allem, wie er es tat. Laurenz warf einen längeren Blick auf meinen BH und dessen Inhalt, dann schnippte er mit einem lässigen Griff den Verschluss auf. Ich schnappte kurz nach Luft, als ein kalter Luftzug meine Brustwarzen streifte. Laurenz schaute erst zu, wie sie hart wurden, dann legte er beide Hände darüber.

»Wow!«, hauchte er mit typisch männlicher Begeisterung.

»Gefallen sie dir?«

»Brüste sind das Beste überhaupt, hätte ich selbst welche, ich würde den ganzen Tag daran herumspielen.«

Ich verdrehte die Augen und Laurenz grinste wie ein kleiner Junge.

»Das ist nur die Wahrheit!«

»Das glaube ich dir sofort.«

Laurenz grinste immer noch, dann wurde sein Blick plötzlich wieder ernst.

»Kann ich dir den Rest auch noch ausziehen? Jetzt sofort?«

»Klar doch.«

Laurenz nickte und legte sofort los. Meine Jeans und mein String rutschten auf meine Füße und ich schlüpfte aus meinen Flipflops. Vorsichtig schob Laurenz mich Richtung Bett, bis meine Kniekehlen den Holzrahmen berührten.

»Hinlegen«, flüsterte er und ich kam seiner Aufforderung nur allzu gern nach. Er folgte mir, indem er sich direkt zwischen meine gespreizten Beine setzte und mit seinen Händen zärtlich meine Oberschenkel hinauf und hinunter strich. Dann senkte er den Kopf und bewies zum zweiten Mal, was sein Mund noch besser konnte, als Worte formen. Während er mit seiner Zunge meine Klitoris sanft bearbeitete, hielt er nur ein Mal kurz an, um Zeige- und Mittelfinger feucht zu machen. Ich ahnte, was er vorhatte, und bog mich ihm entgegen.

»Gefällt es dir?«

»Oh ja …«

Dann schob er die beiden Finger in mich, nicht sofort ganz, sondern mit langsamen, abwechselnd vorstoßenden und wieder zurückweichenden Bewegungen — er hatte seine Hausaufgaben gemacht. Ich gab mich dieser doppelten Stimulation völlig hin und ließ mein Becken zusätzlich noch langsam kreisen. Hin und wieder seufzte ich genussvoll, was Laurenz zu weiterer Zungenakrobatik veranlasste. So würde ich es nicht mehr lange durchhalten.

»Warte mal«, flüsterte ich.

Laurenz hob den Kopf. »Hab ich dir wehgetan?«

»Nein nein.« Ich gab mir Mühe, flüssig zu sprechen. Was machte er nur mit mir? »In meinem Nachttischchen sind Gummis, hol dir doch schon mal eins her.«

Laurenz ließ seine Finger aus mir herausgleiten. »Dass ihr Frauen bei so was immer noch so klar denken könnt«, murmelte er und rollte sich Richtung Nachttisch. Dass bei mir zur Zeit eher

Gegenteiliges der Fall war, verschwieg ich ihm. Dann war er auch schon wieder da.

»Weitermachen?«

»Ja!«

Laurenz tauchte wieder ab und machte dort weiter, wo er aufgehört hatte, und das nicht minder gekonnt.

»Oh ... du meine Güte«, seufzte ich. Laurenz legte sich noch mehr ins Zeug. Keine fünf Minuten später schob ich seinen Kopf von meinem Schoß weg. Er guckte nicht überrascht, was mich nicht wirklich wunderte. Ich hatte selten jemanden erlebt, der so genau wusste, wie er die weibliche Anatomie erkunden musste, um eine Frau in Verzückung zu bringen.

»Hose aus«, murmelte ich. Laurenz zog an seinem Gürtel, der klirrend vom Bett flog. Jeans und Panties landeten achtlos daneben.

»Gummi. Schnell«, sagte ich, immer noch leicht benebelt. Laurenz riss die silberne Verpackung auf, während ich schon »komm her« flüsterte.

»Moment noch, Baby.«

Dann endlich war er da.

»Komm her!«, flüsterte ich erneut, während Laurenz sich langsam auf mich legte. Ich griff in seine Haare am Hinterkopf und zog seinen Kopf zu mir herunter. Seine Lippen prallten auf die meinen und mein Kuss war grob und fordernd. Ich knabberte an seiner Unterlippe, während Laurenz keuchte und sein Becken zwischen meinen Beinen suchend kreisen ließ. Dann war er richtig. Mein Körper bog sich ihm entgegen, als er in mich eindrang. Ich war schon vorher knapp davor gewesen zu kommen, sodass es jetzt mit jeder Bewegung fast unerträglich wurde. Meine Hände griffen an seinen Hintern und drückten ihn noch enger an mich, meine Beine schlang ich um seine Hüften, um ihn noch tiefer zu spüren. Laurenz stöhnte und verbiss sich in meinem Hals. Der Schmerz, den seine Zähne auf meiner Haut hinterließen, und das Gefühl zwischen meinen Beinen zogen mich in einen Strudel, in dem ich mich immer schneller um mich selbst drehte. Laurenz hielt seinen konstanten Rhythmus, obwohl es ihm zeitweise schwerzufallen schien. Irgendeine Frau musste ihm viel beigebracht haben.

»Ich glaube, ich …«, stöhnte ich. »Ich werde gleich kommen …«

»Dann los, Baby«, flüsterte Laurenz an meinem Hals. »Lass uns zusammen kommen.«

»Okay …« Ich presste mich noch näher an ihn, seine nackte Haut rieb an meiner Klitoris, sein Schwanz tat das Übrige. Und dann spürte ich, wie ich es nicht mehr aufhalten konnte.

»Jetzt …«

Laurenz wurde noch schneller. »Ja, ich auch!«

Drei Mal noch war er tief in mir, dann kam ich und zwar so gewaltig, dass ich das Gefühl hatte, seinen Schwanz mit meinen Muskeln zerquetscht zu haben. Laurenz guckte auch mindestens genauso gequält, doch dann stöhnt er ekstatisch und ich merkte, dass er soeben auch gekommen war. Ein paar Sekunden später fiel alle Anspannung von seinem Körper ab und sein Kopf lag weich in meiner Halsbeuge.

»Wow …«, hörte ich ihn murmeln.

»Wow trifft es ganz gut«, gab ich ihm recht.

»Und jetzt?«, fragte er und hob den Kopf. »Morgen Kino und übermorgen Abendessen?«

»Warum denn alles so schnell?«, kicherte ich.

»Dann haben wir das Rückwärts schneller durch und können wieder am Ende anfangen!«

»Du bist wirklich unmöglich.«

»Wieso, es war doch dein Plan!«, sagte Laurenz ganz verschmitzt. Und dann machten wir es direkt noch mal.

Mia Ming

# Du kannst mich behalten

*Anne (27), Studentin, Berlin,*
*über*
*Luka (24), Gastronom, Berlin*

Eigentlich hatte ich gar nicht ausgehen wollen. Es war Winter und die meiste Zeit hielt ich mich zu Hause verkrochen. Dort murkste ich an meiner Abschlussarbeit und versuchte, meinen Liebeskummer zu verwinden. Es war nun schon achteinhalb Wochen her, dass mein Freund mich verlassen hatte, und doch war ich noch immer alles andere als gesellschaftsfähig. Die Trennung war nicht etwa überraschend über mich gekommen, nein, der finale Todesstoß erfolgte nach einer langen und zermürbenden Phase der Entscheidungsfindung, von der ich mich nun nur allzu mühsam erholte. Und wenn ich leide, bin ich lieber allein.

»Jetzt reiß dich mal zusammen und komm mit«, hatte meine Freundin gesagt. Das sagte sie zwar schon seit achteinhalb Wochen, doch meist hörte ich nicht darauf. Ich hatte jedoch einen ganz besonders miesen Tag verlebt, mir hatte einfach die Energie gefehlt, mich zu wehren. Also war ich mit ihr ausgegangen und jetzt stand ich noch immer hier im Week End Club an der Bar und diskutierte mit einem fremden Jungen über ein gemeinsames Reiseziel. Und über den Abreisetermin. Mir war ein wenig schwindelig, nicht nur vom Alkohol.

»Wir fliegen einfach irgendwohin. Morgen! Oder lieber heute. Am besten jetzt, komm, wir fahren mit dem Taxi zum Flughafen!«

Ob er das ernst meinte? Und ich? Meinte ich das etwa ernst? Ich kannte ihn doch erst seit heute Abend, also praktisch gar nicht. Meine Freundin war schon nach Hause gegangen, sie hatte sich augenzwinkernd verabschiedet und mir viel Spaß gewünscht. »Na ja, also jetzt finde ich zu früh ...«, überlegte ich laut. »Sonntag vielleicht?« Jetzt hätte meine Freundin sicherlich gelacht und mich nicht ernst genommen. Ich bin eigentlich nicht der Typ, der spontan verreist – schon gar nicht mit einer zufälligen Clubbekanntschaft. Aber der Junge gefiel mir. Und das war schon sehr, sehr lange nicht mehr vorgekommen. Er war jünger als ich und lachte viel. Er hatte mich einfach angesprochen, als ich etwas bestellen wolle, denn er kannte den Barmann und bekam die Getränke umsonst. Hatte er zumindest behauptet. Seither unterhielten wir uns: über Berlin, den Winter und wie gut es wäre, auf der Stelle gemeinsam hier zu verschwinden. »Also jetzt sofort geht nicht«, wiederholte ich. »Ich muss ja auch erst mal packen ...«

»Quatsch, brauchst du nicht. Ein Kleid reicht völlig.«

»Nein, das geht nicht. Ich muss packen ...« Hatte ich nicht nächste Woche auch einen Unitermin, um meine Arbeit zu besprechen? Den würde ich absagen müssen. Und meine Eltern, was würden die denken? Eine Welle des Zweifels schwappte über mich und unentschlossen kaute ich auf meinem Strohhalm herum. Der Junge bemerkte meine Unsicherheit.

»Also hier verpasst du bestimmt nichts.« Er vollführte eine Geste, die sowohl die Tanzfläche als auch den Panoramablick über das nächtliche Berlin einschloss. Ich ließ meinen Blick über die betrunkenen Teenager, die missmutig tanzenden Touristen und die lässig gelangweilten Clubbesucher wandern, über die graue Nacht da draußen und dachte: Eigentlich hat er recht, hier hielt mich nichts.

»Du kannst natürlich auch mit dem Taxi nach Hause fahren, schlafen gehen und morgen wird ein Tag genau wie heute, wie gestern, wie letzte Woche«, fügte er hinzu und nicht zum ersten Mal an diesem Abend fragte ich mich, ob er Gedanken lesen konnte. Ich dachte an heute, an den gestrigen Tag, an die letzte Woche und schauderte.

»Okay«, hörte ich mich sagen und zufrieden nahm er meine Hand, um zur Garderobe zu gehen. Zwanzig Minuten später saßen wir im Taxi und fuhren zu mir, damit ich packen konnte.

»Du hast eine halbe Stunde, dann hol ich dich hier wieder ab.«

»Lass uns lieber mal Nummern tauschen«, sagte ich und kramte in meiner Tasche nach meinem Handy.

»Falls etwas dazwischenkommt?«, fragte er und als ich nickte: »Nein, wir tauschen keine Nummern. Ich möchte nicht, dass etwas dazwischenkommt. Halbe Stunde, bis gleich.«

Als ich ausstieg, hielt er mich am Arm zurück und zog mich zu sich runter. Wollte er mich umarmen? Er hatte bisher noch keinen Versuch in diese Richtung unternommen. Aber nein.

»Mach dir keine Gedanken, das wird toll«, flüsterte er nur, nah an meinem Hals. Ich schloss kurz die Augen, dann machte ich mich los, das Taxameter lief. Da fiel mir doch noch etwas ein: »Ach so, ich heiße Anne. Wie heißt du?«, fragte ich und musste plötzlich lachen. Wir wollten miteinander verreisen und kannten noch nicht einmal unsere Namen.

»Luka«, sagte mein neuer Freund. Das hatte ich noch nie gehört und es passte zu ihm. Ausgezeichnet. Ich stieg schnell aus und lief zu meiner Haustür. Oben warf ich aufgeregt ein paar Kleider, Schuhe und Kosmetika in eine Reisetasche. Bloß nicht nachdenken. Ich wusste, wenn ich jetzt anfange zu überlegen, werde ich nirgendwohin fahren. Plötzlich kam mir ein schrecklicher Gedanke. Was, wenn das alles ein dummer Scherz war? Vielleicht hatte Luka ja vorher bereits alle anderen Mädchen im Club gefragt … Aber nein, wir hatten uns gesehen und beschlossen zusammenzubleiben. Und das sofort, nur wir zwei, egal wo, aber am besten in der Sonne.

Zwanzig Minuten später stand ich schon an der Straße, als Luka mit dem Taxi vorfuhr.

»Da bist du ja«, sagte er erfreut. Und zum Fahrer: »Jetzt bitte zum Flughafen.«

Am Flughafen ging er zielstrebig zum Last-Minute-Schalter und fragte nach freien Flügen. »Wie wäre es mit Gran Canaria? Da ist es immer warm und der Flug geht in anderthalb Stunden.«

So einfach war das? Ich nickte zustimmend, als würde ich so etwas jedes Wochenende machen.

»Sag mal, machst du so etwas jedes Wochenende?«, hörte ich mich fragen, als ich neben Luka zum Check-in-Schalter lief.

»Nein. Nie. Bisher fehlte mir die passende Begleitung, ich hab dich doch gerade erst kennengelernt.« Eine gute Antwort, ich lächelte zufrieden.

»Ich hab ganz dumm gepackt«, sagte ich nervös, als ich meine Reisetasche am Schalter abgab.

»Egal«, antwortete Luka. »Du brauchst wirklich nur ein Kleid und einen Bikini. Wenn du magst, können wir auch den ganzen Urlaub bumsen.« Er lachte.

Wie bitte? Bumsen? Hatte ich mich verhört? Nein. Luka sah mich freundlich an, als hätte er mir gerade einen Kaugummi angeboten. Ich lächelte. So etwas hatte noch nie jemand zu mir gesagt. Meine Mutter hätte das vielleicht anders gesehen, aber plötzlich war ich mir ganz sicher, dass ich das Richtige tat.

»Ist es okay, wenn ich mich einen Moment ausruhe?«, fragte mein Begleiter, als wir im Flieger nebeneinander saßen. Ich nickte, er schloss die Augen und fiel augenblicklich in tiefen Schlaf.

Beeindruckt von dieser Einschlafleistung blätterte ich in der *Gala*. Und dachte nach. Ich war schon so lange nicht mehr weg gewesen.

Mein letzter Urlaub war die Hölle. Ich hatte meinen Freund überredet, mit mir zu verreisen, weil ich wohl hoffte, so unsere Beziehung kitten zu können. Um mir keine falschen Hoffnungen zu machen, hatte er beschlossen, alles doof zu finden. Ob wir am Strand lagen, durch Gebirgsschluchten wanderten, am kleinen Hafen saßen und Wein tranken – er fand es doof. Das Meer war zu ruhig, das Hotel zu groß, die Leute zu hässlich ... besonders das Essen im Hotel war ihm ein steter Quell des Ärgernisses. Als ich ihn in ein teures Restaurant einlud, suchte er angestrengt auf der Karte nach etwas, was er doof finden konnte, und bestellte zur Sicherheit eine Eigenkreation: Reis und Ei. »Schmeckt nicht!«, rief er nach der ersten Gabel zufrieden und schob den Teller angewidert fort, wie ein anorektischer Teenager. Ich hatte geschwiegen. Was hätte ich dazu auch noch sagen sollen?

»Süß oder salzig«, riss die Stimme der Stewardess mich aus meinen Gedanken. Ich wählte zweimal salzig und betrachtete Luka, der noch immer neben mir schlief. Nur seine Lider zuckten ab und an, er träumte wohl. Friedlich sah er aus, wildfremd und doch so vertrauenerweckend. Ich hatte Lust, ihn zu berühren. Doch ich drückte nur seinen Arm, um ihn zu wecken. Er blinzelte mich verschlafen an und fiel dann sofort beherzt über das Frühstück her. Luka gefiel mir. Alles an ihm gefiel mir, sogar seine Papierserviette war schöner als die aller anderen Fluggäste.

Als wir viereinhalb Stunden später aus dem Flieger stiegen, war es bewölkt, aber warm. Ich hatte nur eine Stunde geschlafen, fühlte mich klebrig und zerknittert in meinem verrauchten Kleidchen und den dicken Winterstiefeln. Aber ich war nicht müde, sondern wie elektrisiert. Luka steuerte die Autovermietung an. Ganz selbstverständlich kümmerte er sich um alles und kurze Zeit später fuhren wir in einem kleinen grauen Ka zu einem Strandort, den uns der Sixt-Mann empfohlen hatte. Während der Fahrt blickte ich aus dem Fenster, betrachtete abwechselnd interessiert die Landschaft und verstohlen meinen Fahrer. Luka sah fröhlich aus, ausgeruht und entspannt, so als wären wir schon immer zusammen unterwegs.

»Es wird toll«, sagte er wie beiläufig und ich glaubte ihm.

Wir hielten vor einer Hotelanlage, die mit einem Schild auf freie Zimmer hinwies.

»Hier? Mir ist egal, wohin. Ich will nur Sonne, Strand und ein Zimmer«, wandte sich Luka an mich, ich nickte wieder und wir stiegen aus. Dann blieb er stehen, zog mich an sich. »Stimmt gar nicht. Ich will nur dich.« Er umarmte mich auf dem staubigen Hotelparkplatz und die Welt um mich herum verschwamm. Ich spürte eine Wärme, die sich in mir ausbreitete, seinen Körper, der sich gegen meinen drückte, und plötzlich bekam ich Angst. Ich weiß nicht, was mir das letzte Mal solche Angst gemacht hat, wie diese Wärme, denn wenn sie verging, würde sie Leere hinterlassen, Wehmut. Mein Körper spannte sich an und ich wich zurück.

»Wenn du möchtest, kannst du mich behalten«, sagte Luka an meinem Hals. Mit meinem Lachen verschwand auch die Anspannung. Ich presste mich an ihn, so fest, dass er überrascht keuchte, hielt ihn, während die Wärme sich in mir ausbreitete. Wie lange ich niemanden umarmt hatte! Ich spürte Lukas Hände auf meinem Rücken, seinen Atem an meinem Hals, fühlte, wie sich seine Hüfte gegen mich drückte und er unter der Jeans hart wurde. Mir stockte der Atem und ich hielt ihn noch fester. »Behalt mich«, wiederholte Luka, umfasste mein Gesicht mit den Händen und küsste mich, wie um seine Worte zu besiegeln.

»Ich würde ja eigentlich gern reingehen«, sagte er nach einer Weile und senkte den Blick, »aber so kann ich nicht laufen.« Wir warteten, bis die Schwellung abgeklungen war, dann liefen wir Hand in Hand zur Rezeption.

Kurz darauf schob Luka die Karte ins Schloss und lief vor mir ins Zimmer. Wir warfen unsere Taschen aufs Bett, rissen die Vorhänge zur Seite und betraten den Balkon. Er zog mich an der Hand zum Geländer und küsste mich. »Endlich«, sagte er. Ich hatte eigentlich sofort duschen wollen, mich schön machen, doch plötzlich war mir alles egal, ich wollte nur noch eins: ihn anfassen, spüren.

Ohne mich auch nur ein Mal umzusehen, ließ ich mein Kleid heruntergleiten, während Luka sein T-Shirt über den Kopf zog – endlich seine warme Haut an meiner. Ich küsste seinen Hals, glitt mit den Fingern über seinen Rücken. Meine Augen hielt ich geschlossen, hörte nur das Rauschen des Meeres, Lukas Atem und spürte seine Hände auf meinem Körper. Er streichelte meine Brüste, biss in meinen Hals. Dann kniete er sich vor mich, schmiegte sein Gesicht an meinen Bauch, seine Hände umfassten meinen Po. Langsam schob er seine Hand zwischen meine Oberschenkel, sodass ein Beben durch meinen Körper fuhr. Ich presste mich gegen seine Finger, stöhnte, als er meine Beine etwas weiter auseinanderschob und mit seiner Zungenspitze dazwischenfuhr.

Ich zitterte, wollte ihn in mir spüren, mehr als ich jemals etwas gewollt hatte. Luka glitt nach oben und gierig küsste ich seinen Mund, der nach mir schmeckte. Er drehte mich um, sodass mein Oberkörper auf der Balkonbrüstung lag, ließ seine Hand wieder zwischen meine Beine gleiten, während er in meinen Nacken biss. Meine Augen waren noch immer geschlossen, als er meine Beine noch etwas spreizte. Ich hörte seine Stimme, verstand aber nicht, was er sagte, das Rauschen des Meeres war lauter ... oder war das Rauschen nur in meinem Kopf? Ich weiß nicht, aber ich schrie auf, als er sich in mich schob und ganz langsam immer tiefer in mich glitt. Es war, als hätte ich schon immer auf diesen Moment gewartet. Ich hatte noch nie beim Sex geschrien und fast hätte ich über mich selbst gelacht, doch das verschob ich auf später. Luka umfasste meine Hüften, so fest, als wollte er mich am Weglaufen hindern, doch das war nicht nötig. Ich drängte mich gegen ihn.

Die Welt um uns herum existierte nicht mehr, alle meine Sinne waren auf ihn konzentriert, auf ihn in mir. Auch er stöhnte laut, lauter als das Meeresrauschen ... doch da war plötzlich noch mehr, ein neues Geräusch, eine Art Schimpfen. Benommen hielt ich inne und auch Luka stockte jetzt. Vorsichtig öffnete ich ein Auge und erstarrte. Ich blickte geradewegs in das aufgebrachte Antlitz eines älteren rotgesichtigen Mannes, der sich auf einem der zahllosen Balkons gegenüber über das Geländer beugte. Schnell sah ich weg. Auf einem anderen Balkon daneben packten zwei Rentner gerade hektisch die Bildzeitung ein, um den Balkon zu verlassen. Ein weiteres Paar war offenbar in Apathie versunken. Es gab also doch noch eine Welt da draußen.

»Ich glaube, wir werden beobachtet«, sagte ich.

»Das macht doch nichts«, antwortete Luka unbekümmert. »Aber vielleicht sollten wir drinnen weitermachen?«

Mit einem Laut des Bedauerns löste er sich von mir und schlenderte ins Zimmer.

»Vielleicht sollten wir das Hotel wechseln?«, schlug ich vor.

»Später«, rief er, »erst kommst du her.«

Und ich folgte ihm. Ins Zimmer und in den besten Urlaub meines Lebens.

*Julia Strassburg*

# FEHLER IM FILM

*Sarah (30), Ergotherapeutin, Berlin,*
*über*
*Bastian (33), Unternehmensberater, Berlin*

Gummiball-ball-ball!«, rufe ich über den Alexanderplatz, als ich Bastian von Weitem sehe. Ich erkenne ihn unter anderem an seinem Gang – dabei hüpft der strubbelige Haarschopf auf seinem Schädel auf und ab und auf und ab. Überhaupt ist sein gesamtes Auftreten sehr ulkig. Erzählt er etwas, hat man das Gefühl, sein ganzer Körper spricht. Deshalb habe ich ihm den Spitznamen »Flummi« verpasst. Bastian macht mir grundsätzlich gute Laune. Selbst wenn er gar nicht lustig sein will, lache ich trotzdem irgendwann. Er mag es, wenn ich lache. Das betont er immer wieder gern.

»Wie Liselotte Pulver lachst du – Lilo, aus der *Sesamstraße* von früher. Weißte noch?«

Anfangs empfand ich diesen Vergleich als beleidigend, aber YouTube belehrte mich eines Besseren. Liselotte Pulver hatte in der Tat ein wirklich herzerwärmendes Lachen. Damit kann ich leben.

Fest schließe ich meine Arme um den kleinen Männerkörper, drücke ihn an mich. Wir haben ungefähr eine Größe, er und ich. Hohe Schuhe verkneife ich mir, wenn wir uns treffen. Das tue ich nicht seinetwegen, um womöglich sein Ego zu schützen, als vielmehr für mich selbst. Auch mit hohen Schuhen komme ich mir neben ihm wuchtig vor. Das gefällt mir nicht. Dies ist einer der Gründe, weshalb Bastian und ich bloß Freunde sind. Obwohl er sich insgeheim mehr erhofft. Manchmal, während wir gute Gespräche führen, hat er gewisse Momente. »Sarah«, sagt er dann in diesem Ton, viel ruhiger als sonst, »Sarah, wieso sind wir eigentlich kein Paar?«

Ich zucke dann mit den Schultern, lächle verlegen und antworte: »Es ist kompliziert.« Das versteht er, irgendwie zumindest. Was mich jedes Mal wieder stutzig macht.

Vor dem Kino am Alex bleiben wir stehen und beäugen kritisch das Filmangebot. Kaum jemand hat Spaß daran, mit mir ins Kino zu gehen. In jedem Film finde ich Dinge zum Mosern. Dabei liebe ich Filme sehr. Es macht mir Spaß, Kommentare abzulassen. Was andere zur Weißglut bringt, ist für Bastian ein Fest. Einmal die Woche picken wir uns einen Film raus und pflücken ihn auseinander. Alles, was zu unrealistisch wirkt, wird knallhart bewertet. Wer zuerst »Fehler im Film!« ruft, hat gewonnen. Heute spricht uns das Programm nicht an. Es laufen fast ausschließlich Liebes- oder Actionfilme. Nicht unsere Baustelle. Wir bevorzugen anspruchsvolle Streifen. Skandinavische Produktionen sind seit Neuestem unser Steckenpferd. Die sind immer so bemüht sozialkritisch, da findet man jede Menge Stoff zum Zerlegen.

»Ja … hm … dann?«, murmele ich, auf das trostlose Programm blickend.

»Wir sollten uns betrinken und wilden, sinnlosen Sex haben. Das ist das Einzige, was uns jetzt hilft, über diese Enttäuschung hinwegzukommen«, sagt Bastian und wirft mir diesen Blick zu.

Kurzerhand schallt mein kehliges Lilo-Lachen über den Alexanderplatz.

»Spinner! Mal im Ernst, was machen wir jetzt?«

»Na ja, den ersten Teil meines Vorschlags können wir ja, in abgeschwächter Form, in Angriff nehmen.«

»Wir trinken?«

»Ja, und einen Film können wir auch bei mir schauen. Ich hab da was Abgefahrenes aus Schweden.«

Die Sache ist beschlossen. Gemeinsam fahren wir nach Schöneberg in Bastians Wohnung. Das ist spannend, denn ich betrete sein Reich zum ersten Mal. Sonst drückt er sich immer mit der Ausrede, nicht aufgeräumt zu haben. Seltsam, dass er mich heute so bereitwillig einlädt. Als er den Schlüssel im Schloss herumdreht, verweist er ein letztes Mal auf ein mittelschweres Chaos. Ich glaube ihm kein Wort und behalte recht, als ich den blitzblanken Boden des Flures betrete. Vorsichtshalber schlüpfe ich aus meinen Schuhen. Er führt mich an der Hand herum. Es sind nur zwei Räume, die ich begutachten darf. Ein kleines, aber stilvolles Arbeitszimmer und ein wirklich geschmackvoll eingerichtetes Wohnzimmer. Von Chaos keine Spur.

»Na komm schon, Flummi, wem gehört diese Bude? Das ist doch nicht deine?«

»Setz dich und halt die Klappe«, sagt er lachend und verschwindet in der Küche.

Während der kurzen Führung ist mir eines jedoch nicht entgangen: die Tür gleich neben dem Eingang. Ausgerechnet sein Schlafzimmer verbirgt er vor mir. Den Schalk im Nacken schleiche ich in den Flur.

»Roten oder weißen?«

Augenblicklich zucke ich zusammen. Ob er was gemerkt hat?

»Ähm, was?«, versuche ich, Zeit zu gewinnen.

»Was für einen Wein hättest du gern?«

»Oh, ähm … roten bitte, trocken wenn's geht.«

»Okay!«

An der Küche bin ich bereits vorbei, gleich ist es geschafft, nur noch wenige Meter. Meine Hand umschließt die verchromte Klinke. Langsam drücke ich sie runter …

»Was machst du da?«

Verdammt, erwischt. Nun muss ich schnell sein, schneller als er. Klinke gedrückt, Tür auf, schnell rein. Da ist er auch schon hinter mir. Noch bevor ich etwas sagen kann, wirft sich ein Körper auf mich. Gemeinsam landen wir auf dem Bett. Meine Nase drückt sich in ein Kissen, glücklicherweise duftet es frisch, nach Waschmittel.

»Was soll das? Lass mich los«, kichere ich und wälze mich herum, sodass der kleine Bastian nun neben mir liegt. Er lacht ja gar nicht, das ist unerwartet. Ganz besorgt schaut er aus mit seiner krausen Stirn und dem starren Blick.

»Können wir bitte hier rausgehen? Ich find's ehrlich gesagt nicht gut, dass du einfach hier eindringst.«

Nun hat sich auch mein Blick verändert. Irritiert schaue ich ihn an.

»Wieso?«

»Weil hier jede Menge private Dinge rumliegen.«

»Was kann das schon sein?«, grinse ich. »Kondome, Handschellen oder gar Pornoheftchen?« Überspitzt lege ich eine Hand auf meinen Mund, die Augen weit aufgerissen. Doch Bastian versteht keinen Spaß mehr.

»Sarah, bitte …«

Er nimmt meine Hand, will mich vom Bett zerren. Ich lasse es zu, doch meine Neugier ist nun geweckt. Also erlaube ich mir einen kurzen Rundblick im Raum. Nichts zu sehen. Ein normales Männerschlafzimmer. Bett, Schrank, Kommode, wenig Tüdelkram, keine Deko, nüchtern, ordentlich. Bastian atmet auf. Von hinten schiebt er mich durch den Türrahmen. Ein letztes Mal drehe ich mich um, eigentlich bloß, um ihn zu ärgern, und da sehe ich etwas glänzen – rot glänzen. Es schaut unterm Bett hervor. Moment mal, das ist doch ein Schuh, ein Frauenschuh.

»Soso«, sage ich und schlüpfe an ihm vorbei zurück ins Zimmer. »Du hattest also Damenbesuch. Ist doch okay. Und deshalb schämst du dich?«

Fast verschluckt er sich, als ich nach dem Beweisstück greife und es vor seine Nase halte. Zerknirscht schaut er mich an. Und plötzlich wird mir klar weshalb.

Der billig anmutende Stöckelschuh ist viel zu groß, um einer Frau zu gehören. Unangenehme Stille breitet sich im Raum aus. Ich spüre, dass meine Wangen erröten. Bastian dagegen ist kreidebleich.

»Wow …«, ist das Einzige, was ich hervorwürge, »… wow, so große Heels habe ich ja noch nie gesehen.«

Wortlos kehrt Bastian mir den Rücken zu, verschwindet in der Küche.

»Ich brauch was zu trinken«, murmelt er.

Unschlüssig, den Schuh noch immer in der Hand, tapse ich hinterher. In der Küche bekomme ich ein Glas mit Rotwein in die andere Hand gedrückt. Als ich zum ersten Schluck ansetze, ist Bastians Glas bereits leer.

»Na los. Stell schon deine Fragen«, sagt er grimmig, ohne mich anzuschauen, und schenkt sich nach.

Der Schalk – kurzzeitig verschreckt – ist nun zurück an seinem Platz, meinem Nacken. Dort heckt er wie immer Pläne aus. Seltsamerweise finde ich diese Situation viel weniger peinlich als Bastian. Im Gegenteil: Neues ist interessant.

»Okay, hier kommt Frage Nummer eins«, kichere ich.

Prüfender Blick, leichtes Zucken seiner Mundwinkel.

»Würde es dir sehr viel Mühe bereiten, die Dinger mal anzuziehen?«

Entsetzter Blick, Mundwinkel außer Kontrolle – verlegenes Lächeln.

»Bist du sicher?«

»Klar!«

Vorsichtig pellt er die Socken von seinen Füßen, geht ins Schlafzimmer. Ich folge ihm, den Grund für die ganze Aufregung noch immer in der Linken. Langsam, ohne mich anzusehen, zwängt er seine Füße in die roten Lackschuhe. Vorerst bleibt er auf der Bettkante sitzen.

»Und nu? Zufrieden?«

Ich betrachte ihn eindringlich, versuche eine Veränderung festzustellen. Nichts dergleichen. Bastian bleibt Bastian, bloß dass seine Füße aussehen wie die einer Frau. Einer schönen Frau, um genau zu sein.

»Steh doch mal auf«, sage ich sanft. Dass er unsicher ist, passt mir ziemlich gut, dieser Umstand verbirgt meine eigene Beklommenheit.

Bastian erhebt sich. Und wie er das tut. Groß ist er auf einmal. Kein Wunder, bei Zwölf-Zentimeter-Absätzen. Viel selbstbewusster als zuvor verkündet er: »Ich kann dir jetzt fast auf den Kopf spucken.«

Wir lachen. Nicht so albern wie sonst, dafür reicht mein Atem nicht aus. Wieso bin ich nur so aufgeregt?

»Das Beste ist eigentlich unter der Jeans«, sagt er und schaut an seinen Beinen hinab. Kurzerhand bekomme ich heiße Ohren. Mein irritierter Blick nötigt ihm eine Erklärung ab.

»Ich spreche von meinen Beinen, keine Sorge. Die sehen nämlich wirklich toll aus mit diesen Schuhen.«

Die Erleichterung macht mich forsch. »Zeigen!«

Das lässt er sich nicht zweimal sagen. Schwupps, liegt die Jeans auf dem Bett. Er hat recht: Seine Beine sehen großartig aus. Die Muskeln der Waden zeichnen sich deutlich ab. Dieser Kontrast ist sexy. Vor allem aber – und das verblüfft mich am meisten – sieht er unglaublich männlich aus. Mein Blick wandert seine Beine entlang. Bastian steht selbstbewusst da, die Augen auf mich gerichtet. Etwas braut sich zusammen, das spüre ich. Es ist auf einmal unheimlich warm im Raum. Kurz darauf bestätigt Bastians Körper, dass es ihm ähnlich geht. Die Wölbung unter seinen Boxershorts ist beachtlich. Ich erwische mich selbst dabei, etwas zu lange auf diese Körperpartie zu schauen, und wechsle schnell in sein Gesicht. Fataler Fehler – sein süffisantes Grinsen gibt mir den Rest.

»Was liegt denn da sonst noch so unter deinem Bett?«

Mein Versuch, ihn in Verlegenheit zu bringen, wird mir zum Verhängnis. Freudig zieht Bastian eine Kiste unterm Bett hervor. Als er den Deckel öffnet, möchte ich am liebsten davonlaufen, doch meinen Knien fehlt es an Energie. Seine Hand zaubert etwas Rotes hervor (schon wieder rot), um es kurz darauf hinter seinem Rücken verschwinden zu lassen. Er appelliert an meine Neugier und – verdammt noch mal – es funktioniert.

»Was ist das? Zeig.«

Bastian will einfach nicht aufhören zu grinsen. Das macht mich fertig.

»Bitte, nun zeig schon!«

»Vertraust du mir?« Sein Gesichtsausdruck lässt erkennen, dass keinerlei Provokation hinter dieser Frage steckt. Ich nicke.

»Dann komm her.« Die Kommode neben dem Bett, dort soll ich mich hinstellen. Zumindest erzählt dies sein Zeigefinger. Ich gehorche, blicke in den Spiegel an der Wand darüber. Er steht hinter mir, fasst meine rechte Hand, legt sie auf der Kante der Kommode ab. Ich komme ihm zuvor, platziere brav meine Linke auf der anderen Seite.

»Schließ die Augen.«

Ein letztes Mal vergewissere ich mich, ob alles seine Richtigkeit hat, schaue ihn an, dann schließe ich meine Lider. Ich spüre seine Präsenz, spüre seinen Körper dicht hinter mir. Er rückt näher. Kurz zucke ich zusammen, als ich etwas Hartes im Kreuz spüre. Mein Becken bewegt sich leicht, ich drücke mich gegen ihn. Fast vergesse ich dabei jenen roten Gegenstand, der noch immer hinterhältig auf seinen Einsatz wartet. Etwas zwingt mich, den Mund aufzumachen. Automatisch öffne ich die Augen. Im Spiegel erwartet mich eine Wahrheit, die mein Kiefer längst erfasst hat: Ein roter Ballknebel sperrt mir den Mund auf.

»Gummiball-ball-ball«, flüstert Bastian ganz dicht an meinem Ohr. Das Lilolachen bleibt eingesperrt in meiner Kehle. Ein schneller Griff nach meinen Armen, er dreht sie auf den Rücken, hält sie mit einer Hand an den Gelenken zusammen. Die andere Hand fasst unter meinen Rock, zieht die Strumpfhose samt Slip in die Kniekehlen. Diese Situation ist so bizarr, dass ich nicht mehr in der Lage bin zu denken. Seine Finger tasten sich zwischen meine Beine. Die Augen geschlossen, warte ich auf eine Reaktion, denn ich ahne, was dort unten los ist. Lange muss ich nicht warten.

»Soso, da renne ich wohl offene Türen ein mit meinem Spielzeug, wie?!«

Seine Überlegenheit ist mir inzwischen nicht mehr unangenehm. Endlich fickt er mich. Härter als ich es kenne. Besser als ich es kenne. Mein bester Freund trägt High Heels, während er mich fickt und ich – einen Knebel im Mund – lasse mich benutzen.

Fehler im Film. Fehler im Film! Unrealistisch, zu absonderlich, zu viel Spaß. Das darf nur Tarantino. Und doch fühlt es sich echt an.

Als Bastian mich am nächsten Morgen an der Tür verabschiedet, ist alles anders und irgendwie auch nicht. Zurück auf dem Boden der Tatsachen – die roten Heels sind unterm Bett verschwunden. Dort warten sie auf ihren nächsten Einsatz. Wir sind zu dem Entschluss gekommen, dass Kino einmal die Woche nicht ausreicht. Überhaupt muss man sich nicht immer diese realistischen Streifen reinziehen. Schon gar nicht, wenn man gemeinsam so angenehm unrealistisch sein kann.

*Anna Blumbach*

# MACH VIER

*Anna (28), Germanistikstudentin, Berlin,*
*über*
*Jonas (28), Sportstudent auf Lehramt, Berlin*

Am Tresen hatten wir eine Weile schweigend nebeneinander gesessen, als wir gleichzeitig den Barmann heranwinkten. Wir prosteten uns dann mit den Bierhumpen zu, lächelten dabei doch etwas gequält und da wussten wir wohl beide, warum der eine hier genau so dasaß wie der andere.

»Nich' lang schnacken, Kopp in'n Nack'n!«, sagte er mit niedersächsischem Einschlag. Ich musste lachen. Dieser Spruch, mit diesem Akzent, war dermaßen abwegig bekloppt, aber dennoch, dort und in jenem Moment kam das ganz adäquat rüber.

»Prost!«, gab ich also in sauberem Akzent zurück.

Nach einigen Bieren und ausgiebigem Beglotzen der abfeierwilligen Leute um uns herum fingen wir dann so etwas wie eine Konversation an. Bald kam heraus, dass es nur noch eine Frage der Zeit war, bis unsere jeweiligen aktuellen verhängnisvollen, nervtötenden Beziehungen, oder wie auch immer man diesen Bockmist klassisch bezeichnete, ein jähes Ende nehmen. Es waren bereits viel zu schlimme, böse Worte gefallen, viel zu viele kränkende, verletzende Dinge geschehen, die ein Aufeinanderzugehen, einen zukunftsträchtigen Konsens, noch hätten möglich machen können. Das war uns beiden zwar bewusst und doch … wir liebten sie immer noch ganz furchtbar schrecklich oder glaubten in diesem Moment zumindest, dass dem so war.

Am Ende dieser Verzweiflungsarie angekommen, hockten wir dann dort am Tresen in dieser Schickimicki-Bar in Berlin-Mitte, wie zwei alte Eckkneipensäufer, und scherten uns einen Dreck um die Freude, den Spaß, diese laute gute Laune um uns herum, uns war jetzt vielmehr nach einem Hackebeil, einer Motorsäge oder einem Samuraischwert vielleicht …

Doch trotz unserer Verbundenheit in dieser lauschigen, konspirativen Übereinstimmung war uns schnell klar, dass wir uns nicht viel mehr zu sagen hatten. Unsere Körper allerdings, die waren längst dabei gewesen, fleißig anzubändeln. Sie berührten sich ganz beiläufig im Gespräch, sie saßen Arm an Arm am Tresen herum und wichen, trotz dieser doch sehr spürbaren Berührung, nicht auseinander. Während unsere Münder schwiegen, kamen sich unsere Arme, Beine, Hände und Gesichter völlig vertraut immer näher. Ich für meinen Teil sah schon bald dabei einfach nur noch zu.

Ich sah zu, wie sich dieser andere Körper da einfach meine Hand schnappte und mich aus dem Laden zog. Ich konnte mir gerade noch meine Jacke vom Hocker schnappen. Draußen hörte ich die Frage aus seinem Mund, ob ich mit zu ihm nach Hause kommen möchte, er wolle dort drinnen nicht mehr sein. Mein Kopf nickte. Ja, in meinem Kopf wollte irgendetwas mit ihm gehen, denn das da drinnen glaubte, dass der da neben ihm der einzige Kopf auf dieser Welt war, der ihn wirklich, wirklich zu verstehen im Stande war. Der da! Der wollte meinen mitnehmen.

Der da, der stieß mich nicht weg von sich. Der da zog an dieser Hand, meiner Hand, er nahm meinen Körper in den Arm, er drückte seine Schulter mit seiner großen Pranke und brachte ihn heim, in sein Haus, setzte ihn auf eine Liegewiese von hässlichem französischem 8oer-Jahre-Bett mit gepolstertem Kopfende und zog ihn zielsicher aus, meinen Körper. Denn der da, der wollte den/ mich jetzt, wollte seine/meine Haut spüren, sein/mein Gesicht in seinem/meinem Haar versenken, seinen/meinen Geruch einatmen, und meinen Körper – mich – vernaschen. Ich fühlte mich sauwohl mit ihm, gewollt, gemocht und angenommen, für gut und schön und lecker befunden. Und obwohl er ein ganzer, ein richtig großer, riesiger und dazu noch tätowierter Kerl war, hatte ich doch gar keine Angst, mit ihm zu gehen. Ich fühlte mich sogar sehr sicher mit und bei ihm, denn er war ja schließlich der Einzige, der Einzige auf dieser Welt hier, der mich und meinen Schmerz verstand, der genauso litt wie ich, ja, sich ganz genauso wie ich verletzt, enttäuscht, gedemütigt, traurig und wütend zugleich fühlte. Er war mein Vertrauter, mein Freund, mein Komplize ...

»Du bist ganz schön knackig für eine Literatin«, stöhnte er in einer Kussatempause ehrlich anerkennend in meinen Mund. Ich musste zwar lachen, war ihm aber trotzdem dankbar, denn ich hatte schon auf seiner Bettkante vorhin für eine Millisekunde diesen Fluchtinstinkt verspürt, weil sein Sportstudent-auf-Lehramt-Körper ... uh – der war dermaßen gut gebaut, sommergesund braun gebrannt und kräftig. Schön war er, sein Körper also, eine Nummer zu schön für mich, dachte ich kurz panisch.

»Ich ... ich tanze viel«, stotterte ich verlegen.

»Ja, mit Tanzen hält man jeden Muskel in Bewegung. Tanzen ist sehr guuut ...«, hauchte er dann pädagogisch motivierend in mein Ohr. Vor Verlegenheit küsste ich ihn stumm. Von diesem Moment an fiel eine sehr lange Weile kein einziges Wort mehr zwischen uns. Stattdessen fickten wir uns unsere verletzten Seelchen aus dem Leib – bis uns Flügel wuchsen, verdammt.

Aber in Gedanken fing ich damit an, meine Worte an diese abwesende Person zu richten, und vielleicht tat er das ja gerade auch. Und bald sangen wir ihnen dann diese bittersüße Symphonie: Lauscht nur unserem Chor! Ja! Seht doch ruhig zu, wie wir es fröhlich miteinander treiben. Seht zu, wie das hier richtig geht. So! So geht das nämlich richtig. Das hier, das nennt man zärtlich. Und das, das nennt man Tantra! Und das jetzt hier, das nennt man 69. Und so, so bläst man nämlich ordentlich. Und das hier, das ist Leidenschaft. Und das! Das ist die pure Geilheit. Und das hier, das ist die nackte Not-geil-heit! Und das jetzt, das nennt man Vögeln, bis der Arzt kommt! Da habt ihr's! Nehmt dies ... und dies ... und auch noch dies dazuhuu ... und das jetzt! – das! – daaassss ... waaar einnn ... richtig richtig präch-ti-ger-Or-gas-musss!!!

Eine unendliche Show der geilsten Vögeleien fickten wir ihnen fleißig vor. Wir probierten alles aus, was wir uns in unseren versautesten Träumen je vorgestellt hatten, kramten alles aus unseren Köpfen, was darin in die hintersten Ecken als viel zu versaut verbannt worden war, und das alles nur, um es diesen beiden so richtig, so richtig dreckig zu zeigen, zu besorgen, bis es wehtat ... und das tat es dann nach einer ordentlich langen Weile auch. Au!

Selbst an eine gemütlich müde Aufwachnummer war nicht mehr zu denken. Wir waren alle, ausgelutscht, ausgebrannt, wund, verkatert ... kaputt halt. Bei einer Tasse Kaffee grinsten wir uns gegen Mittag an. »Weißt du«, sagte er und sah plötzlich ganz ernst auf die Tischplatte vor sich oder eher in die Leere dort, »ich hatte einen warmen Mund ... manchmal ... immerhin«, dann folgte eine Pause, in der ich darüber nachdachte, wie er das und was genau er damit meinte. »Ach, vergiss es!«, sagte er dann, sah wieder auf und lächelte mich an. Nein, das da in der Nacht mit uns, das hatte er nicht gemeint, dafür war sein Blick, als er das sagte, viel zu weit entfernt gewesen. Er konnte nur von ihr gesprochen haben. Für eine Millisekunde vielleicht war ich verliebt in ihn ... nein, eher in diese Art und Weise, wie er versucht hatte, diesen Schlussstrich für sich zu formulieren, dieser fremde Mann dort neben mir. Es war schön, nichts mehr sagen zu müssen, nur dazu zu nicken und sich kurz zu küssen und zu wissen, dass alles schon gesagt und ganz hübsch ordentlich getan worden war.

Auf meinem Heimweg tat mir alles weh, alles. Wären mir doch nur wirklich Flügel gewachsen in der Nacht, federleicht fühlte ich mich innerlich, aber das da draußen wurde schwer in Richtung Erdmittelpunkt gezogen – ich hatte das Bild von brodelndem Magma tief unter meinen Füßen vor Augen. Aber nein, ich bereute nichts. Ich lächelte. Ich lächelte sogar dreckig. Zugegeben schon ein wenig schmerzverzerrt, aber diese Rachenummer da, die war das Beste, was ich mir seit langer Zeit gegönnt hatte.

Und nach einigen Tagen der Genesung verlieh sie mir sogar genügend Kraft, mich mit einer Geschwindigkeit von Mach vier an den eigenen Haaren aus der Magma zu ziehen, die ich mir selbst gewesen war.

*Annika Hennebach*

# IN DER STILLE DER NACHT

*Valérie (34), Illustratorin, Berlin,*
*über*
*Max (37), Dozent, Berlin*

Wir versuchen, so leise wie möglich zu sein. Aber in der Dunkelheit scheint selbst der zarteste Kuss durch einen Verstärker zu gehen, sich überall auszubreiten. Auf dem Weg in den Sommerurlaub nach Korsika machten wir auf der Fahrt einen extra Schlenker in der Schweiz, wo Rieke und Arne ein kleines Ferienhäuschen gemietet hatten. Der Bungalow war fast schon im Wald gelegen, wir fanden den Weg nicht, hatten noch den Seeblick vom Auto aus bestaunt und dann wurde es ja auch langsam dunkel.

Ich verlasse mich nur noch auf mein Gefühl. Ertaste schon zum dritten Mal Max' Lippen, um meinen Zeigefinger darauf zu legen. Und schon zum dritten Mal schnappt er ihn sich mit seinem weichen, warmen Mund, saugt ihn mit der Zunge ein, schmatzend, wenn auch leise schmatzend.

Auf einmal standen wir direkt davor, ein kleiner, ergrauter 60er-Jahre-Bungalow mit Holzpaneelen. Vielleicht auch 70er. Jedenfalls genau so, wie Rieke ihn beschrieben hatte. Ihr zerbeulter Jetta parkte davor, wir stellten uns daneben. Es tat so gut, aus dem Auto raus zu sein, die Beine zu strecken und diese herrliche Schweizer Alpenluft zu riechen, klar und würzig, das weiß ich noch. Arne begrüßte uns mit roten Wangen, er hatte Pizza gebacken und schon ein bisschen Wein getrunken, Rieke räumte noch schnell auf, typisch Rieke.

Max holte mit Arne die Sachen aus dem Auto, während ich zu Rieke reinging und mich in dem Bungalow umschaute, in dem es nach herrlicher Pizza duftete. Was für ein Schmuckstück! Zwar ein wenig abgenutzt, aber sehr hübsch. Man stand eigentlich sofort in dem einen großen Raum, der das ganze Häuschen einnahm. Darin: Eine psychedelische Tapete mit riesigen Blumen, ein großes Bett mit ausgewaschenem braun gemusterten, aber dafür gigantischen Bettzeug in der Ecke, Tisch, Stühle, kleine Regale, ein alter Schrank – alles aus dunklem Holz, ein altes Ledersofa, daneben ein Kamin. Ein Kamin! Hinter einer eingezogenen Wand befand sich eine schmale offene Küche, ganz gelb, auch ganz 70er. Das Bad war gleich am Eingang. Und da war noch eine Tür.

Aber Rieke rief mich zu sich, sie packte weiter ihre Klamotten – die sicher eben noch überall auf dem Boden und den Möbeln verstreut gewesen waren – in den großen Holzschrank voller kleiner Wurmlöcher. Rieke hatte auch ganz rote Wangen, von der Pizza oder der guten Luft, was auch immer. Wir freuten uns sehr, einander wiederzusehen. Rieke war meine beste Freundin. Und sie war nach Hamburg gezogen. Es gab viel zu erzählen.

Als er anfängt, mir etwas ins Ohr zu flüstern, halte ich ihm die Hand vor den Mund. Pssst, denke ich wortlos und warte ein paar Sekunden, in denen er meine Handfläche küsst. Verdammt, ich will aber auch einfach nicht in Ruhe gelassen werden. Es ist zu verheißungsvoll, was sich da neben und an mir zu schaffen macht. Mein Mann. Seine Stoppeln kratzen jetzt ein bisschen in der Hand, aber ich will sie lieber woanders fühlen. Also dirigiere ich seinen Kopf zielsicher nach unten zwischen meine Schenkel. Der Schlafsack macht dabei ein pupsendes Geräusch oder ist das gar nicht der Schlafsack? Fast muss ich lachen, aber ich kann mich gerade noch zusammenreißen. Denn jetzt küsst er meine Muschi. Und ich muss mich darauf konzentrieren, nicht zu stöhnen. Bloß leise zu sein.

Während wir Mädels ein bisschen quatschten und lachten, hatte Max den Kamin angemacht und Arne die Pizza und einen Rotweinschlauch aufgetischt. Wir setzten uns alle an den Holztisch, auf einfache Stühle, die mich an meine Schule erinnerten, und aßen und tranken. Es wurde stockdunkel vor der Glastür, die auf eine Terrasse und den Garten führte. Wir machten Pläne für den nächsten Tag, zum See sollte es gehen, natürlich. Der Rotwein machte unsere von der Autofahrt müden Köpfe noch müder und alle Wangen rot.

Die Flammen züngelten über die Scheite, Arne bot uns allen Schnaps an, Birnenbrand, für noch heißere Köpfe. Ich lag in Max' Armen, sein Pulli roch ein bisschen nach Schweiß, aber lecker. Und so vertraut. Als der Schnaps fast alle war und wir vier einfach nur noch dem Knistern des Feuers zuhörten, fragte ich, wo denn unser Zimmer wäre. Ich wollte mich hinlegen, an Max kuscheln, mit ihm alleine sein, vielleicht auch ein bisschen Sex haben. Müden Sex nach der Fahrt und diesem schönen warmen Abend. Aber es gab kein Zimmer. Wir sollten hier auf dem Sofa schlafen, das wäre doch so ausgemacht, meinte Rieke. Ich erinnerte mich zwar nicht, aber nach kurzem Überlegen war mir dann auch ganz egal, wo ich schlief, Hauptsache, ich schlief. Sex konnte warten. Dachte ich. Denn schließlich schliefen Rieke und Arne nur wenige Meter von uns entfernt.

Ich will mit ihm schlafen, so sehr. Die Müdigkeit in meinem Kopf, meinen Beinen, dem ganzen Körper ist verschwunden, seit wir dicht an dicht auf dem Ledersofa liegen. Seit er angefangen hat, mich zu streicheln, unter das Nachthemd gefahren ist, über die Haut fährt mit seinen warmen Fingerkuppen, über die Oberschenkel, Leisten, meinen Bauch, einen Kreisel im Nabel, weiter zu den Brüsten, ganz sanft zunächst, nur mit den Spitzen. Am Anfang habe ich noch so getan, als schlafe ich. Aber ich halte es nicht mehr länger aus, nichts zu machen, seit er fordernder wird, sich enger an mich presst, ich seinen Schwanz an meinem Oberschenkel reiben fühle, durch seine Shorts, durch mein Nachthemd, hart. Und so wende ich mich ihm zu und suche seinen Mund mit meinen Lippen, mit der Hand seinen Schwanz.

Wir küssen uns wieder und wieder, während wir uns weiter streicheln, berühren. Max entzieht sich meinem Mund und leckt mit der Zungenspitze meinen Hals entlang bis zur Kuhle vom Schlüsselbein, leckt, neckt, beißt in meinen Hals, küsst, fester, saugt die Haut ein, bis es wehtut. Oh Mann, ein Knutschfleck, denke ich. Und was für einer. Wie früher. Egal, wir knutschen weiter und fordern weiter. Und ich fühle ganz genau, was jetzt kommt, was ich will, was er will.

Aber geht das nicht wirklich zu weit? Schließlich sind wir nicht allein. Deshalb spitze ich nebenbei auch ständig die Ohren. Ich versuche, mich nicht nur auf die Geräusche zu konzentrieren, die wir machen. Oder eher das Sofa macht. Wenn wir uns nur ein wenig bewegen, atmen. Jedes Mal gibt es eine schiere Quietscharie, so scheint es mir. Nein, ich lausche auch, ob aus der Richtung von Rieke und Arne etwas zu hören ist. Etwas Eindeutiges. Ein Stöhnen, Klatschen, Knutschen. Oder eben Schnarchen.

Max und ich gingen noch mal nach draußen Sterne gucken, während Rieke und Arne das Bad besetzten und sich fertig machten. Er hatte es geschafft, mich zu überreden. Und was wäre mir entgangen! Nur in der Ferne blinkten ein paar Lichter, die nächstgelegenen Häuschen mussten das sein, ansonsten leuchteten nur die Sterne vom klaren Nachthimmel. Wenn man nur lange genug hochschaute, schien es, als wölbte sich der Himmel über einem. Das fehlte mir in Berlin so oft – das Gefühl, in einer Schneekugel zu leben. Einer Schneekugel voller Sterne.

Ich drückte mich fester an Max, rubbelte meine Nase an seinem Pulli, nahm einen tiefen Atemzug voller Mann. Voller Max. Er seufzte, sein Atem roch nach Schnaps, und küsste mich. Wir hatten uns schon so oft geküsst in unserem Leben – in letzter Zeit vielleicht ein bisschen zu wenig, aber dieser Kuss war besonders. Unser erster richtiger Urlaubskuss diesen Sommer. Intensiv, tief, feste. Wir hörten erst auf zu knutschen, als Rieke an die Scheibe klopfte und uns reinwinkte. Die beiden waren fertig.

Mir war ein wenig kühl geworden da draußen. Als ich mir die Zähne putzte, fröstelte es mich richtig. Max lächelte mich mit der Zahnbürste in seinem Mund an, schenkte mir dieses wissende, sexy Lächeln im Spiegel, das ich so mag. Als ob er genau wüsste, was gleich passiert. Dieses Lächeln, wenn er scharf auf mich ist. Mit Zahnpasta im Mundwinkel. Und mir wurde warm.

In unseren Schlafklamotten gingen wir zurück ins Zimmer, auf dem Weg klapste Max mir auf den fast nackten Po, ich hüpfte, zierte mich ein wenig. Rieke und Arne guckten aus ihren Bettdecken hervor und sagten: »Gute Nacht, schlaft gut.« Wir löschten das Licht und schmiegten uns ganz eng aneinander, damit wir genug Platz auf dem Sofa hatten. Max legte seinen Arm um mich und ich bettete meinen Kopf in seiner Achsel. Das letzte bisschen Glut im Kamin verglimmte und nun konnte man die Hand buchstäblich nicht mehr vor Augen sehen. Ich schloss meine Lider und hörte nur noch das sanfte Atmen von uns vieren.

Ich weiß noch, dass ich mir zuerst sicher war, sofort einzuschlafen, aber dann lag ich doch wach. Und an Max' Atem hörte ich, dass auch er wach war. Und Rieke und Arne auch, da war ich mir ebenfalls ganz sicher. Was wäre, wenn die jetzt Sex hätten? Da, nur etwa zwei Meter von uns entfernt, ging es mir durch den Kopf. Ich lauschte in die Stille der Nacht, meinte nun doch, die beiden schlafend zu wissen – und dann ging es los. Ohne zu reden, ohne sich zu sehen, nur zu fühlen. Und zu hören.

Ich knie über ihm, stütze mich an der Wand ab, fühle fasziniert die Erhebungen der samtenen Blumen auf der Tapete vor mir und die samtige Zunge in mir. Jetzt bloß nicht zu laut stöhnen, geht es mir die ganze Zeit durch den Kopf. Gleichzeitig spitze ich doch wieder ständig die Ohren. War das nicht doch ein wacher Seufzer? Und jetzt, rascheln da die Laken? Aber das da, das war doch ein Stöhnen! Und es kam nicht von mir, glaube ich, sondern von Rieke.

Ich drücke Max kurz weg von mir, um noch mal genauer hinzuhören. Aber er lässt sich nicht wegdrücken, sondern gleitet stattdessen mit seinen Händen wieder unter mein Nachthemd, über meine Brüste, fühlt die harten Nippel. Seine andere Hand ist plötzlich am Venushügel, streichelt über meine Scham, gleitet mit ein oder zwei Fingern in mich, sanft und hartnäckig zugleich, sodass ich noch feuchter werde. Er übernimmt die Führung. Ich mag das, das weiß er.

Zu gut fühlt es sich an, was er da macht, wie er mich fingert, bespielt. Ich bin ständig kurz davor zu kommen, unterdrücke es aber immer wieder. Doch dann sind es nicht nur die vertrauten Berührungen von Max, die mich sicher mitreißen, sondern die verführerische Vorstellung, dass Arne und Rieke es ebenso machen, da drüben in ihrem Bett, und ebenso leise zu sein versuchen wie wir. Ich mag diese Vorstellung, dass er in sie eindringt, während Max in mich eindringt. Ich mag die Vorstellung, dass er es ihr besorgt, während Max es mir besorgt. Komisch, aber wahr. Außerdem muss dieser Orgasmus endlich an die Oberfläche, der da die ganze Zeit schon in mir schwelt.

Und so fällt auch noch die letzte kleine Hemmungsmauer, ich klettere mutig drüber und klettere auf Max, der immer noch an mir, in mir beschäftigt ist. Ich nehme seinen Schwanz wieder in die Hand, der mir im Dunkeln noch härter erscheint, und streiche fest mit der geschlossenen Hand drüber, umschließe die Spitze, den Schaft, die Wurzel und gleite an ihm entlang, bevor ich mich auf ihn setze und ihn in mich lenke. Ich bleibe ganz still dabei und auch Max bleibt ganz still. Ein wirklich kaum hörbares Ausatmen entgleitet ihm, aber das ist nicht schlimm. Die anderen sind sicher mit sich selbst beschäftigt, denke ich. Und sehe sie im Dunkeln das Gleiche tun.

Max hebt mir seine Lenden entgegen und hält mich an den Hüften fest, jedes Mal quietscht das Sofa ein wenig, aber die Gefühle in meinem Innern sind lauter. Bloß nicht zu laut atmen, bloß nicht seufzen, bloß nicht stöhnen, bloß nicht schreien, denke ich nur, bis ich schließlich nicht mehr denke. Sondern endlich komme. Mit einem sehr langen, gebremsten Ausatmen. Max schafft es ohne einen Ton. Typisch Mann. Oder typisch Max. Wir halten inne, ich liege auf ihm, erfüllt, erschlafft, geschafft. Er auch. Schön.

Am nächsten Morgen weckten mich der Kaffeeduft und das laute Lachen von Rieke. Mein Kopf war ein wenig schwer von der Fahrt, dem Alkohol oder der Nacht, keine Ahnung, aber ich fühlte mich eigentlich ziemlich ausgeschlafen. Die Sonne schien durch die Fenster und die Terrassentür in den Bungalow rein, ein herrlicher Tag, eine herrliche Aussicht. Max war schon aufgestanden, ich hörte seine Stimme aus der Küche, Arne deckte den Frühstückstisch, als er mich entdeckte.

»Guten Morgen, Valérie«, sagte er und schenkte mir ein Lächeln, in dem ich alles Mögliche lesen konnte. Hatte er uns, beziehungsweise mich gehört? Dachte er, wir hätten sie gehört?

»Ihr habt ja auch sehr gut geschlafen«, meinte er dann.

»Mmh hmm«, machte ich nur und merkte, wie ich rot wurde.

Auf dem Weg ins Bad kam mir Max entgegen, lächelte mich an und drückte mir eine Tasse Kaffee in die Hand.

»Guten Morgen, Süße«, sagte er und gab mir einen dicken Kuss auf den Mund. »Mein Murmeltier«, hängte er zärtlich an und gab mir einen Klaps auf den Hintern, bevor er wieder in der Küche verschwand. Ich blieb kurz neben der Badezimmertür stehen und drückte die Klinke der anderen Tür. Sie war verschlossen. Ist wohl nur für die Besitzer, dachte ich noch, als ich es vor dem Spiegel im Bad sah: Da war keine Spur von einem Knutschfleck an meinem Hals. Keine Spur.

*Annika Schwisow*

# OHNE LANDKARTE

*Annika (23), Journalistin, Berlin,*
*über*
*Martin (24), Student, Berlin*

Männer geben niemals zu, wenn sie sich verlaufen haben. Schließlich sind sie Entdecker, Forscher, Weltumsegler. Statt eines kurzen »Schatz, wo sind wir? Hilfe!« irren sie lieber stundenlang im Kreis herum, heben andächtig den Zeigefinger in die Luft, um die Windrichtung zu prüfen und sagen hin und wieder mit wissender Miene: »Das kommt mir hier doch alles sehr bekannt vor.«

Martin war da nicht anders. »Ein richtiger Mann braucht kein Navigationssystem«, hatte er bei einem unserer ersten Treffen zu mir gesagt und gegrinst, sodass das Grübchen auf seiner linken Wange zum Vorschein gekommen war. Völlig verzaubert, wie ich war, hatte ich ihm natürlich geglaubt. Und auch gar nicht erst gefragt, was er von einer Landkarte halte. Ein schlimmes Versäumnis, das mich seither sehr viel Zeit gekostet hatte: Dank seiner mangelnden Orientierung war ich in den letzten sechs Monaten unserer Beziehung bereits mitten in der Nacht von Neukölln über Charlottenburg nach Kreuzberg gefahren – für alle Nicht-Berliner: Das ist ein riesiger Umweg! –, hatte im strömenden Regen an der falschen Müllerstraße gestanden und war auf dem Weg zum Supermarkt im Möbelhaus gelandet. Aber natürlich war das alles immer geplant gewesen. Zumindest hatte Martin stets versucht, mir das weizumachen. Und ich hatte ihm gern dabei zugehört, wie er mit vielen Worten und großen Gesten erklärte, warum wir so dringend diesen, den längsten aller Wege, nehmen mussten. »Außerdem erhöhen solche Reisen die Ortskenntnis«, hatte er dann stets zusammengefasst und dazu einen Blick aufgesetzt, mit dem Kleinkinder fiese alte Griesgrame zum »Dutzidu«-Sagen bringen würden.

Nun half Martin jedoch auch kein zuckersüßer Blick mehr. Ich war böse. So richtig böse. Auf dem Weg die Treppe hoch knurrte ich ihn an: »Nie wieder mache ich irgendwelche Ausflüge mit dir. Du bringst uns beide noch um!« In der Tat waren wir gerade nahe dran gewesen, am Sterben. Eigentlich hatte es ein entspannter Nachmittag beim Pilzesammeln werden sollen. Wir waren dafür in einen Wald am Rande Berlins gefahren. Am Wegesrand unter einer knorrigen Eiche hatten wir die Räder abgestellt und dann zwei Stunden fröhlich Butterpilze gesammelt. Stolz hatte ich ihm immer wieder meine Errungenschaften präsentiert. Nur ab und an hatte ich »Du weißt aber schon noch, wo wir sind, oder?« gefragt und dafür ein hämisches Grinsen kassiert. Bei der sechsten Nachfrage war das allerdings ausgeblieben. Statt Grübchen auf der Wange nur noch Runzeln auf der Stirn.

Drei Stunden hatten wir danach nach Hause gebraucht – zu Fuß! Ich knallte die Wohnungstür hinter mir zu, drehte mich zu Martin um, starrte ihn an und schwieg. Unsere Wald-Odyssee hatte uns beide die Fahrräder und ihn für diesen Moment meine Liebe gekostet. Meine Füße schmerzten, ich war genervt, mir war kalt. Und er und sein Stolz waren schuld daran. Das sollte er jetzt auch mächtig zu spüren bekommen. Ich schob die Unterlippe vor, kniff die Augen zusammen und schmollte.

»Es tut mir so leid«, sagte er mit reuigem Blick. In seiner Stimme konnte ich den Schmerz eines Mannes hören, der sich schämte, seine steinzeitlichen Urahnen enttäuscht zu haben. Ich räusperte mich. »Ich will es unbedingt wiedergutmachen.« Ehe ich überhaupt antworten konnte, war Martin auch schon ins Bad verschwunden. Toll, dachte ich, da wollte ich gerade hin.

Um nach dem langen Marsch nicht noch weitere unnötige Wege zurücklegen zu müssen, ging ich gar nicht erst ins Wohnzimmer. Stattdessen ließ ich mich auf meinen Schuhanziehsessel im Flur nieder und wartete, dass Martin endlich fertig würde. Die Augen geschlossen, träumte ich schon von einer Wanne voll Schaum und heißem Wasser. »Warm, so schön warm«, murmelte ich geistesabwesend vor mich hin, als Martin die Badezimmertür öffnete. Wortlos kam er auf mich zu, beugte sich zu mir runter, um mich zu küssen.

»Brauchst gar nicht so anfangen …«, bekam ich gerade noch so heraus, bevor er mich an der Hüfte packte, mich in die Luft hob und ins Badezimmer trug.

Dort duftete es nach Vanille. Die Luft war schwer von Wasserdampf, der sich bereits feinperlig auf dem Spiegel abgesetzt hatte. Martin setzte mich auf die Wäschekiste und kniete sich vor mich hin. Sanft nahm er meinen rechten Fuß und befreite ihn vom Strumpf, massierte kurz meine Ballen und Zehen und tat dann das Gleiche mit dem zweiten Fuß. Dann zog er mich in den Stand und ergriff das Bündchen meines Shirts. Ein bisschen träge hob ich die Arme, damit er es mir ausziehen konnte.

Stück für Stück, Lage für Lage entblätterte er mich. Dabei strich er immer wieder zärtlich über meine Haare, küsste meine Stirn. Ich half ihm nicht dabei, mich zu entkleiden. Warum auch? Ich war erschöpft und er hatte das zu verantworten. Es war nur richtig, dass er sich nun um mich kümmerte.

Schließlich war er beim letzten Teil angekommen, das mich noch bedeckte, bei meinem gestreiften Baumwollslip. Als ich ihn am Morgen angezogen hatte, hatte ich gedacht, ich hätte noch Gelegenheit, ihn loszuwerden, ehe Martin ihn sah. Doch jetzt war es mir egal, dass er das unansehnliche, aber warme Ding zu Gesicht bekam. Behutsam streifte er es meine Beine hinab und verfolgte den Weg mit seinen Lippen. Unten angekommen, kniete Martin einen Moment lang auf dem Boden, musterte meinen nackten Körper und zeichnete mit den Fingern meine Konturen nach. Meinen Po, meinen Bauch, meine Brüste. Plötzlich schnellte er hoch, gab mir einen flüchtigen Kuss und hob mich von der Wäschekiste. Langsam ließ er mich in das dampfende Wasser gleiten. Auch wenn es zuerst etwas schmerzte, bald genoss ich, wie das warme Wasser meinen durchgefrorenen Körper aufheizte.

Martin saß derweil auf dem Rand der Wanne. Mit einem Schwamm fuhr er ruhig meinen Oberkörper vom Hals bis zum Bauchnabel entlang. Jedes Mal, wenn er von meinen Brüsten, die sich wie zwei Berge aus einem Meer aus Schaum erhoben, unter die Wasseroberfläche wanderte, schmunzelte er mich an. Ich ließ ihn gewähren, auch als seine Hand immer weiter an mir hinabglitt. Bald strich er unter Wasser zärtlich über meinen Venushügel und meine Oberschenkel. Obwohl mir inzwischen warm geworden war, breitete sich Gänsehaut auf meinem ganzen Körper aus. Schließlich riss ich Martin den Schwamm aus der Hand. »Bitte komm rein«, hauchte ich ihm zu und grinste.

Martin entledigte sich schnell seiner Kleidung und kletterte in die Wanne. Mit dem Gesicht zu mir und dem Po auf dem Stöpsel ließ er sich nieder. Ein kleiner Schwall Wasser ergoss sich auf die Fliesen. Ich kicherte kurz. Dann schlang ich die Beine um ihn und er seine um mich. So nah wie möglich zog er mich an sich heran und nahm mein Gesicht in beide Hände. Sein Atem war warm und streichelte sanft meine Nasenspitze. Ich sog ihn in mich auf. Mit seiner Zunge strich Martin vorsichtig über meine Lippen. Nur leicht öffnete ich meinen Mund für seinen Kuss. Ich wollte erobert – oder besser gesagt zurückerobert – werden. Er sollte sich um meine Gunst bemühen, auch wenn ich ihm längst nicht mehr so böse war, wie ich ihn glauben machen wollte.

Allmählich ließ er seine Hände über meinen Rücken zu meinem Hintern gleiten. Er knetete ihn kurz, fuhr dann mit seinen Händen über meine Schenkel nach vorn und tauchte mit zwei Fingern endlich in mich ein. Ein kleines Stöhnen entfuhr mir. Ich lehnte mich in der Wanne zurück, schloss die Augen und ließ ihn machen.

»Genug gebadet«, sagte Martin irgendwann leise. Etwas benommen ließ ich mich von ihm in ein Handtuch wickeln und mich ins Schlafzimmer führen.

Dort war es stockduster. Ohne das Licht einzuschalten, schloss Martin die Tür hinter sich. Ich konnte ihn nicht mehr sehen, nur noch spüren. Wir legten uns still auf das breite Bett. Das Zimmer war warm, wir beide nackt. Unsere Beine berührten sich. Ich spürte, wie er sich zu mir herüberbeugte. Inzwischen war mein Geziere zu einem Spiel geworden, an dessen Regeln ich mich selbst nicht länger halten konnte. Dazu erwartete ich Martins leidenschaftlichen Kuss zu sehnsüchtig. Er hielt meinen Nacken mit seiner großen Hand. Unsere Zungen spielten miteinander. Ich knabberte an seiner Unterlippe.

Dann löste er sich plötzlich von mir und verschwand in der Dunkelheit. Meine Augen waren weit geöffnet. Vergebens versuchte ich, ihn zu orten. Eine zarte Berührung an meinem Unterschenkel und ich zuckte zusammen. Eine weitere an der Innenseite meines Oberschenkels und ich bebte. Seine Finger wanderten weiter und die Lippen folgten, immer weiter nach oben, wo ich seine Berührungen mit gieriger Ungeduld erwartete.

Als seine Zunge zum ersten Mal sanft über meine Schamlippen glitt, stieß ich ein lautes Stöhnen aus. Obwohl ich Martin nicht sah, wusste ich, dass er lächelte, ehe er seinen Kopf zwischen meinen Beinen vergrub. Er sog, massierte, stieß seine Zungenspitze in mich. Sanft streichelte er meinen Kitzler. Nur hin und wieder nahm er die Hände zur Hilfe, um nach meinem G-Punkt zu forschen und einen Moment Luft zu holen. Mein Atem ging immer heftiger. Ich krallte mich in die Bettdecke, in seine vollen Locken, in seinen schweißnassen Rücken. Und kam.

Alles in mir pulsierte. Noch einmal küsste Martin zärtlich meinen Venushügel. Dann legte er sich zu mir, gab mir einen Kuss und flüsterte: »Aber wenigstens hab ich diesmal den richtigen Weg gefunden.« Er sah es nicht, aber ich schmunzelte.

Kurz danach schlief mein großer starker Eroberer neben mir ein. Auch wenn ich ihm verziehen hatte, wusste ich bereits, dass ich ihn nicht ausschlafen lassen würde. Denn für den nächsten Morgen hatte ich bereits meine Erkundungstour in seinem Territorium geplant.

# EIN EXPERIMENT

*Anouk S. (29), Autorin, Berlin,*
*über*
*Jonas D. (37), Journalist, Berlin*

D as Wasser ist so kalt, dass mir die Hände wehtun, auch wenn ich sie nur ganz kurz darunter halte. Ich putze mir die Zähne und lege mich wieder hin. Das Licht lasse ich an.

Wenigstens das Licht kann ich selbst regulieren, bin also nicht gezwungen, Tag und Nacht bei Neonröhren stets dasselbe Bild vor Augen zu haben. Auch ist der unterirdische Raum, in dem ich angekettet bin, zwar still, aber nicht schalldicht. Im Gegenteil: Durch das kleine Kellerfenster dringt die Außenwelt hinein, manchmal höre ich Schritte auf dem Hof. Ich schließe für einen Moment die Augen und stelle mir vor, es gäbe kein Fenster. So gelingt es mir vielleicht, eine dumpfe Ahnung davon zu erlangen, was es heißen muss, in einem »toten Trakt« dahinzuvegetieren.

Wie spät ist es? Ich weiß es nicht. Alle Uhren wurden aus dem Raum entfernt. Eins ist gewiss – auch ohne chronometrischen Beleg: Die Zeit vergeht in stets gleichbleibender Geschwindigkeit, objektiv messbar und in vollkommener Unabhängigkeit vom Empfinden der ihr unterworfenen Subjekte. Die vergehenden Sekunden und Minuten – vielleicht auch Stunden – dringen in meinen Kopf, kriechen in meine Augen, fressen meine Organe und schnüren den Brustkorb enger als jedes Korsett.

In den Regalen reihen sich Bücher aneinander: Soziologisches, Philosophisches, Anthropologisches und Psychologisches. Wie paradox: Gerade in der Stille fällt es mir schwer, mich zu konzentrieren. Ich bin unfähig, diese zur Disziplinierung festgelegte Zeitspanne in Stunden des Lesens zu verwandeln. Das bedeutet ein erstes Versagen meines Widerstandsvermögens, eine erste Kapitulation gegenüber dem Mann, dem ich mich ausgeliefert habe, dem ich das Recht übertragen (ja, wenn ich ehrlich bin: nahezu aufgedrängt) habe, mich für zwei Tage und eine Nacht einzukerkern und seinen Wünschen gemäß über mich zu verfügen. Ein Experiment. Ein Arrangement, in das ich eingewilligt habe – und zwar mit Freude.

Ich bin müde. Licht aus, hinlegen und trotzdem keine Ruhe finden. Wann wird er kommen? Was wird er mit mir tun? Ich weiß es nicht. Aber allein der Gedanke daran, die mit Vorfreude durchmischte Furcht, die nervösen Ahnungen lassen mich zittern. Doch nicht nur ihm habe ich mich ausgeliefert – das spüre ich nun ganz deutlich – sondern in erster Linie mir selbst. Die stille Einsamkeit zieht mich in den Sog meiner Ängste. Schon zu Hause fürchte ich mich oft, wenn ich nachts alleine bin. Manchmal scheint mir, als würde mit dem Licht zugleich die Ratio ausgeschaltet, als gelten im Dunkeln die Gesetze der Vernunft und Helligkeit nicht mehr. Und so können aus den Falten einer Decke plötzlich Gestalten hervorkommen: böse Feen und blutrünstige Verführer oder auch die Schneekönigin mit dem Herzen aus Eis. Gebilde der Phantasie können in angstvollen Momenten bedrohlich real sein. So wird der Kontakt des Fußes mit dem Bettgestell zum Schlangenbiss und es ist beinahe unmöglich, die leisen Schritte draußen auf dem Flur als das Klopfen des eigenen Herzens zu entlarven.

Die abendliche Geschäftigkeit im Haus und auf dem Hof erzeugt vielerlei Geräusche, die bis in diesen Kellerraum dringen. Schritte und Getrampel irgendwo im Erdgeschoss. Schreiende Kinder und Musik. Türenquietschen und Türenschlagen. Zusammengekauert liege ich in meinem Schlafsack. Bei jeder Bewegung klirren die Ketten. Irgendwann schlafe ich ein. Beim Erwachen frage ich mich, wie viel Zeit wohl vergangen sein mag. Ich kann es nicht sagen. Vielleicht habe ich zehn Minuten geschlafen, vielleicht zwei Stunden, vielleicht viel länger. Der Hunger nagt an mir. Ich richte mich auf. Auf dem kleinen Tisch neben meiner Matratze liegt eine

Tüte mit Brot. Ich nehme eine Scheibe und beginne zu essen. Bei der Aushandlung meiner Haftbedingungen hatte ich vergessen, dass Brot ohne Belag nach so wenig schmeckt.

Der Krach über mir hat aufgehört. Die Stille, die nun eintritt, wirkt beruhigend. Zum ersten Mal kann ich mich ein wenig entspannen. Aber nein, was ist das? Einige Minuten sind vergangen und ich spüre, wie sich mein Atem langsam beschleunigt. Es summt in meinen Ohren. Oder bilde ich mir das nur ein? Vorbei die Entspannung! Wie konnte ich diese verdammte Stille gerade eben noch als beruhigend empfinden? Beklemmung, ja, Angst steigt in mir auf. Das Summen verwandelt sich in ein Quietschen und das Quietschen in ein Knirschen. Die Stille kann lauter sein als eine Explosion und penetranter als dauernder Lärm. Sie bedrängt mich und in meiner Brust zieht sich alles zusammen. Doch natürlich sind immer noch Verschärfungen denkbar: Ich erinnere mich an einen Film, in dem jemand in einen Raum gesperrt wird und dem pausenlos dasselbe Lied vorgespielt wird. Stundenlang. Tagelang. Das ist Folter. Was ich hier mache ist Lust, ist Erotik, hat zumindest irgendwie damit zu tun. Hat es doch, oder nicht? Ich fühle mich gerade unfähig, diese Frage zu beantworten. Süße Gefangenschaft. Zwang, Lust und Angst auf einmal, Grenzen erreichen – oder gar überschreiten. Ja, ich habe es so gewollt! Und jetzt: die Ahnung, dass eine reizvolle Phantasie vor der Realität, vor dem tatsächlichen Erleben versagen könnte. Die Härte des Inhalts und die spielerische Form fließen gerade ineinander, fließen ineinander, seit ich hier bin, fließen ineinander bis zur Unkenntlichkeit. Ich kann sie nicht mehr trennen. Ich will durchhalten und dafür muss ich kämpfen. Mit mir und gegen mich.

Dösen, Schlafen, Aufwachen. Und ständig die Frage, wie spät es wohl ist.

Ich glaube, dass es die Zeit ist, die mich hier unten beherrscht. Ich kann sie nicht messen, nicht kontrollieren. Es ist unmöglich, ihr zu entgehen. Sie umfasst mich vollkommen. Gegen die Stille, dagegen bin ich nicht vollkommen machtlos. Der Stille kann ich immer noch meine eigenen Laute entgegensetzen: meine Regungen, mein Wort, Husten oder – im Notfall – Gesang. Die Zeit hingegen schlägt mir ihre Krallen in den Rücken und klammert sich fest. Ich kann mich noch so schnell drehen, ich werde ihr niemals ins Gesicht sehen können.

Mein Oberkörper sinkt gegen die Wand. Ich lehne mich an die kühle Mauer. Es tut gut, den rauen Stein an der Wange zu fühlen. Ich schließe die Augen und berühre meine Schultern, meine Brust, dann meinen Bauch und meine Schenkel. Langsam strecke ich mich auf der Matratze aus. Meine Hand wandert zwischen meine Beine. Seltsamerweise fühlt es sich dort feucht und heiß an. Ich kenne mich. Ich weiß, wie ich es machen muss. Mit gleichmäßigen Bewegungen reibe ich fest über meine Klit. Meine Schenkel spreizen sich unwillkürlich. Ich konzentriere mich auf die Bilder in meinem Kopf und dann …

Ich reiße die Hand weg und beinahe zeitgleich meine Hose nach oben. Schritte vor der Kellertür. Er kommt! Und meine Lüsternheit ist natürlich ihm allein vorbehalten! Gerade noch rechtzeitig wickle ich den Schlafsack um mich, denn schon geht die Tür auf und das Licht wird eingeschaltet. Die gleißende Helligkeit brennt in meinen Augen. Da steht mein Freund. Ich bin so froh, ihn zu sehen! So froh! Ich hole Luft, um ihm genau das zu sagen, um ihm von meinen Gefühlen zu erzählen, von meinen Ängsten und vielleicht auch, um ein bisschen zu weinen. Doch von alledem will er jetzt nichts hören. »Schweig«, sagt er. Seine Stimme klingt kalt. Auf meinen Armen bildet sich Gänsehaut. Er ist jetzt dieser ganz Andere, der auch mein Partner ist und gleichzeitig wieder nicht. Dieser Andere, den ich fürchte und trotzdem liebe. Der meine dunkelsten Träume wahr macht. Der mich von mir selbst befreit.

Als er jetzt die Klammern an meine Brust setzt, werden meine Augen groß und leer. Ich fixiere einen Punkt an der gegenüberliegenden Wand. Er packt die Kette, mit der beide Klemmen verbunden sind. Unwillkürlich reißt er seine Hand zurück. Ich schreie auf. Ohne mein Zutun neigt sich mein Oberkörper nach vorn. Das macht meine Lage nicht besser, denn augenblicklich verstärkt sich auch der Zug an der Kette. Ich finde mich vor der Matratze wieder, vor meinem Gebieter kniend, denn das ist er in diesem Augenblick ganz und gar. Die Kette hat er inzwischen losgelassen. Doch auch von allein verursachen die Klammern einen Schmerz, der stark genug ist, meine Hände zittern zu lassen. Meine Finger sind erfüllt von dem Drang, mich selbst von den Marterinstrumenten zu befreien, doch ein Rest an Willenskraft hält mich davon ab. Und auch die Hoffnung, dass er selbst irgendwann Gnade wird walten lassen. Doch da muss ich mich wohl noch ein wenig gedulden.

»Tut es weh?«, fragt er.

»Ja«, sage ich leise, ein wenig beschämt, dass es so leicht ist, mich in unterwürfige Furchtsamkeit zu treiben.

»Gut«, sagt er. Obwohl ich sein Gesicht nicht sehen kann, würde ich schwören, dass er dabei grinst. »Aber natürlich will ich meine Sklavin nicht über Gebühr strapazieren«, fährt er fort und die Ironie tönt aus jedem einzelnen seiner Worte. »Insofern …«, er macht eine Pause, »könnte ich mich dafür entscheiden, dich zu erlösen, aber erst, nachdem du mich erlöst hast.«

Langsam, ganz langsam öffnet er seine Hose und befördert sein veritabel angeschwollenes Glied ins Freie. Mir wird heiß und kalt zugleich. Das Bewusstsein, dass ich meine schon nahezu unerträglich gewordenen Qualen vorerst weiter zu ertragen hätte, vermittelt mir ein Gefühl von dem, was vermutlich Verzweiflung genannt wird. Hektisch nehme ich den mir dargebotenen Schwanz in den Mund und beginne zu blasen. Ich versuche, ganz in meinen Bemühungen zu versinken. Vor meinen Augen erscheint das Bild, das er und ich als Darsteller eines Films auf der Kinoleinwand abgeben würden. Trotz meiner unkomfortablen Situation wird mein Geschlecht heiß und feucht. Und wieder einmal frage ich mich, warum mich das erregt: mich auf Objektstatus degradieren zu lassen und den Launen eines Mannes (oder auch einer Frau) zu fügen. Nein, nicht jetzt! Nicht denken! Ich will nur spüren, tief sinken, tief sinken bis auf den Grund jenes dunklen Meeres aus Sehnsucht, das zwar mir gehört, das ich aber doch nie vollständig erschließen werde, das immer einen Rest Fremdheit behalten wird und genau darum seine Faszination. Nicht denken, nicht fragen.

Bitter schießt es mir in den Mund. Ich schlucke. Ich schlucke die suspekte Flüssigkeit komplett hinunter. Ich bin tapfer, trotzdem verziehe ich das Gesicht. Ich hoffe, dass er sie nicht gesehen hat, diese Reaktion der Abwehr, dieses Zeichen des stummen Protestes. Offenbar nicht, denn kommentarlos nimmt er mir jetzt die Klammern ab. Hat sich der Schmerz bis jetzt scharf in meinen Leib und sengend in mein Hirn gefressen, so gibt es jetzt noch eine Steigerung: Mit dem Entfernen der Klemmen schießt das Blut ganz plötzlich in die Gefäße zurück. Ein Blitz durchzuckt meinen Körper und lässt mir Tränen in die Augen steigen. Ich fühle seine Hand in meinem Haar. Auch kein Trost.

Ist das noch Spiel? Die konventionelle Entgegensetzung von Spiel und Ernst scheint zu implizieren, dass es keine ernsten Spiele geben kann. Weit gefehlt!

»Hast du Hunger?« Was für eine Frage! Schließlich habe ich eine gefühlte Ewigkeit lang nur trockenes Brot bekommen. Mein Haftvollstrecker hat mir ein Frühstück mitgebracht (tatsächlich, es ist früher Morgen): Brötchen mit Honig, ein Stück Kuchen und dazu Früchtetee, der nach allem schmeckt, nur nicht nach Früchten. Und das sage ich auch. »Sei froh, dass du überhaupt Tee bekommst«, lautet die Antwort. Als Konsequenz meiner Frechheit wird Unangenehmes für den frühen Abend versprochen. Wie ungerecht. Ich habe wirklich aufopferungsvoll und ohne jede Unmutsäußerung – die ich mir ja manchmal doch nicht verkneifen kann – um seine Befriedigung gekämpft. Allerdings entspricht es natürlich der speziellen Logik eines SM-Spiels, dass die Sklavin, Sub, der passive Part, wie immer man das nennen will, ständig Fehler machen muss – die dann entsprechende Sanktionen hervorrufen. Obwohl natürlich auch der bloße Wille der dominanten Person ausreicht, um Qualen zu rechtfertigen …

Ich quengele noch ein bisschen, dass ich nicht schon wieder mir selbst überlassen werden will. Ein böser Blick – und ich bin erneut allein im Keller. Wenn man solch freundlicher Behandlung ausgeliefert ist, kann man die Einsamkeit dann doch vorziehen. Und plötzlich habe ich viel zu tun: Ich esse den Rest vom Frühstück, nutze die volle Länge meiner Kette aus, um auf die Toilette zu gehen und mir das Gesicht zu waschen. Ich schaue mir Bücher an, denke nach und beginne mit Notizen für das Tagebuch – eine der Anordnungen, die meinen Aufenthalt hier unten begleiten.

Mein Gebieter (und nicht zuletzt Komplize in der Umsetzung einer von mir lang gehegten Phantasie) verspricht sich davon eine authentische Manifestation meines psychischen Zustandes. Der Schreibbefehl soll auf seelischer Ebene das leisten, was auf körperlicher Ebene die Ketten bewirken. Der Körper ist leicht zu kontrollieren. Aber die Gedanken? Was schreibe ich auf? Was behalte ich für mich? Welcher Zensur unterliegt der Text, den er schließlich lesen wird? Die Kontrolle der Gedanken ist begrenzt, ich kann sie unterlaufen. Die einzige Freiheit in dieser Situation.

Eigentlich habe ich es noch ganz gut getroffen. Dieser Keller ist nicht ungemütlich. Er macht den größten Teil einer Wohnung aus, die einer offenbar lichtscheuen Person gehört. Einem Freund meines Freundes, der dieses Wochenende verreist ist. Der Freund war so freundlich, uns die Schlüssel auszuhändigen, denn er ist sehr für erotische Experimente. Und auch wenn er selbst schon länger keine mehr durchführt, so will er wenigstens den Genuss anderer unterstützen. So sagte er jedenfalls. Genuss? Eine sehr eigene Form von Genuss!

Reflexartig blicke ich auf mein leicht nach innen gedrehtes linkes Handgelenk. Natürlich erfolglos, denn die Armbanduhr habe ich meinem Freund, meinem Gebieter, ach, ich weiß selbst gerade nicht so recht wem eigentlich, ausgehändigt. Ich lösche das Licht und strecke mich auf der Matratze aus. Bald verfalle ich in einen unruhigen Halbschlaf. Nach einigen flackernden Traumbildern, die so nah am Wachzustand besonders intensiv sind, fahre ich hoch. Ich brauche einen Moment, um mich zu besinnen. Wo bin ich? Dann fällt es mir ein. Der Raum ist jetzt vollkommen dunkel. Kein fahles Licht, das durch das Kellerfenster fallen und den Raum immerhin ein wenig erhellen würde. Dunkelheit. Dunkelheit – es dauert eine Weile, bis die Bedeutung dieses Zustandes in meinem Gehirn angekommen ist. Dunkelheit heißt: Es ist später als achtzehn Uhr. Und das wiederum verweist auf die Tatsache, dass er bald hier sein wird, dass er kommen wird, um mich zu befreien, um mich zu quälen vorher.

Ich betätige wieder einmal den Lichtschalter. Mit angezogenen Beinen sitze ich schließlich auf der Matratze. Jeden Augenblick kann es so weit sein. Mein Körper ist gespannte Aufmerksamkeit. Ich kann nicht anders: Mit aufgerissenen Augen starre ich auf die Tür, ich weiß nicht wie lange. Das Kommende, die vorausgeahnten Qualen, nehmen meinen Leib gefangen. Er, ihr künftiger Vollstrecker, ist in mir. Er spaziert durch meine Gedärme und verwüstet meine Eingeweide. Heilloses Durcheinander in meinem Magen. Mir ist schlecht. Ich warte. Ich warte – und leide angesichts dessen, was erst noch kommen wird.

Da, ein Geräusch! Schritte – nicht irgendwo, sondern direkt über mir. Nein, keine Einbildung, ich höre es ganz deutlich. Das ist er! Oder sollte etwa ein Einbrecher …? Nein, nein. Diese Schritte haben ein Ziel. Schon höre ich sie auf der Treppe. Mein Atem geht heftiger. Ich drücke mich an die Wand. Die Wand ist gut, die Wand gibt Halt. Jede meiner Regungen wird von einem leichten Rasseln der Kette begleitet. Die Türklinke! Sie wird heruntergedrückt! Ich ringe nach Luft. Mein Schlafsack wird mir plötzlich zu warm. Gleich wird mein Magen explodieren und mein Inneres wird sich im Zimmer verteilen! Gleich … Ganz langsam öffnet sich die Tür. Ich sehe die Peitsche in seiner linken Hand, bevor er mir sein Gesicht zeigt. Für einen Moment verharrt er im Türrahmen und ich habe Gelegenheit, das Anschwellen meiner Angst in ein ungeahntes Extrem zu erleben. Doch das ist nicht alles. Ganz plötzlich spüre ich, wie sich der Furcht ein erwartungsvolles Kribbeln beimischt, der unbedingte Wunsch, dass nun etwas mit mir, an mir, geschehen möge. Das Schlimmste, was jetzt passieren könnte, wäre, ohne weitere Maßnahmen einfach freigelassen zu werden. Doch darüber brauche ich mir wohl keine Sorgen zu machen.

Er hat inzwischen seinen Mantel abgelegt und kommt auf mich zu. Er geht in die Knie. Schweigend packt seine Hand meinen Haarschopf, um mich an den vorderen Rand der Matratze zu zerren. Fast berühren sich unsere Gesichter. Seine Augen funkeln. »Du weißt hoffentlich noch, was ich dir prophezeit habe«, zischt er. Wie hätte ich das vergessen können? Immer noch in meine Haare verkrallt, zieht er mich in eine aufrechte Position. Als ich stehe, packt er mich von hinten an den Armen und schiebt mich an die Wand. Er reißt mir die Hose herunter und den Pullover über den Kopf. Ich fühle das Ungestüme seiner Bewegungen, jetzt ist er ganz in seinem Element, vollkommen mit seiner Rolle verschmolzen. Er presst mich mit Nachdruck gegen die Mauer. Dann holt er mit der Peitsche aus und schlägt zu – ziemlich stark. Gleich beim ersten Mal so fest, das ist eigentlich nicht seine Art. Der erste Schlag tut nicht weh. Er ist Erlösung.

»Dir werde ich's zeigen«, flüstert er mir ins Ohr. Seine Stimme trägt kein Lächeln. Spätestens jetzt bin ich in einem Zustand, in dem ich mir all seine Energie, all seine Gewalt herbeiwünsche. Er schlägt, er schlägt mich, er schlägt mich wieder und wieder. Schon bald bin ich schweißnass. Ich drücke meine Brust gegen die kühle Steinwand. Ich fühle meine Haare an den Schläfen kleben. Es schreit aus mir heraus. Nicht ich schreie, sondern irgendetwas tief in mir drin. Mal drücke ich den Rücken durch, soweit ich kann, und lade die Peitsche ein, auf meine Lenden herabzusausen. Mal versuche ich, dem Schlag auszuweichen. In meinen Ohren tost es. Ihn, den Verursacher meiner Schmerzen, habe ich vergessen. Ich bin allein mit mir in einem Raum außerhalb aller Räume. Allein mit meinem Schmerz, allein mit meiner Lust.

Plötzliches Ende. Verbrannte Flügel. Tiefer Fall. Keuchend stehe ich da. Seine Hand auf meinem Fleisch. Sein Finger zeichnet eine tiefrote Linie auf meinem Schenkel nach. »Mein Gott, das reicht jetzt aber wirklich«, sagt er und seine Stimme klingt seltsam aus der Ferne zu mir herüber. Mein Peiniger ergreift meine Hände und zieht sie fort von der Wand. Wieder einmal schiebt er mich vor sich her, diesmal in umgekehrter Richtung zurück zur Matratze.

Ich bin noch nicht wieder ganz im Diesseits angekommen, da werde ich auch schon in die Tiefe gestoßen. Nun geht alles ganz schnell. Mein Fleisch brennt und mein Geschlecht ist weit und offen. Tief versenkt er seinen Schwanz in meinem Körper. Von all den Wörtern, die ich für Geschlechtsverkehr kenne, ist »ficken« das einzige, das hier passt. Es ist ein grandioser Fick, den er mir jetzt beschert. Schnell und kraftvoll stößt er seinen Phallus in mich und als er allmählich in die Zielgerade geht, da bin ich den kleinen Tod bereits gestorben. Erste! Das gab es noch nie.

Erschöpft liegen wir gemeinsam auf der Matratze. Er nach wie vor vollständig bekleidet, ich immer noch nackt. Schweigend ruhen wir eine Weile ineinander verschlungen. Wir müssen nicht reden, um uns zu verstehen. Er streicht mir durch die Haare. »Es ist vorbei«, sagt er. Es ist vorbei! Beim Aufstehen zittern meine Knie leicht. Ich ziehe mich an und beginne, meine Sachen zusammenzupacken. Währenddessen stellt mein Freund, in den sich dieser Mann während der letzten Minuten eindeutig zurückverwandelt hat, den Wecker unseres Gastgebers zurück an seinen Platz. Ticktack, der Stillstand weicht. Die Zeit läuft – jetzt auch wieder für mich.

# SHANGHAI NIGHTS

*Anna (32), Direktionsassistentin, München,*
*über*
*Yun Qing (28), Junior-CEO, Shanghai*

Pudong. Ich stieg vor einem gleißenden Wolkenkratzer aus dem Taxi. Er sah kaum anders aus als alle anderen. Am Eingang standen livrierte Portiers, am Fahrstuhl wieder. Einer fragte mich, in welche Etage ich wollte, und drückte den Knopf. Es knackte in den Ohren, ich musste also ziemlich weit nach oben gefahren sein. Der Liftboy geleitete mich noch in die Firma.

Es war ein Montagabend. Am Vormittag war ich in Shanghai gelandet. Zum ersten Mal. Eine Geschäftsreise. Man hatte mich ausgesucht, weil ich als einzige der Kollegen ungebunden war. Ich sollte einen Vertrag an Land ziehen – mit allen Mitteln. Meine heimatliche Firma stand kurz vor dem Ruin. Ich hatte alle möglichen Benimmregeln im Kopf. Niemals beim Essen die Nase schnäuzen, Visitenkarte mit beiden Händen überreichen und immer auf das Wohl des Chefs anstoßen, doch: Never drink alone.

Ich beherrschte sogar Sa jiao, den chinesischen Flirtstil. Dabei spricht man mit weinerlichen Stimme, macht einen Schmollmund und flackert hochfrequent mit den Lidern. Die Shanghaierinnen sollen Expertinnen darin sein und bekommen so alles, was sie wollen. Mit 22 den ersten Ferrari vom verheirateten Geliebten. Mit 27 befehligen sie, sofern sie clever genug waren, den Börsengang eines aufstrebenden Konzerns. So läuft es in Shanghai. Guanxi, also Vitamin B, ist der Goldstandard, besser natürlich, man hat einen Abschluss einer US-Ivy-League-Uni in der Tasche. Westlich operierte Lider und Hollywood-Titten können aber auch förderlich sein.

Ich bin blond und blauäugig. Blauäugig wohl in zweierlei Hinsicht, denn ich erschien gestriegelt und arbeitseifrig in der Firma. Als der Chef mich sichtete, setzte er ein breites Grinsen auf. Das Grinsen galt zur Hälfte mir, zur anderen Hälfte den Kameras, denn die Chefsekretärin hatte mir bereits einen riesigen Blumenstrauß in die Hand gedrückt und mich dezent neben den Chef geschoben, während zwei Herren uns fotografierten. Am häufigsten fiel das Wort »Piaoliang« ... zu Deutsch »hübsch«. Ich nickte freundlich und bedankte mich. Nach dem Fotoshooting begann der Chef zu sprechen. In meinen Unterlagen stand, er käme aus Anhui, jener Provinz nahe Shanghai, aus der immer die bösen Jungs kommen. Er sprach allerdings in breitem Peking-Dialekt, sozusagen der texanische Sound Chinas. Er war der chinesische J.R. Ewing.

Im Rudel fuhren wir mit dem Aufzug nach unten und verteilten uns auf eine Kolonne schwarzer Limousinen. Wir sausten über mehrstöckige Highways und hielten mehrmals unterwegs, um noch weitere Geschäftspartner zusteigen zu lassen. Wir landeten vor einem Seafood-Restaurant in der Nähe der Altstadt. Riesige Aquarien dienten als lebendige Speisekarte, von der ich dann wählen durfte. Hier leistete ich mir den ersten Fauxpas:

»Ich nicht will entscheiden, wer müssen sterben«, sprach ich in gebrochenem Chinesisch. J.R. kam mir zu Hilfe. Er hatte mit Todesurteilen geringere Probleme und schob nach und nach Delikatessen auf meinen Teller. Wir saßen an einem runden Tisch mit einer drehbaren Platte voller Köstlichkeiten in der Mitte. Ich saß zur Linken J.R.'s, also auf der Seite der Geliebten, wie mir eine Kollegin zuraunte. Mir gegenüber saß ein »Amerikaner«, der kein Englisch verstand. Vermutlich Chinese mit Greencard. Ich sprach nicht viel und lächelte umso mehr. Man versuchte, mich unter den Tisch zu trinken, was insofern gelang, als dass ich jedes zweite Glas tatsächlich unter dem Tisch entleerte – es fiel niemandem auf.

»Deutsche Frauen können gut trinken.« J.R. war stolz auf mich. Wirklich betrunken zu sein, konnte ich nicht riskieren, wollte ich doch selbst entscheiden, ob mich jemand abschleppt und wenn ja, wer das sein würde. Beides war schneller beantwortet, als ich es geahnt hätte: Zur Rechten J.R.'s saß sein Sohn. Das flüsterte mir zumindest eine seiner Mitarbeiterinnen. Ich fragte mich, wie wohl ein Vaterschaftstest ausfallen würde, denn eine Ähnlichkeit schien mir selbst für westliche Augen ausgeschlossen. Der Sohn sah aus wie ein Filmstar. Er hatte keine schmalen Augen wie sein Vater, sondern leicht geschwungene Mandelaugen, groß und sanft, eine schmale Nase und wenn er lächelte, fühlte ich mich in eine Zahnpastareklame versetzt.

Irgendwie drängte sich mir das Gefühl auf, die ungünstige Platzierung sei Absicht gewesen. In der Hackordnung war der schöne Thronfolger noch nicht weit genug aufgestiegen, um sich eine Geliebte leisten zu können, denn er war der einzige Mann am Tisch ohne feengleich schöne weibliche Begleitung. Sein Sohn habe in Yale studiert, teilte mir J.R. stolz mit und knuffte den Jungen in die Seite. Ich lächelte wieder höflich, versuchte, das Innere einer Muschel mit den Ess-Stäbchen zu lösen, und sie plumpste in meine Suppe. Apropos Suppe. Anders als im Westen ist die Suppe, sofern sie nicht gleichzeitig mit allem anderen gereicht wird, die Nachspeise. Das bedeutete also plötzliches Erheben und ab in eine Bar. Die Bar lag am Bund von Shanghai. Eine der Konkubinen vom Abendessen hakte sich bei mir unter und wir gingen hinein. Auf der Bühne rockte ein Sänger mit rosafarbenen Haaren. Man versuchte, mich wieder neben J.R. zu bugsieren, aber ich entschuldigte mich für einen Moment und ließ mich danach neben Yun Qing, wie der Junior hieß, auf eine schwarze Ledercouch sinken. Yun Qing begann sofort, sich mit mir zu unterhalten. Da er der Einzige war, der fließend englisch sprach, gab J.R. bald auf. Er schien ohnehin kein Interesse zu haben, in der Bar herumzusitzen, und hielt den Auftrag meiner Firma wohl für zu wichtig, als dass er meine Wahl weiter beeinflussen wollte. So bat er Yun Qing, mich später sicher ins Hotel zu geleiten, wünschte uns einen schönen Abend und verließ mit der Armada im Schlepptau die Bar.

Yun Qing und ich unterhielten uns angeregt. Gegen einen weiteren Cocktail hatte ich nun auch nichts mehr einzuwenden und fand mich zwanzig Minuten später schon an ihn geschmiegt in einem Taxi wieder. Ich hatte keine Ahnung, wohin wir fuhren, aber als wir so den Bund mit seinen Kolonialgebäuden entlangglitten, wehte ein Hauch des alten Sündenpfuhls Shanghai vom Fluss Huangpu herüber.

Wir landeten wieder in einer Bar. Sie war dunkel und verraucht und frei von Visitenkarten und Geschäftsgebaren. Yun Qing zog sein Jackett aus und legte seine Hände zum Tanzen an meine Taille. Ich schlang meine Arme um seinen Hals. Er duftete nach westlichem Parfum und chinesischem Tabak. Ich fand diese Mischung hocherotisch. Meine Nase befand sich in Höhe seiner Schulter. Er war ein großer Mann mit einer sehr ruhigen Ausstrahlung. Ich mag entspannte Männer. Die Sorte, die weiß, dass sie sich nur an ein paar banale Regeln halten muss und am Ende bekommt, was sie will. Die Art, wie Yun Qing seine Hände über meinen Rücken streichen ließ, wie er mich lässig umfasst hielt: Er hatte keine Angst, dass ich ihm davonlaufen könnte. Er war sich seiner Wirkung bewusst. Er musste mich nicht festhalten. Ich hielt mich an ihm fest.

Er sah mich nur an, zwanglos. Er hatte keine Eile. Es würde ohnehin geschehen, was vorgesehen war. Die westlichen Medien, die die Erotik asiatischer Männer negieren, schienen Männer wie ihn nicht zu kennen. Das hier war Shanghai, hier galten die Regeln der Schönheit und des Geldes. Typen wie Yun Qing waren auf der Sonnenseite, Anstrengung kannten sie kaum. Mädchen konnten sie haben, so viele sie wollten. Mein Rückflug war schon für nächste Woche gebucht. Ich musste die Gunst der Stunde nutzen. Also küsste ich ihn. Egal, wen er nächste Woche küssen mochte. Er erwiderte den Kuss. Lässig, mühelos und spielerisch.

Weitere zwanzig Minuten später befanden wir uns in einem goldenen Fahrstuhl. Außer uns waren eine Handvoll andere Leute da. Yun Qing hätte sich hinter mich stellen und mir unter den Rock greifen können. Shanghai ist sexy und dekadent, das hätte gepasst. Er tat es aber nicht. Er stand mir gegenüber und lächelte mich an. Ich fand das süß. Er trug einen Seitenscheitel, einen schwarzen Rolli, Schal und Jackett. Er wirkte so aufgeräumt, fand ich. Wir stiegen im einundvierzigsten Stock um in einen anderen Fahrstuhl in Leichtbauweise, der in noch höhere Gefilde schwebte. Yun Qing gab den Code in das elektronische Schloss einer unscheinbaren Tür ein und vor mir öffnete sich der Sesam. Rot-gelbe Blumenbouquets, Teakholz und ein atemberaubendes Shanghai-by-night-Panorama. Yun Qing schritt zielsicher zur Minibar, fand, was er suchte, und stellte sich hinter mich.

Unter uns glitzerte Shanghai. Ich war die Kaiserin von China. Ich hatte meinen Liebhaber gewählt wie vor mir nur Wu Zhao, die während der Zhou-Dynastie regiert hatte. Sie hatte sich genommen, was sie wollte, wann sie es wollte, wie oft sie es wollte. Bei diesem Gedanken löste ich meinen Haarknoten, um die Aufmerksamkeit auf den Nacken zu lenken. Hals und Nacken einer Frau werden in China als erotisches Signal sehr viel höher geschätzt als im Westen. Archaisch logisch, wie ich finde: Ihm den Nacken anbieten, er wird es zu schätzen wissen. Ein wenig fürchtete ich, plump zu wirken. Doch ich spürte einen warmen Luftzug an meinem Hals. Von dort breitete sich in Windeseile eine Gänsehaut über meinen Körper aus. Wie eine Welle überrollte sie meine Brustwarzen, die sich aufrichteten, meine Arme, meinen Bauch, stieß auf die Bikinizone und ließen mich schaudern.

»Stell dir vor«, begann Yun Qing, »sie könnten dich sehen. Die tausend Lichter ...«

Ich stellte es mir vor. Da draußen mussten Zuschauer sein. Auf der anderen Seite des Flusses stand wahrscheinlich ein schmaler Kettenraucher alleine in seinem Büro, löschte jetzt, in diesem Moment, das Licht und suchte mit seinem Fernrohr die Gebäude ab. Er sah sich jede Nacht dieselben Szenen an. Dieselben Fenster. Er versuchte, die Schärfe neu einzustellen, und dann landete er zufällig ganz oben in einem Hotelzimmer. Er konnte sehen, wie Yun Qings Hände sich von hinten auf meine Schultern legten. Er konnte sehen, wie er nach den Trägern meines weinroten Samtkleides tastete. Wie er sie herunterstreifte und fast mein ganzes Dekolleté freigab. »Sie sehen dich«, wiederholte Yun Qing. Vielleicht saß ein pickliger Teenager in einem anderen Gebäude und sah, wie die

Hände das Samtkleid hinabstreiften. Er hatte Zeit. Yun Qing hatte Zeit. Er ließ sie sehen, wie er über meinen Busen strich, weiter über meine Taille, meine Hüften, wie er den Stoff an mir herunterrollte, wie dieser zu Boden fiel, wie ich in Lingerie dastand, die mehr zeigte als verhüllte. Wie Yun Qing meinen Duft einsog, als sei ich eine seltene Blume.

Ich fragte mich, ob sie meine Haut sehen konnten, wie sie sich vor Erregung rötete, meine Lippen, wie sie sich öffneten. Yun Qing knipste den BH auf, er fiel zu Boden. Dann streifte er mir den Slip herunter. Ich schlüpfte mit den Füßen aus ihm heraus und machte einen Schritt zur Seite. Ich stand nackt an einer hell erleuchteten Fensterfront in Shanghai. »Siehst du sie?«, flüsterte Yun Qing, er küsste meine Schulter, strich mein Haar beiseite und küsste meine Wirbelsäule, Zentimeter für Zentimeter bis zum Steißbein. Er streichelte meinen Po, meine Beine. Erst außen, dann innen. Dann hielt er plötzlich inne, ging um mich herum und sah mich an. Mein Herz pochte. Ich fühlte mich komisch, seltsam. Das hier war eine andere Welt. Es konnte mir alles egal sein. Nächste Woche wäre ich wieder auf dem heimischen Sofa, mit der Abo-Zeitschrift, die alle zwei Wochen kam. Alles wäre wie immer. Warum war ich so nervös? Warum machte ich mir Gedanken darüber, was dieser Fremde von mir hielt? Wu Zhao hatte solche Gedanken sicher nicht gehabt. Wer schlecht über sie dachte, wurde wahlweise erstickt, vergiftet oder anderweitig unschädlich gemacht.

Also Brust raus, Bauch rein, eingebildet gucken. Tat ich auch. Einfach stehen bleiben und warten, was er macht. Eine nackte Frau einfach am Fenster stehen lassen würde er wohl nicht. Es kam mir ewig vor, wie er einfach so vor mir stand und mich ansah. Er könnte mich berühren, dachte ich unsicher. Warum dauerte das so lange? Ich zeigte meine Unsicherheit nicht, schüttelte noch einmal mein Haar, sah ihn kurz an, machte dann einen leicht überheblichen Schmollmund und blickte möglichst erhaben auf das Lichtermeer.

»Sie warten«, sagte ich mutig. Meine Stimme klang dominanter als beabsichtigt. Das tat seine Wirkung.

»Ich finde, sie haben genug gesehen«, raunte Yun Qing, hob mich hoch und trug mich zum Bett. Das Bett stand nicht sonderlich weit weg vom Fenster, aber einsehbar war es wohl nur noch für die höheren Stockwerke. Yun Qing legte sich angezogen auf mich.

»Weißt du, was ich gleich mit dir mache?«

Ich fragte mich nicht, warum er es nur sagte und nicht gleich tat. Das lag daran, dass ich ihn durch seine Hose spüren konnte. Wie er pochte, es aber selbst ignorierte. Er sah mir in die Augen und hatte seine Finger mit meinen verschränkt. Er berührte mit seinen Lippen meine Wange.

»Ich werde dich anfassen. Da unten. Ich werde meine Hose aufmachen. Ich werde dich berühren, nur die Spitze … an deiner Pussy …«

Meiner Pussy war die Information nicht entgangen, sie öffnete sich wie eine Blüte, der Nektar begann zu fließen. Ich rieb rechts und links meine Beine an seiner Hose. Er flüsterte weiter: »Dann komme ich rein. Ganz langsam. Nur ein Stückchen. Mmmmh …«
Ich schloß die Augen.

»Dann geh ich wieder raus. Aber nicht ganz. Ich bleibe in der Tür.«

Ich schluckte. Komm wieder rein, dachte ich sehnsüchtig. Komm wieder rein!

»Ganz langsam komme ich wieder rein. Etwas tiefer. Mmmh … und noch tiefer.«

Ja, tiefer, dachte ich und presste meine Schenkel noch enger an ihn. Er verlagerte sein Gewicht ein wenig, glitt nun tiefer und pochend auf meinen Schoß hinab.

»Noch mal ein bisschen raus … und wieder tiefer rein.« Langsam beschleunigten sich seine Worte.

»Und noch mal, ja, ja.« Seine Stimme imitierte die Stöße. Ich begann, schon präorgasmisch zu kontraktieren, mein Herz raste und er war noch angezogen. Ich krallte mich an seinem Rücken fest. Er löste eine Hand, öffnete seine Hose und drang in mich ein. Ich kam sofort. Sofort, meine ich! In dem Moment, in dem er den Eingang passierte, sprengte er mich in die Luft.

Danach lagen wir eine Weile nebeneinander und taten gar nichts. Sprachen nicht, berührten uns nicht, dachten nichts. Letzteres kann ich natürlich nur für mich sagen. Der Zimmerservice klopfte. Yun Qing stand einfach auf, ging zur Tür und wir aßen und tranken schweigend zusammen. Dann zog Yun Qing sich aus und legte sich wieder zu mir ins Bett. Wir schliefen noch ein paar Mal miteinander, bis die Sonne über der Stadt aufging und sie in ein neblig oranges Licht tauchte.

Am nächsten Nachmittag fuhren wir ins Büro. Jeder schien zu wissen, was wir getan hatten. J.R. klopfte Yun Qing sportlich auf die Schulter und lächelte mich undurchdringlich an.

Nun, ich habe den Vertrag bekommen. Ich schickte ihn zurück an meine deutsche Firma und ließ mich auf unbestimmte Zeit beurlauben. Ich blieb zwei Jahre in Shanghai. Zwei Jahre lang war ich Yun Qings Geliebte. Er zahlte mein Appartement, meine Kleider, meinen Porsche. Ich erlebte seinen Aufstieg, seine immer seltener werdenden Besuche, seine Verwandlung, seine Verlobung mit einer betuchten Shanghaierin. Als ich von ihm schwanger wurde, verließ ich Shanghai und sah Yun Qing nie wieder.

*Ina Küper*

# DIE MASKE

*Ina (26), Chefredakteurin, Münster,*
*über*
*lauter Unbekannte*

Die Reportage beschreibt Handlungen und Ereignisse aus der bewusst persönlichen Perspektive des Journalisten. Sie mischt den Fakten Atmosphäre bei. Während eine Nachricht nüchtern und sachlich die Fakten an die Leser weitergibt, können die Leser bei einer Reportage mitfühlen, mitsehen, mithören, mitriechen, mitschmecken.«

Ein Blick in Wolf Schneiders *Handbuch des Journalismus* machte mir klar: Ja, ich hatte mir mal wieder viel vorgenommen. Aber daran, dass die Reportage nun mal die »Kaiserin aller Texte« und ein »Muss für jede Print-Publikation« ist, erinnerte mich sogar mein Lesezeichen – eine zerknitterte Schmierzettelsammlung aus dem ersten Semester. Doch woran wollte ich meine Leserinnen – Leserinnen eines erotischen Lifestyle-Magazins – dieses Mal teilhaben lassen? Am Thema »Hure als Hobby«, an den Vorzügen eines buchbaren Liebhabers, am Gefühl, in ein Korsett eingeschnürt zu werden, oder an den Handgriffen einer Tantra-Masseurin? Alles abgehakt.

»Wie wär's stattdessen mit einer Art Hitliste der heißesten Film-Sex-Szenen?«, schlug mir mein Freund vor, den mein entnervt-ratloser Gesichtsausdruck und mein Engagement mehr und mehr zu ermüden schienen. Sex-Blockbuster? Dazu fiel mir einiges ein: die Piano-Szene aus *Pretty Woman* zum Beispiel, Meg Ryan, die dank *In the Cut* vom netten Mädchen von nebenan zur Softporno-Darstellerin avancierte, William Baldwins nackter Hintern in *Sliver*

und die Edel-Orgien in *Eyes Wide Shut*. *Eyes Wide Shut*? Genau!
Ich erinnerte mich an den leicht hysterischen Gesichtsausdruck
einer Kollegin, die mir ein paar Tage zuvor mit Schnappatmung
und weit aufgerissenen Augen erzählt hatte, dass findige Party-
veranstalter auch hierzulande und sozusagen in echt »Masken-
Events« ausrichteten. Als ich *Eyes Wide Shut* eingab, spuckte meine Suchmaschine 1.700.000 Treffer aus – auch die Web-Adresse
einer gleichnamigen Partyreihe. Nachdem ich in Rubriken wie
»Die Maske«, »Unser Dresscode« und »Das Ritual« gestöbert
hatte, also quasi in den AGB des Luxus-Sex-Veranstalters, suchte
ich nach einer Anmeldungsmöglichkeit in drei Schritten, einem
schnellen Weg zum Ziel, wie man es vom World Wide Web gewohnt ist. Aber Pustekuchen! Dass es hier um Erlesenes, um eine
Art Slow-Sex-Bewegung ging, merkte ich bereits bei der Registrie-
rung. Ein paar mit Sternchen gekennzeichnete Pflichtangaben zu
Name, Alter und Adresse reichten nicht aus. Stattdessen verlangte
der Veranstalter nach einem Schreiben mit detaillierten Angaben
zum Lebenslauf und einem Bewerbungsfoto! Ich war genervt, aber
gleichzeitig beruhigt. Denn spätestens jetzt konnte ich mir sicher
sein, dass dieser Event nichts mit jenen Swingerpartys zu tun hatte,
zu denen neben mir auch Günther und Gabi und all deren schlecht
gekleidete Freunde willkommen waren. Ein virtueller Türsteher ist
gut, redete ich mir beruhigend zu, als meine E-Mail nicht mehr im
Postausgang, sondern im Gesendet-Ordner angezeigt wurde. Ein
paar Tage später erhielt ich Antwort: Ich durfte rein!

*

Vier Wochen danach fand ich mich in einem Berliner Hotelzimmer
wieder. Während mir die hereinbrechende Nacht immer schwär-
zer und das Outfit meiner Wahl – ein trägerloses kurzes Lederkleid
und dunkelrote Wildleder-Plateaus – immer verwegener erschien,
bereute ich die Entscheidung, allein (weil von Berufs wegen) verreist zu sein. »Entspann dich«, beschwichtigte mich mein Freund
am Telefon. »Das ist nur ein Job. Und wer weiß ... vielleicht

macht er dir ja am Ende sogar Spaß.« Ich hatte plötzlich Angst vor meiner eigenen Courage, nestelte nervös an meiner Frisur herum und hoffte inständig, dass es einfach endlich losginge.

Dreißig Minuten später wurde ich erlöst und der Taxifahrer kündigte sich an der Hotelrezeption an. Als ich die Lobby durchquerte, fühlte ich mich enttarnt. Mir war, als ob mich meine Aufmachung trotz schützendem Trenchcoat verriete und jeder meine Abendpläne erahnen könne. Ich warf einen unsicheren Blick in meine Handtasche und checkte zum vierten Mal an diesem Abend, ob sich mein eigentlich einziges verräterisches Accessoire, eine venezianische Maske aus dem Karnevalsshop, immer noch blicksicher unter Portemonnaie und Taschentüchern verbarg. Gott, wie albern! Und so was schimpft sich Journalistin! Ich dachte an Antonia Rados, die sich wahrscheinlich im gleichen Augenblick in brasilianische Straßen-Gangs einschlich oder auf eine Live-Übertragung aus der Zentrale der Abu Sayyaf vorbereitete und beschloss, zumindest den Rest des Abends so entspannt wie möglich anzugehen.

Auf der Fahrt rasten Ampeln, Menschen und grell illuminierte Imbissbuden vorüber. Irgendwann hatte ich jegliche Orientierung und das letzte Gefühl von Kontrolle verloren. Ich gab mich meinem Schicksal hin. Und konnte mich endlich ein klein wenig freuen! Nach gefühlten drei Stunden hatten wir die Lichter hinter uns gelassen. Berlin, nein, alles Reale war weit weg.

Meine Sorge, die vermeintlich edle Veranstaltung könnte sich schlussendlich doch noch als niveaulose Bumsparty mit aufblasbaren Betten und Plastikpalmen entpuppen, verflüchtigte sich, als mein Taxi vor einem himmelhohen verschnörkelten Tor zum Stehen kam. Hinter eisernen Blütenranken leuchtete eine Allee aus brennenden Fackeln.

»Da wär'n wa.« Der Taxifahrer drehte sich mit prüfendem Blick zu mir um. Ich war mir nicht sicher, ob sein Gesichtsausdruck »Pfui Teufel!« oder »Nehmen Sie mich mit?« bedeuten sollte. Scheiß drauf. Ich war Journalistin und stolz auf mein Engagement!

Ich bezahlte, schaute nur kurz dem davonfahrenden Taxi hinterher und stieß das Tor auf. Hinter der letzten Fackel tat sich ein cremefarbenes Herrenhaus mit gebogenen Fenstern und Shakespeare-Entree auf. Davor stand ein stämmiger Kerl im dunklen Anzug. Aha, ein echter Türsteher. Er nickte mir verheißungsvoll zu und setzte dann zu einem Räuspern an. »Ihre Maske?« Ich kramte in meiner Tasche, griff nach dem stilechten Accessoire und verdeckte mein Gesicht. Sekunden später wusste ich, dass ich gut daran getan hatte.

Kaum hatte ich die schwere Holztür passiert, schaute ich in das erste maskierte Gesicht. Eine große Blonde im bodenlangen Kleid bat mich lächelnd um meinen Mantel und wies mir den Weg ins Nebenzimmer. Unter mir breiteten sich schwere dunkle Teppiche aus, über mir glitzerten schwarze Lüster. Im Eingangsbereich spielte jemand Piano, weit weg meinte ich, dumpfe Jazzklänge zu hören. Doch die atemberaubende Kulisse nahm ich inzwischen nur noch verschwommen wahr. Mein Herz klopfte mir bis zum Hals und die entscheidenden Szenen aus *Eyes Wide Shut* spielten sich in bizarrer Endlosschleife vor meinem inneren Auge ab. Zu spät. Ich war hier, wollte hier sein.

Im nächsten Raum konkretisierte sich alles, was ich mir bisher nur ausmalen konnte: An langen Tischen mit weißen Tischdecken prosteten sich Männer im Smoking zu. Weiße Masken verdeckten ihre Gesichter, aber ich war mir plötzlich sicher, dass sie darunter wie junge Frank Sinatras aussehen mussten. Markant-elegante Gangster mit zurückgekämmtem Haar, Zigarre im Mundwinkel und einem Bankkonto, das es ihnen erlaubte, ihre Liebhaberinnen mit diamantbesetzten Strings zu beschenken. Bei dezenter Hintergrundmusik lachten sie und beobachteten sowohl die eigenen als auch fremde Frauen, die unwirklich wie Filmdiven durch den Raum zu schweben schienen. Eine streifte mich. Sie hatte eine Rubensfigur, trug einen federbesetzten Bleistiftrock und ein Selbstbewusstsein zeigendes, hautenges Korsett. Hinter ihr strich sich eine andere durchs Haar. Außer einem schwarzen paillettenbestickten Blazer und Nylons schien sie nichts anzuhaben. Noch eine andere, die gerade vorüberzog, duftete nach Rosen und Whiskey. Sie zog einen Mann hinter sich her, der direkt vor mir einem

Kellner auswich und mir dabei so nah kam, dass mir sein Rasierwasser in die Nase stieg. Mir wurde schwindelig. Das hier hatte tatsächlich nichts mit irgendwelchen Partnertausch-Partys zu tun, die man aus dem Boulevard-Fernsehen kennt. Eine Gala, bei der man lauter schöne, aber wildfremde Menschen traf, niemals overdressed sein konnte, auf alles gefasst war und keine Verpflichtungen hatte, traf es eher. Ich bahnte mir einen Weg durch den Raum und spürte, wie ich dabei von Männern und Frauen beobachtet wurde. Ich traute mich zurückzuschauen, lächelte einen großen Typen im Samtanzug an und blieb kurz stehen, als sich zwei Frauen neben mir innig küssten. Anderswo hätte man Empörung oder Belustigung vorgetäuscht oder beschämt weggesehen. Aber hier war es okay, einfach zuzuschauen. Ich kannte niemanden, niemand kannte mich.

Ich lief zum anderen Ende des Zimmers und stieg eine mit Kerzen gesäumte Treppe hinauf. Die Gespräche der Festgesellschaft wurden hinter mir leiser, zerbarsten zu Wortfetzen und verstummten schließlich ganz. Die Treppe schlängelte sich dunkel und schier unendlich empor und mündete schließlich in einen langen Flur, von dem mehrere Zimmer abgingen. Ich lief ihn hinab und ließ mich treiben. Im ersten Zimmer saß ein Paar, das sich vorhin noch am Stehtisch unterhalten hatte. Jetzt ließen sie sich gegenseitig Champagner übers Gesicht laufen, leckten einander ab, lachten, flüsterten sich Dinge ins Ohr, bemerkten mich plötzlich und schauten auffordernd herüber. Mein Herz machte einen Satz. Ich wollte doch nur da sein und beobachten! Meinen Job machen. Aber ein verschreckter Gesichtsausdruck oder eine Kehrtwende hätten mich als albernen Partytouristen enttarnt. Also hielt ich mich an die Spielregeln, lächelte möglichst selbstbewusst und lief weiter.

Richtig. Ich war hier nicht zum privaten Vergnügen. Das Ganze diente nur einem Zweck: einer Reportage zum Mitfühlen, Mitsehen, Mithören, Mitriechen, Mitschmecken. Ich zückte meinen inneren Notizblock und schrieb die ersten Worte aus Gedankentinte: nächster Raum, schwarzer Divan, der Rücken einer Halbnackten, dahinter ein Mann mit goldener Maske. Neben mir: zwei

Stühle und zwei andere Beobachterinnen. Überschlagene Beine, Lack-Pumps, leises Lachen, Geflüster, Stöhnen. Ein zu Boden fallendes Hemd, Hose, Boxershorts.

Ich blieb und beobachtete, wie sich der Fremde auszog. Die zwei Frauen neben mir verstummten, schauten wie ich zu und blickten sich nur noch gelegentlich an, um einander verheißungsvoll anzulächeln oder über die Wange zu streicheln.

Live-Sex war für mich nicht unbedingt etwas Neues. Vor Jahren, als ich die erste Ausgabe meines Magazins produzierte, waren mein Freund und ich durchs Amsterdamer Rotlichtviertel geschlendert und hatten zu Recherchezwecken eine Sexshow besucht. Wir standen dabei in einem klitzekleinen abgedunkelten Raum und konnten durch eine Glasscheibe beobachten, wie es ein junges Paar miteinander trieb. Ihnen war anzusehen, dass sie performten und nur so taten, als wenn sie Spaß bei der Sache hätten. Als besonders erotisch war mir dieses Erlebnis deswegen nicht in Erinnerung geblieben.

Das hier war etwas völlig anderes! Die zwei waren sich womöglich gerade erst begegnet und fielen aus freien Stücken übereinander her. Hier war niemand, der sie engagierte oder für Sex bezahlte. Sie taten es, weil sie Lust hatten.

Inzwischen waren beide splitterfasernackt und lagen nicht mehr nebeneinander, sondern aufeinander. Er hatte sie sanft auf den Rücken gedreht und sein Bein über ihr Becken geschwungen. Als sie sich küssten, wirkten ihre maskierten Gesichter wie ein bizarres Gemälde. Ich fand, dass Sex hier nichts Plumpes, nichts Explizites hatte, sondern eher etwas Kunstvolles.

Der Fremde saugte an ihrem Hals, küsste sich zu ihrem Dekolleté hinab, rutschte bis zu ihrem Bauchnabel hinunter und berührte dabei immer wieder ihre Brüste. Dann vergrub er sein Gesicht zwischen ihren gespreizten Beinen. Sie stöhnte, legte den Kopf auf die Seite und schaute zu mir und meinen zwei Mitbeobachterinnen rüber. Die Zahnlücke, die ihr leicht geöffneter Mund erahnen ließ, und ihre sorgfältig tiefschwarz lackierten Fingernägel, mit denen sie sich lustvoll übers Schlüsselbein fuhr, verrieten, dass sie eine eigenwillige Schönheit war. Der Fremde küsste immer wieder die Innenseiten ihrer Oberschenkel, um sich gleich darauf wieder ihrer Mitte zu widmen. Seine Zunge fuhr über ihre Spalte, während seine Finger sanft über ihren Bauch strichen. Aus einigen Metern Abstand sah ich nicht alles, aber gerade genug, um zu erahnen, wie es sich für sie anfühlen musste. Irgendwann hielt er inne, flüsterte ihr irgendetwas zu und richtete sich wieder auf. Sie zog ihre Beine zurück und schaute ihn auffordernd an. Auch die Frauen neben mir waren sich inzwischen näher gekommen und fassten sich gegenseitig zwischen die Beine. Ich trat ein paar Schritte zurück, wollte nicht zu nah sein.

Der Fremde kniete jetzt nackt vor ihr. Er umfasste seinen Ständer, legte dabei seinen Kopf in den Nacken und stöhnte laut auf. Die Frauen neben mir standen auf und gingen auf das Paar auf dem Divan zu. Sie setzten sich links und rechts neben ihre neue Gespielin, die eine küsste sie, die andere fuhr mit einer Feder über ihre Klitoris. Dann kam auch der Fremde wieder näher. Er lutschte an ihren Brustwarzen, fuhr zärtlich über ihre nackte Haut und forderte sie durch Gesten auf, ihn anzufassen. Mir war, als ob ich den Überblick verloren hätte. Ich wusste nicht mehr, wer wer war, welche Frauen gerade noch neben mir gesessen hatten. Ich sah nur noch Beine, Brüste, Pos und maskierte Gesichter.

Eine der Frauen legte sich schließlich rücklings auf den Divan und zog den Fremden zu sich heran. Er lächelte und gehorchte. Sie ließ sich von den beiden anderen, die neben ihr lagen, liebkosen und umfasste von hinten die eigenen gespreizten Beine. Der Fremde kniete jetzt vor ihr und drang schwer atmend in sie ein.

Anders als im realen Leben, wo das Vorspiel oft ausbleibt, oder bei inszeniertem Sex, in Pornos oder Trash-Comics hatte dieser Augenblick plötzlich wieder etwas Aufregendes, etwas überraschend Ekstatisches.

Der Maskierte schob sich langsam zwischen ihre geöffneten Beine, hielt inne, um sich ein paar Sekunden später rhythmisch vor und zurück zu bewegen. Die übrigen zwei Liebhaberinnen hielten sich währenddessen zurück und beobachteten.

Zehn ... neun ... acht ... mein innerer Sekundenzeiger schien zu kriechen. Alles um mich herum passierte in Zeitlupe.

Erst in dem Moment, als sich die Blicke der vier voneinander lösten und sich auf mich konzentrierten, drückte irgendwer oder irgendwas meine innere Play-Taste. Ich erschrak, machte mir bewusst, wo ich war und was hier passierte, und trat automatisch einen Schritt zurück.

Ich fand, ich hatte genug gesehen. Ich wollte nicht in Erklärungsnot geraten, wenn mich jemand von ihnen tatsächlich gebeten hätte, zu partizipieren. Ich musste mir eingestehen: Für mehr als das Dabeisein war mein Mut vielleicht nicht groß genug. Ich hatte niemanden berührt, niemand hatte mich berührt, aber dafür hatte ich den denkbar begehrenswertesten Sex meines Lebens beobachtet.

Ich zog mich leise und lächelnd zurück, verließ den Raum, lief den Flur und die Treppenstufen hinab, ließ den Festsaal links neben mir liegen und bat die Blonde im Entree um meinen Mantel. Ich verabschiedete mich mit einem höflichen Nicken vom Türsteher, ließ das Haus und den Fackelweg hinter mir und befreite mich von der Maske. Mit ihr verschwand alles Erlebte, alles Surreale in meiner Handtasche. Ich war zufrieden und fing bereits im Kopf an, meinen Artikel zu texten. Wie er anfangen sollte, wusste ich schon. Mit dem letzten Dialog aus *Eyes Wide Shut*:

»Es gibt etwas sehr Wichtiges, das wir äußerst dringend machen müssen.«

»Was denn?«

»Ficken!«

Marie Sommer

# SOLORAUSCH

*Marie (30), Autorin, Köln,*
*über*
*sich selbst*

Ich war Single. Wie ätzend. Und es war Freitagabend. Noch
ätzender. Und ich hatte nichts vor. Ätzend bis zur Oberkante.
Mein Gemütszustand bewegte sich irgendwo zwischen Selbstmit-
leid und trotzigem Stolz. Kein Arsch hatte heute Abend Zeit für
mich. Na ja, ich hatte auch nicht wirklich gefragt. Aber war es
nicht auch irgendwie verdächtig, dass mich niemand anrief, dass
niemand mich fragte, ob wir heute Abend um die Häuser ziehen
wollen? Aber ich telefoniere jetzt auch niemandem hinterher und
bettle darum, irgendwo sinnlos was trinken zu gehen, das kommt
schon mal gar nicht in die Tüte. Verdammte Hacke, bin ich denn
wirklich so kacke und unbeliebt? Habe ich überhaupt Freunde?
Wieso will mich nie einer dabeihaben? Wieso fragt mich keiner?
Und wieso haben immer die anderen Mädels aus der Clique den
Freizeitstress und kommen vor lauter Dates und Partyeinladungen
schon regelrecht in die Bredouille, weil sie nicht wissen, wo sie absagen und wie sie es am besten rüberbringen sollen, ohne jemanden
zu verletzen? Ich könnte mich ja anbieten, die abgesagten Partys
zu übernehmen und im Namen der abtrünnigen Freundinnen dort
auftauchen. Grummel. Ich will auch Partystress haben!

Jammerndes und zeterndes Single-Selbstmitleid par excellence.
Na herrlich. Ich war ein eifersüchtiges, neidisches, zickiges, sich
selbst bemitleidendes, jammerlappiges Single-Monster geworden. Super. Kein Wunder, dass ich ausnahmsweise mal nicht die
It-Girl-Liste anführte. Lustlos briet ich mir Tiefkühlpfannengemüse

und während ich es ohne großen Genuss in mich reinschaufelte, überlegte ich, was ich tolles Kreatives anstellen könnte. Irgendwie musste der schrecklich lange Freitagabend ja rumzukriegen sein. Ich könnte mit meinen erst kürzlich gekauften Acrylfarben aus der Tube ein bisschen malen. Dabei kann ich gar nicht malen. Es läuft immer auf das gleiche Farbgepampe hinaus. Scheiße, bin ich etwa schon die vereinsamte Möchtegern-Künstlertrulla, die bald Töpfer-dich-frei-Selbstfindungstrips nach Mallorca buchen wird? Panik. Also doch nicht malen. Ich könnte mich auch meinem Kleiderschrank widmen und all die Fehl- und Frustkäufe der letzten Wochen gnadenlos ausrangieren und bei eBay versteigern. Oder aber zumindest mal wieder alles schön zusammenlegen, damit es da drin nicht länger aussieht wie Lumpi. Ich könnte auch meine T-Shirts nach Farben sortieren. T-Shirts nach Farben sortieren?! Ja klar, so weit kommt's wohl in meiner Verzweiflung noch, schimpfte ich mit mir selbst.

Was soll's. Dann muss wohl eben das Mädchenabendprogramm ran. Ich stiefelte zum nächsten Büdchen, holte mir eine Packung Kippen, eine Packung Yogurette und einen Stapel Frauenzeitschriften. »Glücklich allein!«, versprach die Titelzeile der *Brigitte*, während auf der *Instyle* Reese Witherspoon das Geheimnis ihres Erfolges verkündete. Na, dann wollen wir mal. Leider macht Schmökern in Frauenzeitschriften nur dann Spaß, wenn man happy ist und eigentlich gar keine Zeit dafür hat. Wenn man aber schmökert zum alleinigen Zwecke des Zeittotschlagens und nur, um sich besser zu fühlen, dann will sich partout kein Hey-mir-geht's-so-prima-Feeling einstellen, wie es in ebendiesen bunten Gazetten immer in den »Endlich Zeit für mich!«-Artikeln vorgegaukelt wird: Wunderschöne Frauen, eingekuschelt in edle und sauteure Angorasocken, Spitzenhotpants und Kaschmirstrickmäntelchen, trinken dampfenden indischen Grüntee mit Ingwer-Macadamia-Aroma aus edlen Porzellantassen mit Goldrand, illuminieren die Wohnung mit duftenden Kerzen von Armani, die so viel kosten wie die monatliche Nahrungsgrundversorgung, und strahlen lächelnd und vergnügt-verträumt vor sich hin, denn endlich haben sie Zeit für sich – juchhu! Verdammte Hacke, ich will aber keine Zeit für mich haben! Ich habe seit Monaten Zeit für mich, ich gehe mir schon selbst gewaltig auf den Senkel, so viel Zeit habe ich für mich!

Mann, war ich gefrustet. Es nützte nichts. Ich kam nicht drum rum: Nur noch mein altbewährtes ultimatives Single-Notfall-programm konnte helfen. Ich kramte das kleine Plastiktütchen aus der Schreibtischschublade hervor. Noch hatte ich das neue Zeug nicht ausprobiert. Mein Cutter-Kollege, von dem ich das Gras kaufte, warnte mich noch mit vielsagendem grinsenden Blick und den Worten: »Vorsichtig dosieren. Echt heftig potent, diese Mischung.« Der hatte ja keine Ahnung, ich war seit meiner Single-Zeit die Kiffer-Queen! Werd ja wohl noch ein bisschen Gras abkönnen! Kurz meldete sich der Streber-Engel auf meiner Schulter zu Wort: »Wollten wir nicht etwas weniger kiffen? Du weißt doch selbst, dass das nichts bringt, und außerdem denk doch an die vielen Gedächtnisaussetzer und Blackouts in der letzten Zeit!«

Ja, ja, weiß ich, aber heute ist nicht der richtige Abend, um ein besserer Mensch zu werden, murmelte ich dem Streber-Engel zu. Die kleinen Grasräusche machten mich herrlich gleichgültig und auf seltsame Art und Weise zufrieden und glücklich, zumindest solange die Wirkung anhielt. Und viel mehr wollte ich im Moment nicht. Dass das keine Dauerlösung sein konnte, war mir klar, aber just grad egal. Während sich das Partyvolk heute Abend hemmungslos besäuft und nicht mehr Herr seiner Sinne sein wird, vergnüge ich mich eben mit mir selbst. Wo ist da der moralische Unterschied?

Geübt bastelte ich mir mein kleines schmales Tütchen, machte es mir vor dem Fernseher gemütlich, zündete das gute Stück an und zog mit einem knisternden Geräusch den Rauschrauch ein. Wusch. Die Wirkung setzte augenblicklich ein. Yeah! Das Zeug war der Knaller. Wie ein Daunenkissen legte es sich auf meine Zweifel und Ängste und Unsicherheiten und ließ mich einfach den Moment, den ich bis eben noch hasste, genießen. Plötzlich war ich fasziniert von dem quietschebunten Fernsehbild und dem wahnsinnigen Sound. Ich blieb auf MTV hängen und schaute gebannt ein Musikvideo nach dem anderen. Ich hatte einen richtigen Bild- und Tonflash. Ich nahm nichts weiter um mich herum wahr außer den bombastischen Bildern und dem grandiosen Sound. Ich konnte nicht anders, zufrieden und glücklich grinste ich selig vor mich hin. Jetzt war ich happy mit mir selbst, und wie! Ich war mir selbst völlig genug und hatte überhaupt keine Lust auf irgendwelche Unterhaltung mit irgendwelchen Leuten. Warum kann man sich nur nicht immer so fühlen?

Zum Bild-und-Ton-Flash gesellte sich plötzlich der fiese Genussrausch. Nett ausgedrückt. Gemeinhin besser bekannt als Fressflash. Und gemein ist der in höchstem Maße. Denn plötzlich sitzt du gierig und kichernd und begeistert vor deinem Kühlschrank und freust dich grenzenlos über jeden stinknormalen Kirschjoghurt, der plötzlich wie die geschmackliche Offenbarung des Himmels daherkommt. Plötzlich schmeckt alles einfach nur bombastisch. Und natürlich muss alles, was dir zwischen die Finger kommt, probiert und weggeputzt werden. Der Morgen danach ist dann das Schlimmste, wenn einem plötzlich bewusst wird, dass man Kalorienmengen einer ganzen Schiffsmannschaft verdrückt hat. Und in so einem Moment wurde mir auch klar, warum man plötzlich in der Firma hinter vorgehaltener Hand lästerte, ich – früher mit viel beneideter Figur – hätte plötzlich so krass zugenommen. Aber das war mir in meinem Rausch egal. Her mit den Chips. Her mit der Yogurette. Und her mit der Tüte.

Ich zappte weiter durch das bunte TV-Programm und blieb beim allfreitagabendlichen Sexfilmchen auf Kabel 1 hängen.

Aha, so spät ist es also schon, dachte ich noch. Normalerweise sind diese Filmchen mehr zum Lachen denn zum Antörnen. 8oer-Jahre-Streifen mit hässlichen Darstellern und Weichzeichner-Bettszenen, bei denen man eh nichts sieht, zu kitschiger Fahrstuhlmusik. Dass die Storys drum herum hanebüchen sind, mag ich gar nicht bemängeln. Wer sich Sexfilme ansieht, will Sex sehen. Basta. Die Story ist doch völlig wurscht. Meinetwegen bräuchte es gar keine Geschichte, Hauptsache, es gibt schöne Menschen, die lecker rammeln. So sieht's mal aus.

Erstaunlicherweise kam nun an diesem Abend nicht einer dieser unsäglich dämlichen 80er-Streifen, sondern ein recht aktuelles Filmchen mit dem Pornostarlett Jenna Jameson. Wow, so was im Free-TV! Und es ging dort tatsächlich richtig zur Sache. Ich war ganz baff. Und angetan. Auch die anderen Darsteller und Darstellerinnen waren, na ja, schon porno, aber dennoch sehr nett anzuschauen. Und auch wie sie es trieben, war voll nach meinem Geschmack. Ohne Schnickschnack und Gedöns, einfach purer geiler Sex, untermalt mit ausnahmsweise mal nicht peinlicher Musik, sondern coolen House-Grooves. Und so kam es, dass meine bis eben noch andauernde Trilogie aus Fress-, Musik- und Bildflashs sich zu einem nicht minder beglückenden Sexflash akkumulierte.

Ich war volle Lotte erregt. Gebannt sah ich dem illustren Treiben auf dem Bildschirm zu. Und machte mit. Ich konnte nicht anders. Ich packte mich selbst an und nach nur kurzem Hin und Her im Höschen durchzuckte es mich schon heftigst und zuckersüß – intensiv wie nie zuvor und außergewöhnlich langanhaltend. Der Orgasmus wollte gar nicht mehr aufhören. Als die Welle abebbte, versank ich selig grinsend unter der Sofadecke. Puh, das war ja mal gut, dachte ich. Die Erregung war nun vorbei und normalerweise reicht so ein Orgasmus, um das Interesse an dem eben noch für saugeil befundenen Film schlagartig zu verlieren und befriedigt einzuschlafen. Hunger gestillt, no need for further action.

Aber nicht so an diesem Abend. Noch immer war ich völlig gefesselt von dem, was ich da auf dem Bildschirm sah. Und trotz des einzigartigen Höhepunkts von eben schwoll die Erregung schon wieder an. Angefixt setzte ich meine Handaktion zwischen meinen Beinen fort und schon wieder durchströmte mich nach nur wenigen Sekunden ein süßer Höhepunkt. Nach einer kurzen Pause gleiches Spiel. Diesmal dauerte es ein kleines bisschen länger und ich fing schon leicht an zu schwitzen, aber Höhepunkt Nummer drei bahnte sich unaufhörlich seinen Weg. Ich war im Sexrausch und konnte nicht mehr aufhören. Danke Kabel1!

Die Jungs und Mädels aus dem Film vergnügten sich in immer wieder neuen Settings miteinander und ich mich mit ihnen. Bei Orgasmus Nummer vier fing ich schon langsam an zu stöhnen und zu keuchen und heftigst zu atmen. Langsam wurde es anstrengend, aber ich war wie besessen. Ich musste weitermachen, ich war noch immer nicht satt, ich konnte nicht anders. Und obwohl es immer anstrengender und immer mehr zu einer sportlichen Herausforderung wurde, büßte die Intensität der Höhepunkte nichts ein. Im Gegenteil, ich fühlte plötzlich Nuancen, von denen ich gar nicht wusste, dass man so was fühlen kann.

So rödelte ich den ganzen Film über wie von der Sextarantel gestochen vor mich hin. Nach dem siebten Mal war ich völlig erschöpft und endlich satt. Ich konnte jetzt auch wirklich nicht mehr. Ich lag schweißgebadet da, alle viere von mir gestreckt, mein Herz raste und ich war glücklich. Erstens hatte ich im Zuge der siebenmaligen Höhepunktserreichung innerhalb von neunzig Minuten sicher nicht nur einen neuen Rekord geknackt (ob das Guinness-Buch so was auch aufnimmt?), sondern bestimmt auch mindestens die Hälfte der zuvor vertilgten Kalorien wieder verbrannt und durch die vielen Zuckungen ordentlich Muskelstraffung am ganzen Körper betrieben (Ich sollte das den Frauenzeitschriften anbieten – das Orgasmus-Workout!). Wow, was für ein wundervoller, überraschender, erquicklicher und rundum befriedigender Freitagabend, waberte es mir noch durch den Kopf, bevor ich selig grinsend einschlief. Wer hätte das gedacht, wozu lonesome Friday evenings nicht alles gut sein können.

*Hanna Donath*

# HÖHENFLUG

*Hanna (30), Journalistin, Freiburg,*
*über*
*Alexander (29), Wirtschaftsingenieur, Frankfurt am Main*

Was denn?« Ich sitze genervt im Flugzeug und blicke meinen Freund wütend an.

»Verdammt, Hanna«, sagt er, erhebt sich, nimmt meine Hand und sagt mit fester Stimme, die jedem Buchstaben ein eigenes Ausrufezeichen gibt: »Ich liebe dich!«

Wir sind seit zwei Jahren ein Paar, wir streiten und wir lieben uns – das mag nach einer Plattitüde klingen, ist es aber nicht. Im Ernst, was ich meine, ist: Entweder streiten wir, dass die Fetzen oder wir vögeln, dass die Klamotten fliegen. Dazwischen gibt es fast nichts. Bis auf eine ganz kleine Zone, die wir nur selten betreten: die Paarzone, die Händchenhalten-, Wir-kochen-uns-Abendessen-Zone. Bei uns endet Händchenhalten fast immer in wilden Fummeleien und das Abendessen haben wir bislang meist mit zerwühlten Haaren und feuchten Lippen, nackt auf dem Küchenboden sitzend, direkt aus den Töpfen gegessen.

Nach den zwei Jahren, in denen wir uns eher wie in einer wilden Affäre als in einer Beziehung verhalten haben, sind wir jetzt auf dem Weg in unseren ersten gemeinsamen Urlaub: nach Los Angeles, wo wir seinen Bruder besuchen und dessen Frau kennenlernen wollen.

Kurz vor dem Aufbruch zum Frankfurter Flughafen haben wir noch gestritten. Angesichts der Tatsache, dass wir die nächsten drei Wochen 24 Stunden am Tag zusammen sein würden, habe ich angesprochen, was mir schon lange auf der Seele lag: Liebt er mich oder braucht er nur jemanden zum Ficken?

Und jetzt steht er neben mir in der engen Dreier-Sitzreihe und sagt mit diesem treuen Hundeblick, der ihn aussehen lässt wie eine Mischung aus Robbie Williams und Elijah Wood, dass er mich liebt. Zum allerersten Mal. Ich erwidere den Druck seiner Hand. Er lässt sich neben mir nieder und ich lege den Kopf auf seine Schulter. Es dauert nicht einmal zehn Minuten, bis er seine Hand unter die Decke auf meinem Schoß schiebt. Seine Finger beginnen, mein Bein entlangzustreichen und ich flüstere: »Alex, lass das, hier sind überall Leute.« Ich schaue verlegen den Mann an, der neben mir am Fenster sitzt. Doch der döst weiter vor sich hin.

»Ist doch schön«, nuschelt Alex an meinem Hals und ich spüre seine Zunge in der kleinen Kuhle an meinem Schlüsselbein. Er pustet sanft auf die feuchte Stelle und ich bekomme Gänsehaut. Seine Finger machen sich selbstständig und nesteln an den Knöpfen meiner Jeans rum. Mir wird heiß. Das Flugzeug brummt vor sich hin, die Luft in der Kabine ist schlecht, meine Haut spannt – und doch will ich nichts lieber als Alex' Hand, genau da, wo sie hin will: zwischen meine Beine.

»Kaffee oder Tee?« Wir schrecken auf.

»Kaffee, bitte.«

»Für mich auch.«

Wir klappen die Tischchen runter und stellen die Getränke ab und doch bleibt Alex' Hand genau da, wo sie war. Sie hat mittlerweile ihren Weg in meine Hose gefunden und ich muss mir ein wohliges Aufstöhnen verkneifen. Ich drehe meinen Kopf zur Seite, nehme sein Gesicht in die Hände und berühre seine Lippen sanft mit meinen. Sofort schiebt er seine Zunge in meinen Mund und ich presse meinen Mund an seinen. Seine Finger wandern unter meinen Pulli und berühren meine Brustwarze.

»Darf ich mal raus, ähem, bitte?« Der Typ neben mir ist erwacht und unterbricht uns. Ich hatte fast vergessen, wo wir sind. Das war der kalte Schauer, den ich gebraucht habe. Umständlich steht der Mann am Fenster auf und drängelt sich an uns vorbei.

»Alex, hör mal, wir können hier nicht so rummachen.«

»Dann lass uns aufs Klo gehen.«

»Ernsthaft? Wie in diesen Hollywoodfilmen? Vergiss es, du weißt doch, wie klein diese Dinger sind.«

»Für einmal kurz reinstecken wird's ja wohl reichen.«

»Alexander!«

»Hmm, entschuldige.«

Den Rest des Fluges grummelt mein Freund neben mir wie ein kleiner Junge, er kann sich weder auf das Filmprogramm noch auf sein Buch oder ein Gespräch konzentrieren. Immer wieder drückt er mir feuchte Küsse auf die Lippen oder leckt an meinem Ohr. Doch seine Hände bleiben über der Decke.

Genau in diese interessante Mischung aus Junge und Mann hatte ich mich damals verliebt. Alex ist ein großer Mann mit sportlichem Körper, dunkelbraunen Locken, blauen Augen und einem verspielten Lächeln, das ihn je nach Bedarf fünf Jahre jünger oder zehn Jahre weiser erscheinen lässt. Kennengelernt haben wir uns auf einer Party. Er lehnte mit einem Drink in der Hand an der Wand und scannte den Raum mit einem durchdringenden Blick, während der Ohrstöpsel-Kopfhörer verriet, dass er sich hier eigentlich seine eigene Party machte. Das hat mich fasziniert.

Unsere Blicke trafen sich, aber statt zu mir rüberzukommen oder mich anzulächeln, zupfte er mit einer lässigen Fingerbewegung am Kabel und ließ damit den Kopfhörer aus seinem Ohr gleiten. Er ließ mich dabei nicht aus den Augen und signalisierte mit schief gelegtem Kopf, dass er jetzt bereit sei, mit mir zu reden. Ich zog eine Augenbraue hoch und wandte mich mit einem spöttischen Lächeln von ihm ab.

Alex muss meine Reaktion wahnsinnig gemacht haben. Er, der Schöne, Unnahbare, war Kontra aus der Damenwelt nicht gewohnt. Und so dauerte es noch eine geschlagene Stunde, bis er sich endlich aufraffte und mich ansprach.

Er beugte sich dabei sehr nah zu mir rüber, obwohl die Musik gar nicht so laut war, sodass er schon beim ersten Satz, den er zu mir sprach, mein Ohr mit seinen Lippen berührte. Ein elektrisierender Impuls ließ mich zusammenzucken. Er legte seine Hand auf meine Hüfte, wenn er mich etwas fragte, sein Atem streifte mein

Haar, wenn er sich umsah, seine Lippen berührten fast meinen Hals, wenn er sprach. Später am Abend kam es, wie es kommen musste: Wir küssten uns.

Und obwohl wir schon in der ersten Nacht miteinander schliefen, war schon am nächsten Morgen klar, dass wir zusammenbleiben wollen. Alex und ich hatten von Anfang an außergewöhnlichen, guten, heißen, dreckigen, lauten, hemmungslosen Sex – und zwar viel davon. Ich habe noch nie in seiner Wohnung geduscht, ohne seinen Schwanz in der Hand, im Mund oder in mir zu haben. Wir hatten Sex an jedem erdenklichen Ort, vorm Spiegel, mit Fesseln, mit Videokamera, es gibt nicht viel, was wir nicht probiert haben – selbst den lebensgefährlichen, pornoesken Blowjob am Steuer eines fahrenden Wagens. Aber ein Erlebnis wird unvergessen bleiben und das ist jenes, das im Flugzeug auf dem Weg in unseren ersten gemeinsamen Urlaub beginnt.

Als der Flieger endlich landet, ist Alex wieder besser drauf, er hält mich an der Hand und haucht mir kleine Küsse in den Nacken.

»Du siehst so scharf aus.«

»Danke, Süßer.«

»Bald sind wir allein.«

»Hmm«, nuschele ich und drücke ihm einen Kuss auf die Lippen. Er schlingt seine Arme um mich und presst mich gegen die Wand neben dem Gepäckband. Seine Hände wandern unter meinen Pulli auf meine Taille und seine Finger streichen zärtlich auf und ab. Ich presse meinen Unterkörper gegen seinen und spüre deutlich die Beule in seiner Hose. Wir knutschen, bis uns eine ältere Frau freundlich fragt, ob das unsere Koffer sind, die nun schon ihre fünfte Runde auf dem Band fahren.

Ich weiß nicht, ob's am Flug, an der Müdigkeit, an der Hitze oder an der dritten Unterbrechung unserer Fummelei liegt, aber ich habe das Gefühl, noch nie heißer auf diesen Kerl, auf überhaupt irgendeinen Kerl, gewesen zu sein.

In der Ankunftshalle erwartet uns Alex' Bruder samt Frau, in Kalifornien ist es zehn Uhr morgens. Nachdem er uns das Gästezimmer gezeigt hat, schmeißen wir das Gepäck in die Ecke und stürzen uns aufeinander. Wir küssen uns im Stehen, Alex zieht meinen Pullover über meinen Kopf, schiebt seine Hand in meine Hose und einen Finger in mich. Ich beiße ihm lustvoll in den Nacken, als die Tür auffliegt.

»Scheiße, ich wollte euch nicht stören, aber wir haben eine Reservierung in einem Restaurant in Santa Barbara«, sagt sein Bruder. »Wir müssen los.«

Zerknirscht ordnen wir die Klamotten, küssen uns noch einmal sehnsüchtig und trotten mit Bruder und Frau los: zum Restaurant, von dort zum Strand, auf den Boulevard und landen abends in einer Bar. Alex' Hand auf meinem Bein wird von Ort zu Ort drängender. Mein Bein zittert und in mir pocht es. Nur mühsam kann ich verhindern, ihn hier und jetzt und sofort anzuspringen. Ich will mir die Klamotten vom Leib reißen, meinen Freund an mich drücken und ihn endlich in mir spüren. Wenn sich unsere Blicke treffen, weiß ich, dass es Alex ebenso geht. Andererseits haben wir alle Zeit der Welt und wollen unsere Gastgeber keinesfalls vor den Kopf stoßen. Und so sitzen wir in der Strandbar und trinken Bier mit Zitrone aus Pitchern. Es ist ein lauer Abend und wir haben viel Spaß – wobei … eben so viel Spaß wie jemand hat, der eigentlich etwas Besseres machen könnte.

Kurz vor Mitternacht sind wir, gezeichnet von Bier und Jetlag, endlich zu Hause. Doch die Lust ist heute nicht unterzukriegen. Wir sind in unserem Zimmer, endlich allein, und ich atme hörbar ein. Alex steht an der Tür, schließt sie sorgfältig und lässt mich nicht aus den Augen, während ich langsam mein Shirt über den Kopf ziehe. Er atmet schwer und bewegt sich nicht vom Fleck. Ich öffne meine Jeans und lasse sie zu Boden gleiten. In Unterwäsche gehe ich langsam auf ihn zu.

»Alles ausziehen«, sagt er heiser.

»Kein Problem.«

BH und Höschen folgen und ich stehe splitternackt im Raum, während Alex sogar noch Schuhe trägt.

Er kommt auf mich zu und geht vor mir auf die Knie. Er vergräbt seinen Kopf zwischen meinen Beinen, ich kralle mich an seinen Haaren fest, die sich von der lauen Luft draußen noch ganz feucht anfühlen. Seine Zunge ist drängender denn je und ich zittere so stark, dass ich nur noch aufrecht stehen kann, weil mich seine Hände auf meinem Po auf den Beinen halten.

Er wirft mich aufs Bett und ich schaue sehnsüchtig zu, wie er Schuhe, Socken, Hemd, Hose und Boxershorts loswird. Es dauert wahrscheinlich nur fünf Sekunden, gefühlt sind es fünf zu viel. Als er sich zu mir runterbeugt, umschlinge ich ihn mit meinen Beinen und ziehe ihn an mich. Sofort kommt er in mich und ich merke, dass er langsam sein will. Aber ich will das nicht. Nicht heute. Nicht jetzt. Ich warte schon den ganzen Tag darauf, ihn in mir zu spüren.

»Fester!«

Das lässt er sich nicht zweimal sagen, mit heftigen Stößen gibt er mir, worauf ich gewartet habe. Jeder Muskel seines Körpers spannt sich an, die Adern an seinen Oberarmen stechen deutlich hervor, ich lecke an seinem Hals und schmecke noch das Meer. Er umklammert meinen Kopf mit seinen Händen. Es riecht nach Abendwetter und Shampoo. Ich schlage meine Fingernägel in seine Schulterblätter und meine Beine drücken ihn immer enger, immer fester in mich.

Es kribbelt im ganzen Körper, die Hitze steigt meinen Nacken hoch. Die Stöße werden fester, beinahe rücksichtslos. Wir kommen nach kurzer Zeit fast gleichzeitig. Das ist es, genau jetzt, genau hier – ohne Spielchen, ohne Sextoys. Ein ungewöhnliches, stundenlanges Vorspiel, das in heftig herbeigesehntem Sex endet. Einfach so. Im Bett.

Er bleibt in mir und murmelt: »Ich liebe dich, Hanna!« Diesmal mit nur einem Ausrufezeichen.

»Ich dich auch?«, sage ich und versuche, das Fragezeichen zu ignorieren.

Anna Bunt

# ABENTEUER IN BLOCK C

*Daniela (33), selbstständige Finanzberaterin, Frankfurt am Main,*
*über*
*W. (41), Jurist, Frankfurt am Main*

Ein bisschen mulmig ist mir zumute, als ich die ausgetretenen Steintreppen des längst verlassenen Gebäudes hinaufgehe. In Block C im zweiten Stockwerk in der letzten Zelle links am Ende des Korridors soll ich warten. Das schwarze Satinkorsett engt meinen Brustkorb ein, die Aufregung tut ihr Übriges. Kurz bleibe ich stehen und atme tief durch. Meine Füße schmerzen in den schwarzen Peeptoes mit den viel zu hohen Absätzen und ich spüre die kalte Luft unangenehm an meinem nackten Hintern unter dem äußerst knappen Rock. Das gelbliche Licht des späten Nachmittags fällt durch die offen stehenden Holztüren, die auf den langen Korridor führen.

Ein bisschen unheimlich finde ich es schon hier. Besonders in diesem Moment, in dem ich noch alleine bin. Es ist wohl besser, nicht so genau darüber nachzudenken, was hier früher einmal geschehen ist. Lieber lausche ich dem Klappern meiner Absätze während ich den Gang hinuntergehe. Beim Betreten der verabredeten Zelle fröstle ich. Ich weiß nicht, ob es an der Aufregung liegt, oder ob es tatsächlich kalt ist. Nur wenig Licht dringt durch ein vergittertes Fenster an der gegenüberliegenden Wand. Die Luft ist staubig. Mein Blick fällt auf ein ehemals beige lackiertes, mittlerweile aber verrostetes Gitterbett, auf dem wohl irgendwann mal eine Matratze gelegen hat. Von den verschmierten Wänden blättert die Farbe. Mit dem Gesicht zum Eingang knie ich mich auf den kalten Betonboden und versuche, den Dreck zu ignorieren, der sicherlich an mir kleben bleiben wird, wenn ich mich wieder erhebe. Ich verschränke die Arme hinter dem Rücken und senke den Blick. Vor Aufregung beginne ich, noch mehr zu zittern. Der dünne Stoff meiner hautfarbenen Strapse wärmt mich nicht. Ich weiß nicht, was er heute mit mir vor hat. Ich weiß es nie.

Nach wenigen Minuten des stillen Wartens höre ich, wie er die Treppe heraufkommt. Seine Schritte hallen durch die unzähligen leeren Gänge des alten Gebäudes. Ich höre ihn denselben Korridor hinuntergehen, durch den ich auch gekommen bin. Gleich wird er hier sein. Meine Aufregung wächst ins Unermessliche. Wie ich sie liebe, diese Anspannung davor, den Überraschungsmoment, das Kribbeln im Bauch, den leichten Schwindel, den puren Nervenkitzel. Und doch bin ich in Sicherheit, das weiß ich.

Kurz bevor er den Raum betritt, hebe ich den Kopf, um ihn wie immer wortlos mit einem Blick zu begrüßen. Ich bin erstaunt, als ich sehe, dass er heute nicht alleine ist. Der andere Mann sieht ihm zum Verwechseln ähnlich. Er hat ebenfalls kurzes dunkles Haar, ist eher ein wenig zu schlank als zu stämmig und trägt wie W. komplett schwarze Kleidung. Kurz bleiben die beiden Männer am Eingang stehen, kosten wohl den Moment meiner Verwunderung aus, dann kommt W. auf mich zu. Der Fremde bleibt dicht hinter ihm. Beide wirken völlig entspannt – im Gegensatz zu mir –, ihre Hände stecken locker in den Hosentaschen. Ich sehe W. wieder in die Augen, als er vor mir stehen bleibt. Er legt seine Hand auf meine Wange und geht ein Mal um mich herum. Der andere Mann beobachtet uns mit einem kleinen Lächeln. W. bleibt vor mir stehen. Ich greife nach seinem Handgelenk, lege es an meine Wange und schließe kurz die Augen – eines unserer Rituale. Aus dem Augenwinkel nehme ich flüchtig den schmalen goldenen Ring wahr, den er am Finger trägt. Er erinnert mich wie immer daran, dass dieser Mann niemals mir gehören wird. Das wusste ich von Anfang an und doch konnte ich nicht die Finger von W. lassen.

Oft traf ich ihn an den unterschiedlichsten Orten – es war schon fast unheimlich. Bei Stammtischen und Partys lief er mir über den Weg, aber auch im Supermarkt, bei der Post und beim

Bäcker. Manchmal war seine Frau dabei, meistens war er aber alleine. Lange Zeit bewunderte ich ihn von Weitem. Zugegeben, ich begann irgendwann damit, mich absichtlich in seiner Nähe aufzuhalten. So lange bis er es bemerken musste. Eines Abends, als wir uns mal wieder in der gleichen Bar in der Frankfurter Innenstadt aufhielten, sprach er mich endlich ganz offen darauf an und ich gestand. Dass ich mir keinen Mann vorstellen kann, dem ich mich lieber unterwerfen würde, sagte ich ihm und erwähnte noch im gleichen Atemzug, dass es mir fernlag, mich zwischen ihn und seine Frau zu drängen. Es war mir ein bisschen peinlich, wie meine Gefühle aus mir heraus sprudelten, doch er lächelte nur und ich wusste in diesem Moment, dass es einen Weg für uns geben würde.

W. lässt seine Hand sinken. Ich sehe zu Boden.

»Besitz, meine Liebe, bezeichnet die tatsächliche Gewalt einer Person über eine Sache. Paragraf 854 Absatz 1 BGB im Übrigen«, beginnt er und schreitet vor mir auf und ab. »Besitz, das ist es, was du sein willst, habe ich recht?«

»Ja, Herr«, bestätige ich.

»Kompromisslos, rechtlos, hirnlos, ausschließlich reduziert auf deine Körperlichkeit, deine Emotion und auf deine grenzenlose Geilheit«, fährt er fort.

»Ja, Herr.«

Bereits diese wenigen Worte haben eine unglaubliche Wirkung auf mich. Ich bin zu allem bereit. Er greift in mein langes blondes Haar und zieht meinen Kopf in den Nacken, sodass ich ihm in die Augen sehen muss. Ich spüre, wie sich meine Brustwarzen über den Rand des Korsetts heben. Er greift nach meiner linken Brust, zieht sie nach oben, tritt hinter mich. Mit beiden Händen hebt er beide Brüste aus dem Korsett und knetet meine prallen Nippel. Ich gebe ein leises Stöhnen von mir und sehe das Wohlwollen in seinem Gesicht. Er schlägt mich mit der flachen Hand erst auf die linke Brust, dann auf die rechte. »Lass uns einen anderen Ort aufsuchen, wo wir die Schlampe besser betrachten können«, befiehlt er und zieht mich an den Haaren auf die Füße. Die Arme weiterhin hinter dem Rücken verschränkt, folge ich den beiden Männern aus dem Raum. Meine Brüste stehen immer noch über den Rand des Korsetts hinaus. Wir gehen einige Stufen hinauf. Auf einem Treppenabsatz bleibt W. stehen.

»Komm hier herüber.« Ich stelle mich, wie ich es gelernt habe, mit leicht geöffneten Schenkeln und den Armen hinter dem Rücken vor die Wand, auf die er gedeutet hat, und sehe ihn erwartungsvoll an. Sein Gesicht weist einen leicht arroganten Ausdruck auf.

»Sag uns, für was du zu gebrauchen bist, junge Dame.«

Ich überlege kurz.

»Ich bin für alles zu gebrauchen, was Ihnen ein gutes Gefühl gibt, Herr«, sage ich. W. nickt zufrieden und zieht eine Augenbraue hoch, als ich mich nicht anschicke weiterzusprechen.

»Ich stehe hier vor Ihnen, weil ich zur Befriedigung Ihrer Fantasien dienen möchte, Herr«, fahre ich fort. »Weil ich genauso Ihrem Freund zu seiner Befriedigung dienen möchte, weil ich eine kleine, geile, unbeherrschte Schlampe bin. Ich will benutzt werden, ich will Besitz sein. Ich habe Geduld gelernt und Gehorsam, immerhin auch ein wenig Beherrschung und ich will noch mehr lernen.«

»Apropos Beherrschung.«

Seine Hand tastet sich zwischen meine Beine vor. Ein warmer Schauer durchläuft meinen Körper, als er mich heute zum ersten Mal dort berührt. Sein Finger schiebt sich zwischen meine nassen Schamlippen. Ich zucke dabei leicht zusammen, muss kurz die Augen schließen, um nicht schon jetzt die Beherrschung zu verlieren, beiße mir auf die Unterlippe und sehe ihn dann wieder an.

»Hast du das Verbot eingehalten, das ich dir für die letzten Tage auferlegt habe?« Ich nicke stumm. Ein kleines bisschen Trotz steigt in mir auf, doch ich senke den Blick wieder. Unsanft hebt er meinen Kopf.

»Ja, Herr«, presse ich hervor. Ganze fünf Tage lang durfte ich mich nicht befriedigen. Das passte mir überhaupt nicht und entsprechend geil bin ich heute. In schnell kreisenden Bewegungen beginnt er, nun auch noch meinen Kitzler zu massieren. Ich versuche, ihm zu entkommen, indem ich mein Becken ein wenig nach hinten kippe. Er ignoriert es.

»Was hast du noch gelernt?«, fragt er und es fällt mir sehr schwer weiterzusprechen. Die Geilheit überlagert meine Gedanken und er hört nicht auf, mich zu stimulieren. Auch W.s Freund sieht mich gespannt an und scheint auf meine Antwort zu warten.

»Ich habe gelernt«, zögere ich und atme hektisch ein Mal ein und wieder aus, »dass die Wünsche meines Herrn über meinen eigenen Bedürfnissen stehen.«

»Konkret?«

»Ich habe gelernt, zufrieden zu sein, ohne gefickt zu werden. Ich habe gelernt, mich nicht vor der Webcam selbst zu befriedigen. Ich habe gelernt, meine Orgasmen zu kontrollieren. Das ist aber immer noch schwer für mich. Sehr schwer.«

Ein wenig verzweifelt sehe ich W. an und er beginnt, leise zu lachen.

»Es ist eine Freude, dich derart leiden zu sehen«, sagt er und greift dabei in mein Haar. Er schlägt mich zwei Mal auf die Möse, zieht seine Hand ganz plötzlich zurück, leckt einmal über den Finger, der in mir gesteckt hat, und reibt mir meinen eigenen Saft unter die Nase. Jeder Atemzug erinnert mich an das Pochen in meinem Unterleib.

»Ich will ihren Arsch sehen«, sagt der andere Mann unvermittelt und W. nickt.

»Dreh dich um und tu, was er will.« Ich wende mich von den beiden ab und hebe den kurzen Rock über meinen Hintern. Als sie nicht reagieren, spreize ich die Beine etwas weiter. Fremde Hände legen sich auf meinen Hintern, tasten sich hinunter zu meiner Nässe und ich fühle, wie sich ein Finger in meinen Hintern schiebt. Mehrmals gleitet er heraus und wieder hinein und ich muss mich schwer konzentrieren, nicht laut aufzustöhnen, um nicht zu unbeherrscht zu wirken.

»Zieh die Arschbacken auseinander«, befiehlt der Fremde und nachdem ich Folge geleistet habe, schiebt er zwei Finger in mich. Nach kurzer Zeit tritt er zurück.

»Dreh dich um, knie nieder«, sagt er. Verlegen werfe ich meinen Kopf in den Nacken. Als ich aufrecht knie, hockt sich W. neben mich. Wieder beginnt er, unerbittlich in kreisenden Bewegungen meinen Kitzler zu massieren.

»Schau mich an.« Ich drehe den Kopf in seine Richtung. »Wenn du es schaffst, heute nicht die Beherrschung zu verlieren, wird mein Freund dich später ficken.« Ich darf nicht genauer darüber nachdenken, sonst ist es auf der Stelle vorbei mit meiner Beherrschung. Ich schlucke und nicke nur, während ich ihn mit verzweifeltem Blick ansehe.

»Wie lange bist du nicht mehr gefickt worden?«

»Knappe drei Monate, Herr.«

»Mh … da wird sich das notgeile Stück aber sicher freuen.« Er gibt mir eine schallende Ohrfeige.

»Schämst du dich nicht für deine Triebhaftigkeit?« Ich schüttle den Kopf. Meine Wange brennt.

»Mach die Beine breit und zeig uns dein Fötzchen.« Ich setze mich auf die Fersen und schiebe die Knie auseinander.

»Berühr dich.« Meine Hand tastet sich zwischen meine Beine. Ich spüre, dass ich immer mehr Gefahr laufe, die Beherrschung zu verlieren, weil ich es jetzt selbst in der Hand habe. Ich schiebe einen Finger in mich, ziehe ihn wieder heraus und streichle so vorsichtig wie es nur geht über meinen Kitzler.

»Weiter«, befiehlt W., »schneller.« Ich lasse meinen Finger kreisen und beginne, laut zu stöhnen. Mein Oberkörper sackt nach hinten. W.s Hand legt sich auf meinen Oberschenkel, tastet sich langsam nach unten zwischen meine Beine. Er schiebt seinen Mittelfinger in mich und beginnt, mich zu fingern. Jetzt übertrete ich die Grenze. Mein Hirn setzt aus, ich bin nur noch Gefühl, kann an nichts anderes mehr denken als an den erlösenden Orgasmus. Doch einen Sekundenbruchteil bevor ich zu zucken beginne, nimmt W. seinen Finger plötzlich aus mir und schlägt meine Hand zur Seite. Ich erwache aus meinem Rausch und sehe ihn halb reumütig, halb enttäuscht und immer noch schnell atmend an.

Nur wenige Augenblicke später habe ich mein Röckchen wieder zurechtgezogen und knie erneut aufrecht. W.s Freund tritt auf mich zu. Er zieht den Reißverschluss seiner Hose herunter und holt seinen bereits steifen Schwanz heraus. Er ist ziemlich groß und ich beginne zu würgen, als er mich am Hinterkopf nimmt und seinen Schwanz in meinen Mund drückt. Mehrmals stößt er mich schnell und tief in den Rachen, bevor er mich an den Haaren auf die Füße zieht.

»Steh auf«, sagt er, »und folge mir.« W. ist verschwunden, ich habe es nicht bemerkt. Wir gehen zwei Stockwerke hinauf in einen spärlich beleuchteten Raum. W. erwartet uns bereits. Ich fühle mich an den Dachboden meiner Großmutter erinnert. Dem Dach über uns fehlen einige Ziegel. Man kann von hier aus ins Freie sehen. Eine Leiter lehnt am Rand des Lochs. Es sieht so aus, als könne man von dort aus direkt hinauf in den Himmel steigen. Die Männer drängen mich in die Mitte des Raumes, legen mir Manschetten um die Handgelenke und fesseln mich mit den Händen an einen schrägen Dachbalken. Halb hänge ich, halb stehe ich da und fühle mich hilflos. W. greift zum Flogger mit den weichen Wildlederfransen. Den benutzt er immer, wenn er mich nicht bestrafen, sondern ausschließlich meine Geilheit steigern will. Schon oft haben mich die Schläge mit diesem Ding fast zum Orgasmus gebracht. Er beginnt, mich auf den Hintern zu schlagen. Jedes Mal, wenn er mich trifft, stöhne ich aufs Neue kurz auf. Auch auf die Brüste schlägt er mich.

»Wie ist das?«, fragt er zwischendurch.

»Schön, mein Herr.«

»Es sieht auch sehr schön aus.« Er lächelt zufrieden. Immer wieder zieht er mich zwischendurch an den Brustwarzen, er kneift mich dabei so stark, dass der Schmerz wie eine Welle durch meinen ganzen Körper fließt. Unsanft greift seine Hand zwischen meine Beine und ich bete, dass die Qual, die mir mein ungestilltes Verlangen verursacht, bald ein Ende haben wird. Ich bin mir wirklich nicht sicher, wie lange ich seine »Behandlung« noch aushalte.

Als er eine kleine Pause macht, geht er langsam um mich herum. Hinter mir bleibt er stehen, legt die weichen Lederfransen des Floggers um meinen Hals. Er zieht meinen Kopf nach hinten. Ich spüre sein Gesicht ganz nah an meinem, seinen Mund ganz nah an meinem Ohr. »Du bist genau die geile Schlampe, die ich mir immer gewünscht habe. Ich bin stolz auf dich und froh, dass ich dich habe«, flüstert er. Seine Stimme klingt so warm dabei und diese Worte tun mir so gut, dass ich die Tränen in mir aufsteigen spüre. Er dreht meinen Kopf in seine Richtung und dann küsst er mich. Seine Küsse sind so selten, dass ich mir jedes einzelne Mal wünsche, sie mögen nie enden. Nur um dieser Küsse willen wäre ich manchmal vielleicht doch gerne die Frau, die morgens neben ihm aufwacht und ihm den Kaffee ans Bett bringt. Als er sich von mir löst, sieht er mich immer noch zärtlich an. Ich betrachte seine grauen Augen. Seine Hand liegt unter meinem Kinn.

»Genieße es, so schnell wirst du keinen Schwanz mehr bekommen.« Mit diesen Worten lässt er mich stehen, dreht sich um und verlässt den Raum. Sehnsüchtig denke ich an den Moment, in dem ich seinen Schwanz bekommen werde. Vielleicht irgendwann in ferner Zukunft. Ich wünsche es mir sehr.

W.s Freund tritt nun aus dem Dunkel des Raumes hervor. Seine Hose steht immer noch offen. Mit der rechten Hand massiert er seinen steifen Schwanz, als er in aller Ruhe auf mich zukommt. Zwei Mal geht er um mich herum, betrachtet mich und zieht einen alten Tisch heran, der in der Ecke stand und den ich bisher nicht bemerkt habe. Ich setze mich breitbeinig darauf. Seine Hand findet ihren Weg zwischen meine Beine und zum wiederholten Male an diesem Nachmittag schiebt sich ein Finger in mich. Er tastet sich vor bis zu meiner empfindlichsten Stelle und ich kann es kaum aushalten, als er Druck darauf ausübt. Er löst meine Fesseln, greift nach meinen Beinen und zieht sie zu sich heran. Ich rutsche mit dem Hintern in seine Richtung und lege mich auf den Rücken.

Wie ein Käfer liege ich da, die Hände hinter dem Kopf verschränkt, damit ich ihn anblicken kann, die Beine angewinkelt in der Luft, breitbeinig. Seine Hand legt sich wieder auf seinen steifen Schwanz und ich weiß, dass er mich gleich berühren und sich in mich schieben wird. Ich liebe diesen kleinen Moment, wenn ich weiß, er wird es jede Sekunde tun. Ich liebe es, wenn Männer diesen Moment ein wenig hinauszögern, um meine Erwartung auszukosten und ich liebe den Moment, in dem ich immer ausatme, wenn ich spüre, dass der warme Schwanz mich berührt.

Ich sehe den Fremden immer noch an. Ich sehe und spüre, wie er leicht vor Aufregung und Erwartung zittert und dann ist es endlich so weit. Langsam kommt er in mich. Ich lege den Kopf in den Nacken und ein tiefes Stöhnen entweicht meiner Kehle. Dann ist er ganz drin. Er wartet einen kurzen Moment ab, dann beginnt er, sich zu bewegen. Viel zu lange habe ich dieses Gefühl nicht gehabt und ich habe es sehr vermisst. Vielleicht sollte ich W. das zumindest mal sagen. Langsam beginnt der Fremde, sich in mir zu bewegen. Ich spüre jeden Millimeter seines Schwanzes. Er ist so dick, dass er mich voll und ganz ausfüllt. Der Fremde greift nach meinen Brüsten, hält sich daran fest. Seine Finger graben sich in meine Oberschenkel und ich spüre, wie ich sehr schnell sehr eng werde. Doch er verhindert meinen herannahenden Orgasmus durch einen überraschenden Schlag ins Gesicht. Ich atme aus. Er bewegt sich jetzt schneller, drückt mit einem Finger auf meinen Kitzler, sodass meine Lust ein wenig gebremst wird. Einerseits quält es mich schon wieder, ich will endlich kommen, ich will endlich die Erlösung fühlen, doch andererseits macht mich alles, was er tut, immer nur noch geiler. Ich kann mich nicht erinnern, jemals zuvor in meinem Leben so intensive sexuelle Gefühle gehabt zu haben.

Plötzlich zieht er sich aus mir zurück. Seine Hand bewegt sich auf seinem Schwanz vor und zurück. Ich denke, er will mir zwischen die Beine spritzen und warte gespannt darauf, dass die warme Flüssigkeit auf meine Haut trifft. Doch da spüre ich, wie sich seine Hand auf meinen Venushügel legt. Er zieht die Haut so weit es geht nach oben und drückt sich in meinen Hintern. Erst langsam nehme ich ihn auf, entspanne mich nach einem kurzen Moment und dann ist er ganz schnell ganz tief in mir. Als er beginnt sich zu bewegen, befürchte ich, gleich ohnmächtig zu werden. Zusätzlich spüre ich, wie er seinen Finger in mich schiebt, wie er sich nach vorne tastet und Druck auf meinen G-Punkt ausübt. Ich öffne kurz die Augen, sehe ihn wie durch einen Schleier an. Für einen kurzen Moment ist es W., der mich da gerade in den Arsch fickt. Die bloße Vorstellung gibt mir den Rest. Innerhalb von Sekunden kann ich nicht mehr. Meine aufgestaute Geilheit, die ich über mehrere Tage nicht abbauen durfte, die noch gesteigert wurde durch die Erlebnisse der letzten Stunden, entlädt sich jetzt in einem gigantischen Orgasmus. Ich spüre ihn schon ziemlich früh herannahen.

Manchmal meint man, bereits Ewigkeiten vorher zu wissen, dass es bald so weit sein wird und dass man nichts mehr dagegen tun kann. Es kommt mir vor, als würde der Orgasmus mehrere Minuten dauern und ich weiß, dass ich nicht leise bin. Meine Schreie hallen von den kahlen Betonwänden des verlassenen Gebäudes wider. Je lauter ich werde, umso mehr heize ich mich selbst an und als der Höhepunkt vorüber ist, bleibe ich noch minutenlang schwer atmend auf dem Rücken liegen. Ich habe nicht gemerkt, wie er seinen Schwanz aus mir herausgezogen hat. Ebenso wenig ist mir aufgefallen, dass er mir auf den Bauch gespritzt hat. Erst jetzt, als sein Sperma auf meiner Haut trocknet, fällt mir auf, dass ich völlig verschmiert bin. Als ich zu mir komme, hat er seine Hose bereits wieder zugeknöpft.

Ich nehme die Beine zusammen, drehe mich auf die Seite und bleibe einfach auf der harten Tischplatte liegen. Ich höre, wie er den Raum verlässt, weiß nicht, ob W. heute noch einmal zu mir kommen wird, rolle mich einfach zusammen und wünsche mir, dass mich keiner stört. Ich bin unendlich glücklich und ich will dieses Gefühl auskosten, bis es langsam abklingt. Erst dann werde ich mich erheben, meine Kleidung so gut es geht in Ordnung bringen, meinen Mantel überziehen und auf dem Weg zur Straßenbahn wieder damit beginnen, mich an die normale Welt zu gewöhnen, in der ich normalerweise lebe und die mir nach solchen Sessions immer völlig absurd vorkommt.

*Marlene Burba*

# LIFT IT UP!

*Luna (24), jobbt nach ihrem BWL-Studium, München,*
*über*
*Johannes (25), Fahrradkurier, München*

Was mach ich eigentlich hier? Diese Frage stellte ich mir jedes Mal, wenn ich es wagte, auf die Uhr in der rechten Ecke meines Computers zu schielen. Oh nein, wieder erst zehn Minuten vergangen seit dem letzten Blick. Das gibt es doch nicht. Ich konzentrierte mich darauf, meine Augen offen zu halten und nicht mit meinem Kinn auf die Tischkante zu prallen. Es fiel mir nicht leicht. Obwohl ich mich körperlich nicht müde fühlte, hatte ich das Gefühl, vor innerlicher Müdigkeit zu vergehen. Ich raffte mich hoch, um mir meinen Weg vom Bürostuhl zur Kaffeemaschine zu bahnen. In Zeitlupentempo und in der Hoffnung, damit die nächsten fünf Minuten sinnvoll rumzubekommen.

»Bringst du mir 'nen Kaffee mit?«, fragte mich meine Kollegin Uta, die mir gegenübersaß.

»Klar«, knurrte ich und es war das erste Wort, das ich heute mit ihr wechselte. Mann, bist du unausstehlich geworden, seitdem du hier arbeitest, dachte ich auf dem Weg zur Kaffeeküche, bestückt mit zwei Kaffeetassen. Kaum hatte ich zwei Schritte auf den Flur gemacht, erhellte sich meine Laune um ein Vielfaches – denn da stand *er!* Der Grund, weshalb ich morgens überhaupt noch aus dem Bett kam, um in diesem miefigen grauen Büro mit Lamellenjalousien an den Fenstern, kratzigem Teppichboden und toten Zimmerpalmen in den Ecken meine Arbeit zu verrichten. Hier durfte ich täglich Hunderte Zahlen in eine Tabelle eintippen. Einfach verdientes Geld? Das dachte ich am ersten Tag auch, zumindest die ersten drei Minuten. Dann kam sie zum ersten Mal auf, die Frage: Was mach ich eigentlich hier? Und damit zurück zum Thema: *ihm*! Mit *ihm* meine ich natürlich nicht irgendein *ihm*, ich meine den *Ihm*. Den *Ihm*, der jeden Tag kurz vor Feierabend ins Büro kommt, um die letzten Unterlagen vorbeizubringen – in seiner hautengen Fahrradkurieruniform und mit seinem schnittig geformten Helm unterm Arm. Ich kannte seinen vollen Namen nicht, brauchte ich aber auch nicht. Für mich war er einfach nur »Fahrrad-Jo«. Der Name war nicht aus der Luft gegriffen, sondern einfach das Erste, was einem einfallen musste, wenn man Fahrrad-Jo ansah. Außerdem hieß Fahrrad-Jo mit Vornamen Johannes und sah aus wie ein Cowboy, hatte braun gebrannte Haut und dunkle Haare. In meinen Träumen ritt er auf seinem Fahrrad dem Sonnenuntergang entgegen – im Mundwinkel eine glühende Zigarette.

Und genau diese Tagträume mit Fahrrad-Jo waren es, die mich über den Tag retteten. Was hatten wir nicht alles angestellt in meiner Fantasie. Da lutschte ich Erdbeereis von seinen gepflegten Fingern, wir trieben es auf einem Leuchtturm in der Nordsee, auf dem wir die Lampe auswechseln mussten. Aber meine Lieblingsfantasie war noch immer, wie er mich hier auf der Damentoilette überraschte und mich von hinten an die Kabinentür drückte. Ich tauchte so sehr in meine Fantasiewelt ab, dass ich keinen Gedanken daran verschwendete, ob Fahrrad-Jo sich wirklich für mich interessierte, geschweige denn, ihn in der Realität anzusprechen. Warum auch? Ich wollte mir meine schönen Fantasien nicht nehmen lassen und hatte Angst, dass ich sie verlieren würde, wenn ich erst den wahren Fahrrad-Jo kennenlernte und sich herausstellen sollte, dass er stottert oder beim Reden spuckt.

Also machte ich weiter, beobachtete ihn heimlich und schenkte ihm dabei nicht mal ein Lächeln, wenn ich in die Kaffeeküche kam. Anders die anderen Weiber im Büro. Wie die Hühner gackerten sie um ihn herum. Kein Wunder, er war schließlich der mit Abstand bestaussehende Typ hier im Umkreis von zwanzig Kilometern. Er war wie der Coca-Cola-light-Mann, der schweißtriefend und atemberaubend sexy aus dem Fahrstuhl steigt und dem alle Frauen hinterhersabberten. Mich störte meine Konkurrenz weniger. Vielleicht, weil die Büromiezen alle 48 plus waren, vielleicht aber auch einfach, weil ich meinen Fahrrad-Jo ja jeden Abend in meinen Gedanken bei mir hatte. Aber reichte mir das wirklich?

Es war Freitag und ich hypnotisierte den Zeiger der Wanduhr. In zehn Minuten war Feierabend und die Aussicht aufs Wochenende fühlte sich gut an. Ich entspannte mich und nahm mir vor, mich am Wochenende endlich mal meinen Bewerbungen für eine neue Stelle zu widmen. Der Gedanke, irgendetwas zu tun, damit ich mich aus dem Büromief endlich verabschieden konnte, war heilsam. So heilsam, dass ich meinen Chef ein wenig zu freundlich anlächelte, als dieser den Kopf durch die Tür steckte:

»Kannst du bitte noch so lange hierbleiben, bis die Monteure den Kopierer repariert haben? Hier hast du den Schlüssel, bitte schließ sorgfältig ab und vergiss nicht, das Licht auszumachen. Es dauert sicher nur zehn Minuten.«

»Klar, mach ich doch glatt«, hörte ich mich sagen.

Einer nach dem anderen verließ das Büro und als ich endlich allein war, atmete ich befreit aus. Ruhe. Doch dann hörte ich die Handwerker im Nebenraum hantieren. Ich ging zum Fenster, um zwischen den Lamellen hindurch hinunter auf die Straße zu blicken. Es war schon dunkel und die Laternen gingen gerade an. Von Weitem sah ich einen Radfahrer näherkommen und erkannte im selben Moment, dass es mein Fahrrad-Jo war. Als mein Herz einen kleinen Sprung machte, fühlte ich mich ertappt und zurückversetzt in die neunte Klasse. Damals, als man seinem Schwarm im Schulflur auflauerte und schon einen Herzkollaps bekam, wenn man auch nur seinen besten Freund erblickte. Doch ich musste zugeben, es war ein schönes, spannendes Gefühl. Hinter den Lamellen fühlte ich mich sicher und konnte von meiner Position aus Fahrrad-Jo genau beobachten. Er fuhr auf unser Bürogebäude zu und verlangsamte seine Fahrt. Im Licht einer Laterne blieb er stehen. Lässig schwang er seine langen Beine vom Rad. Ich konnte von hier oben seine festen Pobacken erkennen. Fahrrad-Jo nahm seinen Helm ab und als er sich durchs Haar fuhr, blickte er nach oben. Eine Sekunde war mir, als würden wir uns direkt in die Augen schauen. Schnell ging ich einen Schritt zurück. Hat er gesehen, wie ich ihn beobachtet habe?

Ich ging zurück zu meinem Schreibtisch, doch mein Herz wollte nicht aufhören zu klopfen. Und ich wusste auch warum. Jeden Moment konnte Fahrrad-Jo aus dem Fahrstuhl steigen und ich war die Einzige im Büro, die ihm seine Unterlagen abnehmen konnte. Ich dachte daran, wie sich unsere Hände in diesem Moment berührten. Auf einmal merkte ich, dass ich es mir wünschte, dass Fahrrad-Jo heraufkam. Hierher zu mir. Über all meine Fantasien hatte ich verdrängt, dass mich der wahre Fahrrad-Jo mehr interessierte, als mir lieb war. Ich fuhr mir durchs Haar, leckte nervös über meine Lippen und starrte auf die Fahrstuhltür.

»Wir sind dann weg.« Ich zuckte zusammen, als sich die Monteure verabschiedeten – so sehr hatte ich mich auf die Fahrstuhltür konzentriert und auf das, was ich zu Fahrrad-Jo sagen wollte.

»Ja, danke. Und ein schönes Wochenende.«

Die Monteure knurrten irgendwas und verschwanden im Fahrstuhl. Nun war ich wirklich allein. Du kannst jetzt gehen, sagte ich zu mir selbst. Nein, ich bleibe lieber noch ein bisschen. Nur ganz langsam ging ich zu meinem Schreibtisch, um meine Tasche zu holen – ohne dabei die Tür des Fahrstuhls aus den Augen zu lassen. Das gibt es doch nicht. Wo ist er nur hin, fragte ich mich. Ich schüttelte den Kopf. Vergiss es einfach, der kommt nicht mehr.

Ich packte meine Sachen und drückte ungeduldig auf den Fahrstuhldrücker. In der letzten Sekunde dachte ich noch daran, das Licht auszuknipsen. Im Dunkeln wartete ich auf den Fahrstuhl. Es war absolut still. Offenbar war kein Mensch mehr im Gebäude. Komm schon, du blöder Fahrstuhl. Ich mochte die Dunkelheit nicht und fühlte mich etwas unwohl. Erleichtert atmete ich auf, als der Fahrstuhl endlich ankam. Schnell hüpfte ich in die Kabine und drückte auf das E für Erdgeschoss. Abrupt stoppte der Fahrstuhl aber schon in der zweiten Etage. Auf einmal stand Fahrrad-Jo direkt neben mir und grinste mich an.

»Hey, du.«

»Hey«, lächelte ich zurück.

»Ich kenn dich aus dem Büro in der Dritten«, sagte er zu mir und zeigte dabei ein unverschämt süßes Lächeln und eine Reihe weißer Zähne. Kein Stottern, kein Spucken. Sehr gut.

»Ja, kann schon sein«, sagte ich und streifte mir gekonnt lässig mein Haar zurück. Dabei kam ich mit meinem Ellenbogen an einen rot leuchtenden Knopf mit der Aufschrift »Stop«.

Der Fahrstuhl kam abrupt zum Stehen und wir wurden durchgeschüttelt. Ich verlor mein Gleichgewicht und prallte gegen Fahrrad-Jo. Das Licht flackerte, ging aus, wieder an und schlussendlich ganz aus. Sekunden später erhellte sich ein Notlicht, das die Fahrstuhlkabine in rötliche Farbe tauchte. Ich lehnte noch immer gegen Fahrrad-Jo, der mich festhielt, und wir schauten uns erstaunt an.

»Ups, was hab ich denn da wieder angestellt?« Lachend rappelte ich mich hoch.

»Du bist an diesen Stop-Knopf gekommen und jetzt klemmt der hier fest.« Fahrrad-Jo begutachtete die Knöpfe, machte aber keine großen Anstalten, den Knopf wieder in seine Ursprungsposition zu versetzen.

»Hm, und jetzt?« Auch ich machte keine großen Anstalten, den Stop-Knopf wieder zu entsperren. Mir sprang mein Herz fast aus der Brust und ich schickte Stoßgebete gen Himmel, dass der Aufzug genau da blieb, wo er war. Und wir mittendrin – ich und Fahrrad-Jo. Was für ein Glück. Ich seufzte. Fahrrad-Jo fasste das Seufzen anscheinend falsch auf und versuchte, mich zu beruhigen.

»Wir kommen hier schon raus, keine Angst. Du verpasst wohl ein Date heut Abend mit einem netten Typen ...«

»Ich ... äh. Na ja, ehrlich gesagt hatte ich heut Abend nichts vor. So schlimm ist es also nicht, dass wir hier festsitzen.« Ich versuchte, cool und gleichzeitig sexy zu sein – nicht unbedingt eine meiner Stärken. Fahrrad-Jo fing an, seine Jacke auszuziehen und legte seine Tasche ab.

»Puh, ganz schön heiß hier drinnen. Findest du nicht?«

»Ja, doch. Ziemlich heiß.« Ein Funkenschauer nach dem anderen lief mir über den Rücken. Mir war wirklich heiß, obwohl ich nicht sagen konnte, ob es an der Temperatur lag oder an der Tatsache, dass ich mit dem Typen aus meinen heißesten und versautesten Träumen mutterseelenallein im Fahrstuhl feststeckte.

»Tja, jetzt wo wir hier ja wahrscheinlich etwas länger festsitzen werden, kann ich mich ja mal vorstellen. Ich bin Johannes und du?«

»Ich heiße Luna«, sagte ich knapp.

»Luna – der Mond – sehr schöner Name!« Fahrrad-Jo schaute mir direkt in die Augen und ich hatte das Gefühl, meine Knie würden nachgeben.

»Also Jo«, wagte ich mich vor, »was machen wir denn jetzt so allein hier drin an einem Freitagabend?«

Johannes lachte, wahrscheinlich über das Jo, vielleicht auch über meinen eher erbärmlichen Anmachspruch.

»Tjaaa … hey, ich hab eine Idee.« Jo kramte in seiner großen Kuriertasche herum und holte zwei Flaschen Bier raus. »Die waren eigentlich für mich und meinen Kumpel bestimmt.«

Wir stießen an und grinsten dabei. Komischerweise machte keiner von uns Anstalten, diesen Fahrstuhl schnellstens wieder zu verlassen. Kurz kam mir der Gedanke, dass wir vielleicht das ganze Wochenende hier verbringen mussten. Doch ich schob ihn beiseite und konzentrierte mich auf den Moment. Das Bier tat gut und lief kühl meine Kehle hinab.

»Hm, schmeckt gut«, raunte ich. Weil ich noch nichts im Magen hatte, fühlte ich schon nach ein paar Schlucken die Wirkung des Alkohols. Vielleicht war es das, vielleicht aber auch die Tatsache, dass ich mir vorkam wie in einer meiner vielen alltäglichen Fantasien. Die Situation war mir nicht unbekannt und Fahrrad-Jo schon gar nicht.

In Gedanken hatte ich bereits hundert Mal seine Lippen geküsst, seinen Arsch zu mir gezogen, mich an ihn gedrückt. Und genau das wollte ich nun wirklich tun.

»Ich habe dich beobachtet.« Mein Mut war überschwänglich, aber ich wollte einfach das tun, worauf ich Lust hatte. Über keine Konsequenzen nachdenken. Jo schaute mich verdutzt an.

»Beobachtet? Du mich? Wann?«

»Immer. Immer wenn du in unserem Büro bist«, schmunzelte ich. Jo lächelte zurück, fast ein wenig verschämt.

»Ich beobachte dich auch. Aber ich dachte die ganze Zeit, du willst nichts von mir wissen, weil du mir immer nur die kalte Schulter zeigst.«

Ich beugte mich zu ihm. Die Fahrstuhlkabine war so eng, dass ich direkt neben ihm stand. Langsam schlang ich meinen Arm um seine Nacken und legte meine Lippen auf seine. Ich küsste ihn nicht, sondern wollte ihn nur schmecken. Langsam spürte ich, wie Jo seine Lippen anspannte und mich küsste. Seine zunächst zaghaften, weichen Küsse zogen mir den Boden unter den Füßen weg. Mir wurde schwindelig und ich blinzelte leicht mit einem Auge, um mich zu vergewissern, dass es gerade tatsächlich Jo war, den ich küsste. Als mir klar wurde, dass ich mich hier in keiner meiner Fantasien, sondern in der echten und wahren Wirklichkeit befand, durchfuhr es mich wie ein Blitz. Ich stöhnte laut auf. Lauter als ich eigentlich wollte. Mein Stöhnen schien für Jo eine Art Stichwort zu sein. Er packte mich, zog mich an sich und drang tief mit seiner Zunge in meinen Mund. Ich spürte ein Feuerwerk zwischen meinen Schenkeln. Wie wild knutschten wir. Jo schmeckte fremd und neu. Seine Küsse waren wie ein exotisches Geschmackserlebnis für mich und ich wollte mehr davon. Hastig begann ich, mit der einen Hand Jos Hose aufzuknöpfen und mit der anderen seinen Pullover hochzuschieben. Ich wollte seine Haut spüren. Aber Jo nahm meine Hände und hielt sie fest.

»Was ist los? Willst du nicht ...?« Statt einer Antwort drehte mich Jo mit einer Bewegung um und drückte mich gegen die Kabinenwand. Ich spürte seinen heißen Atem in meinem Nacken und seine Küsse auf meinem rechten Ohr. Beides Stellen, mit denen man mich absolut schwach machen konnte. Auf einmal spürte ich Jos Hand auf meinem Oberschenkel. Er schob meinen Rock

hoch und knetete kurz meinen Arsch. Dann schob er mir gleichzeitig seine Hand zwischen die Beine und den Mittelfinger seiner
anderen Hand in den Mund. Ich leckte genüsslich daran und
genoss das Gefühl seiner Berührungen zwischen meinen Beinen.
Sein feuchter Finger verschwand in meinem Höschen und streichelte vorsichtig meine Schamlippen. Ich konnte es gerade noch
unterdrücken, laut aufzuschreien. Langsam strich er meine Spalte
entlang und ließ sich dabei unendlich viel Zeit. Ganz gemächlich
schob er dann meine Schamlippen auseinander und streichelte
über meinen Kitzler. Ich drückte meinen Arsch gegen ihn und warf
vor Geilheit meinen Kopf in den Nacken. Ich war so feucht, dass
es mir die Beine entlanglief. Und auch bei Jo spürte ich einiges an
Regung. Ich drückte meinen Po gegen seinen Schwanz und spürte,
dass er absolut steif war. Von hinten griff ich in seine Hose und
umfasste seinen harten Schwanz. Jo stöhnte auf und ich spürte
ihn erbeben. Mit einem Handgriff hatte er seine Jeans und seine
Unterhose runtergezogen. Er drückte seinen Schwanz zwischen
meine Beine und ich spürte ihn durch mein Höschen.

»Hast du was dabei?«, fragte ich ihn hoffnungsvoll.

Jo brauchte eine Sekunde, bis er mich verstand, griff in seine
Hosentasche und zog ein Kondom hervor. Ich juchzte vor Glück
und konnte nicht anders, als mich zu ihm zu drehen und ihn zu
küssen.

»Nichts da, meine Schöne, du bleibst da, wo du bist.«

Wieder brauchte Jo nur eine Handbewegung, um mich um-
zudrehen. Ich genoss es, von ihm in diese Position geschoben
zu werden. Jo streifte sich das Kondom über und griff in mein
Höschen. Langsam ließ er es nach unten gleiten. Obwohl auch
er schon vor Geilheit fast platzte, ließ er sich qualvoll viel Zeit.
Langsam fasste er von hinten in meine feuchte Spalte und ließ
seine Hand weit nach hinten gleiten. Kurz berührte er mein Hin-
tertürchen. Ich bebte. Dann packte Jo meine Pobacken, zog mich
mit einem Ruck an sich ran und drängte seinen Schwanz tief in
mich. Ich stöhnte laut und zog Jo an seinen Haaren zu mir. Ich
wollte seine Zunge schmecken. Dann streckte ich Jo meinen Po

so weit entgegen, wie es ging. Er umfasste mich und stieß heftig zu. Aus seinen drängenden Stößen wurden kreisende Bewegungen, denen ich mit meinem Becken folgte. Sie brachten mich fast um den Verstand.

»Ich kann nicht mehr lange warten, ich komme gleich«, stöhnte Jo. Er griff mit seinen Händen nach meinem Becken und zog mich noch näher an sich heran. Seine Stöße wurden kürzer und fester. Ich ließ mich fallen und spürte meinen Höhepunkt heranrollen. Im selben Moment fragte ich mich: Wer stöhnt denn da so laut, als ich begriff, dass ich es war. Ich kam heftig und als Jo merkte, dass ich so weit war, stöhnte auch er laut auf.

Wir blieben noch einige Augenblicke umschlungen stehen. »Ich finde es ja ganz schön hier mit dir«, sagte ich, »aber willst du nicht noch einmal probieren, den Knopf zu reparieren?« Jo lachte.

»Na ja, groß reparieren braucht man da nichts, aber ehrlich gesagt habe ich es vorhin gar nicht richtig probiert.«

»Du Schuft!«, lachte ich. Jo brauchte nur wenige Augenblicke und der Stop-Knopf löste sich aus seiner sperrigen Lage. Dann drückte Jo das E und der Fahrstuhl bewegte sich. Draußen verabschiedeten wir uns kurz und als ich mich beim Weggehen noch mal umdrehte, zwinkerte er mir zu. Ein wunderbares Wochenende stand vor der Tür …

# BAD

*Carmen (36), Coach, Köln,*
*über*
*Torsten (31), Unternehmensberater, Koblenz*

Nach zweieinhalb Jahren Männerabstinenz wurde es langsam wieder Zeit für ein Abenteuer. Ich bemühte meinen Freund Google mit der Suche nach der passenden Plattform für mich. Portale, bei denen ich seitenweise Tests auszufüllen hatte, klickte ich sofort weiter. Dann stieß ich auf den Pleasure Club, eine erotische Plattform mit Stil. Das Design gefiel mir. Ich füllte mein Profil aus und fing an, mich ein wenig umzusehen. Beim Durchstöbern blieb ich an einem Typen hängen. Seine Selbstbeschreibung verriet sein Sternzeichen und dass er neu in der Stadt war. Kurz entschlossen schrieb ich ihn einfach an. Er schrieb zurück, witzig und interessant. Ziemlich schnell war klar, dass wir uns treffen wollten. Davor bestand ich jedoch darauf, erst einmal zu telefonieren. Christoph hatte eine wundervoll tiefe Stimme und was und wie er es sagte, begeisterte mich. Nur von der Optik betrachtet war er nicht mein Typ. Allerdings, was hieß das schon?

*

Mit Christoph hatte ich mich nun schon einige Male getroffen. Ich fand ihn spannend, da er in einer Welt zu Hause war, die mir nur vom Hörensagen bekannt war. Christoph machte keinen Hehl daraus, schon seit über zehn Jahren ein Swinger zu sein, und das obwohl er erst 35 war. Natürlich wusste ich, was man unter dem Begriff »Swinger« versteht, jedoch hatte ich bisher noch keinen kennengelernt. Christoph erzählte mir von verschiedenen Partys, die er immer wieder besuchte. Ich versuchte herauszufinden, was denn nun so Besonderes am Swingen war. Ich kam nicht darauf. Was ist so schön daran, mit wildfremden Personen Sex zu haben? Für mich hat Sex auch immer etwas mit *dem einen* Menschen zu tun. Besonders gut ist Sex sowieso erst, wenn man das Gefühl hat, man vögelt nicht nur den Körper, sondern auch den Geist. So weit zu meiner Einstellung.

Nichtsdestotrotz faszinierte mich Christoph mehr und mehr. Zum einen wollte ich Sex mit ihm haben und zum anderen einmal auf so einer Party gewesen sein. Dann bekam ich per Mail eine Einladung von Christoph zu einer privaten frivolen Party, die er jedes Jahr mit circa fünfzig teilnehmenden Gästen bei sich zu Hause veranstaltete. Das Motto der Party war »Schwere Jungs, leichte Mädchen«. Ein entsprechender Hinweis darauf, dass die Damen doch besonders verrucht und nuttig gekleidet sein sollten, war auch dabei. Völlig aufgeregt rief ich einen Freund an und erzählte ihm von der Einladung, in der Hoffnung, er würde mich begleiten. Leider schlug er mir stattdessen vor, einen Artikel über das Thema zu schreiben, den er dann in seinem Magazin veröffentlichen würde. Auf meiner ersten Swingerparty wollte ich nicht das Vertrauen des Gastgebers missbrauchen. Ich lehnte ab und bereitete mich innerlich darauf vor, mich allein in dieses Abenteuer zu stürzen.

Ich sagte Christoph zu und freute mich die ganze Woche auf die Party. Was würde mich erwarten? Ist die Devise beim Swingen nicht immer »alles kann, nichts muss«? Was würden da für Leute sein? Ein bisschen mulmig war mir schon zumute. Aber meine Neugier war viel größer als meine Bedenken. Und was sollte mir schon passieren? Wenn ich keinen Spaß haben würde, dann könnte ich einfach wieder gehen.

Das nächste Problem war mein Outfit. Ich mag mich und die Menschen, mit denen ich zu tun habe, gerne angezogen, um meiner Fantasie Nahrung zu geben. Bei meiner Recherche in diversen Shops fand ich allerdings nur Sachen, die kaum oder gar nichts verbargen. Ich bin sexuell bestimmt kein Mauerblümchen und habe mit Sicherheit schon das eine oder andere erlebt, aber das hier war neu für mich. Klar sagten mir Swingerclubs, Lack- und Lederfetische sowie diverse Neigungen etwas, allerdings hatte ich mich bisher immer schön an Dinge gehalten, die für mich eher der Normalität entsprachen. Meine Vorliebe für dominante Männer ist da wohl das Einzige, was aus der Reihe tanzt. Ich entschied mich letztendlich für einen schwarzen knielangen Rock, halterlose Netzstrümpfe, pinkfarbene High Heels und ein weißes T-Shirt mit einem Ausschnitt bis unter die Brust. Darunter zog ich einen schwarzen BH, glättete meine Haare und schminkte mir Smoky Eyes. Beim Blick in den Spiegel entschied ich, dass ich »nuttig« genug aussah.

Ich schnappte mir eine Flasche Wodka – jeder sollte eine mitbringen – und ließ mich von einer Freundin zu Christoph fahren. Kurz bevor ich klingelte, überlegte ich, ob ich einfach wieder umkehren sollte. War es die Aussicht, es eventuell mit Christoph zu treiben, wirklich wert, dass ich hier stand und mir völlig lächerlich vorkam? Mein Finger drückte den Klingelknopf und ehe ich's mir noch anders überlegen konnte, wurde mir schon geöffnet. Okay … ab jetzt gab es kein Zurück mehr. Eine nette Blondine in BH und Hotpants öffnete mir die Tür und begrüßte mich freundlich. Die Party war bereits in vollem Gange und so fiel mein Soloauftritt nicht auf. Christoph kam auf mich zu, küsste mich kurz und zeigte mir sein Büro, indem ich meine Sachen ablegen konnte. Die Flasche Wodka nahm er mir aus der Hand und führte mich an einen der Stehtische, an dem bereits ein Pärchen stand. Er stellte mich vor und ließ uns dann allein. Recht schnell kamen wir ins Gespräch. Die beiden erzählten mir, dass sie aus Hamburg kamen, weder Alkohol tranken noch rauchten, aber dafür ficken würden wie die Karnickel. Na danke, dachte ich, mit mir nicht, lächelte höflich und zog weiter. Für einen kurzen Moment fragte ich mich, wie jemand, der studiert hatte, so platt sein konnte. Dass sie beruflich erfolgreich waren und aus Diskretionsgründen ihre Namen nicht sagen wollten, banden sie mir auch auf die Nase. Leute gibt's …

Die Wohnung von Christoph ging über zwei Etagen und war wie ein Puff dekoriert: rot und plüschig – es herrschte eine warme und angenehme Atmosphäre. Unten lagen überall Matratzen und von oben war dieser Bereich aus verschiedenen Positionen gut einsehbar. Vom Büro aus hatte man einen direkten Blick auf das Bett, sodass man das Treiben unbemerkt beobachten konnte. Im oberen Bereich, in dem es Getränke und Essen gab, befand sich auch das Badezimmer.

Nach meinem ersten Kontakt-Fiasko ging ich zu Saskia, die mir die Tür geöffnet hatte, und unterhielt mich mit ihr. Ich erzählte ihr, dass dies meine erste Party dieser Art sei und wollte von ihr wissen, wie das so abliefe. Zu meiner Überraschung erzählte sie mir, dass sie nie auf diesen Partys Sex hätte. Sie käme immer nur zum Tanzen und Feiern. Tom, der sich um die Getränke kümmerte, kam zu uns und auch er erwähnte, dass er auf solchen Veranstaltungen keinen Sex hätte. Die beiden waren mir äußerst sympathisch, wir tranken Bacardi-Cola und unterhielten uns angeregt.

Christoph sah ich nur ab und zu, die meiste Zeit hielt er sich draußen auf der Terrasse auf. Anfangs dachte ich noch, dass ich mit ihm heute Sex haben würde, aber von Minute zu Minute zerschlug sich dieses Vorhaben immer mehr. Ich hatte schlichtweg keine Lust mehr auf ihn. Wie konnte etwas, das so ausschließlich auf Sex ausgerichtet war, so dermaßen unerotisch sein? Ich beobachtete die Leute und stellte fest, dass ich diejenige war, die am meisten anhatte. Die Damen waren überwiegend in Unterwäsche gekleidet, die Herren in Polizeiuniformen und Banditenoutfits. Es war eine bunte Mischung, die – je mehr Alkohol floss – immer ausgelassener wurde. Hände wanderten zwischen Schenkel, Richtung Busen und auf Pos. Die ersten begaben sich schon in die untere Etage und fingen an, miteinander zu spielen. Aus dem Augenwinkel konnte ich ein Pärchen beobachten, das es miteinander trieb. Normalerweise finde ich solche Szenen erregend, diese hier war es nicht. Die beiden waren zwar sehr attraktiv, jedoch kam irgendwie nichts rüber.

Tom sorgte immer dafür, dass mein Glas gefüllt war. Ich hatte mich schon lange nicht mehr so gut amüsiert und unterhalten –

und das ironischerweise auf einer Sexparty ganz ohne Sex. Die Musik wurde immer lauter und je mehr ich getrunken hatte, umso lockerer wurde ich. Im Getümmel fiel mir ein Typ auf, der aus dem Büro kam. Wie man unschwer hören konnte, ging es dort richtig zur Sache. Als er an mir vorbeilief, dachte ich mir: Okay, der ist bereits gekommen. Er sah ziemlich abgekämpft aus.

Einige Zeit später stand er mir gegenüber, ich lächelte ihn an und sagte: »Hey, du hattest heute ja schon deinen Spaß.« Er grinste zurück und erwiderte: »Wieso?« – »Na weil du doch schon gekommen bist.« Er lachte und sagte: »Nein, das bin ich nicht.« Wir verstanden uns auf Anhieb. Torsten, so hieß er, erinnerte mich an einen Freund, sowohl vom Aussehen als auch von der Art und Weise, wie er sprach. Er war einer von den Männern, die einen angenehm drahtigen Körper haben. Groß, muskulös, nicht zu dünn und nicht zu massig. Sein Gesicht hatte markante Züge, die mir bei Männern immer besonders gefallen. Er war kein Typ, der einem sofort auffiel, seine Schönheit war eher subtil. Wenn er sprach, blitzten seine dunklen Augen und sein Lächeln ließ einem die Knie weich werden.

Ich nutzte die Gelegenheit und fragte ihn, wie er auf diese Party kam. Er erzählte mir, dass er, wie die meisten hier, schon seit Jahren in der Szene unterwegs war. Man kannte sich einfach. Ich konnte mir nicht verkneifen zu fragen, wo denn bei dem Ganzen der Reiz lag: alles auf dem Silbertablett präsentiert zu bekommen? Sich ohne Diskussion nehmen zu können, was man wollte? War das wirklich etwas, was das Menschenherz höher schlagen lässt?

»Na ja«, meinte er, »wirklich erregt hat mich heute Abend noch nichts, aber die Leute sind nett, die Musik ist gut und wer weiß, was noch kommt.«

Außer einem verschmitzten »aha« brachte ich nichts heraus. Torsten flirtete mit mir, aber auf eine charmante, unaufdringliche Art und Weise. Nach einiger Zeit entschieden wir uns, einmal nach unten zu gehen, da es oben mittlerweile unerträglich heiß geworden war. Wir stiegen die Treppe hinab und sahen, dass sich einige Pärchen vergnügten. Auf der Couch war noch Platz und so setzten beziehungsweise legten wir uns darauf. Neben uns waren zwei Frauen damit beschäftigt, ihre Zungen über den Körper der jeweils anderen gleiten zu lassen. Ein Mann leckte eine von beiden. Torsten und mich störte das nicht im Geringsten. Wir unterhielten uns angeregt weiter, als wäre es das Normalste der Welt. Dann musste ich auf die Toilette und – warum auch immer – hörte mich Torsten fragen, ob er mit ins Bad käme. Ab und an, wenn ich etwas getrunken habe, komme ich auf solch seltsame Ideen ... völlig ohne Hintergedanken, versteht sich.

Um zum Badezimmer zu gelangen, mussten wir durch die Menschenmassen hindurch und somit blieb es natürlich nicht unbemerkt, dass Torsten mich begleitete. Ich drehte den Schlüssel im Schloss um, weil ich meine Ruhe wollte. Mein Instinkt sagte mir, dass auf so einer Party alles möglich wäre. Ich zog meinen Rock hoch, setzte mich auf die Toilette und die Enden meiner halterlosen Strümpfe blitzten hervor. Torsten stand mit verschränkten Armen mir gegenüber ans Waschbecken gelehnt und schaute mir zu. Ich genoss für einen Augenblick die Ruhe und – auch wenn man es sich nicht vorstellen kann – das grelle Neonlicht. Ich grinste ihn an und er stand einfach nur da und beobachtete mich. Als ich fertig war, trat Torsten einen Schritt zur Seite, ohne den Blick von mir abzuwenden. Ich stand auf, ging zum Waschbecken und blickte in den Spiegel. Klar, nach so vielen Stunden auf einer Party ist schön etwas anderes. Aber es störte mich nicht. Mein Make-up löste sich langsam auf und meine dunkel geschminkten Augen sahen aus wie die eines Zombies.

Ich drehte den Wasserhahn auf, mein Blick ruhte nach wie vor auf meinem Spiegelbild. Torsten schmiegte sich von hinten an mich und ich spürte seinen Ständer. Seine Hände stützte er rechts und links auf dem Becken ab. Dies ist der erotischste Moment des ganzen Abends, ging es mir durch den Kopf. Er fing an, meinen Nacken zu küssen und ich beobachte uns weiter im Spiegel. Meine Hand wanderte nach hinten zu seinem Schwanz und massierte ihn durch seine Hose. Ein leises Stöhnen kam über seine Lippen. Mit der anderen Hand zog ich meinen Rock hoch und presste mich gegen ihn. Er zog den Reißverschluss seiner Hose auf, nahm seinen Schwanz in die Hand und fuhr langsam mit der Hand auf und ab. Dann griff ich nach seinem Schwanz und spürte, wie er noch größer wurde. Torsten zog ein Kondom aus seiner Tasche, rollte es über seinen Schwanz und drang einfach in mich ein. Er fühlte sich gut an. Mit kräftigen Stößen fickte er mich, während ich unserem Spiegelbild zusah. Es machte mich alles wahnsinnig an … das Bad mit dieser grellen Beleuchtung … das Wissen, dass vor der Tür die Leute versuchten, genau diesen Moment zu erhaschen, um gefickt zu werden. Torstens Hand suchte sich den Weg zwischen meine Beine und seine Finger massierten geschickt meinen Kitzler. Dabei flüsterte er mir ins Ohr: »Süße, wie nass du bist.« Dieser Satz und sein Schwanz in mir ließen mich nach wenigen Augenblicken kommen. Er stieß noch zweimal heftig zu und kam dann auch. Grinsend zog ich meinen Rock nach unten und er seinen Reißverschluss nach oben. Zu meinem Spiegelbild sagte Torsten: »Das war mal richtig geil.«

Wir kamen aus dem Badezimmer, als wenn nichts gewesen wäre. Torsten verließ danach die Party. Ich holte mir noch etwas zu trinken und setzte mich auf eine Bank. Mein Blick schweifte durch den Raum und dabei wurde mir bewusst, dass ich niemals ein Swinger sein würde. All die Möglichkeiten, die sich hier boten, waren nun mal nichts gegen Sex mit jemandem, den man mag. Mit dem man das Gefühl hat, eine Verbindung zu haben. Es braucht dazu einfach mehr als nur eine Ansammlung von Menschen, die bereit sind, alles Mögliche zu tun. Sex, das wurde mir in diesem Moment schlagartig klar, ist eine Geschichte für zwei und nicht für viele und damit konnte ich wunderbar leben. Bevor Torsten ging, war klar, dass wir uns wiedersehen würden und das hatte nichts mit Swingen zu tun …

*Alexandra Newski*

# ICH WERDE DICH LIEBEN

*Nike W. (23), Studentin, Berlin,*
*über*
*Ernesto Miguel L. (26), Student, London*

Nun war ich endlich angekommen, in der modernsten, groß-
artigsten und meistbesuchten Stadt Europas – London. Ich
war noch ganz benebelt vom frühen Aufstehen am Morgen und
dem Flug, würde jedoch keine Zeit zum Ausruhen haben. Die Stadt
pulsierte und die neuen Eindrücke rasten nur so an mir vorbei: Alle
Leute schienen zu telefonieren und wenn sie nicht telefonierten,
dann hetzten sie durch die Straßen, um schnell noch die U-Bahn zu
erwischen. Diese Stadt ist einfach durchgeknallt, dachte ich, und
ich liebe es. Ich hatte Semesterferien und nutzte die Gelegenheit,
für vier Tage dem Alltag in Berlin zu entfliehen. Außerdem wollte
ich einen Bekannten besuchen, den ich letztes Jahr während meines
Auslandssemesters in London kennengelernt hatte.

Damals hatten wir uns nur ein paar Mal kurz unterhalten.
Es hatte sich leider nie eine Gelegenheit ergeben, ihn näher
kennenzulernen. Unsere Freundschaft entwickelte sich erst, als
ich London bereits verlassen hatte und in Berlin studierte. Wir
chatteten viel, schrieben einander endlos lange E-Mails und
tauschten Erfahrungen aus.

Sein südländisches Äußeres, das dazugehörige Temperament
und die interessante Biografie fand ich sehr anziehend. Er war
ein gebürtiger Brasilianer, der in Portugal aufgewachsen war und
jetzt in London seinen MBA machte. Außerdem war sein Englisch
exzellent und ich nutzte unseren Schriftverkehr auch, um meine
Sprachkenntnisse aufzufrischen.

Der Bus kutschierte mich vom Flughafen ins Zentrum und von dort nahm ich die U-Bahn zum Piccadilly Circus. Ernesto und ich waren erst abends verabredet und so nutzte ich den Tag für mich. Ich schlief ein wenig im Hotel, nahm eine Dusche und spazierte danach allein in die Stadt.

Ein unbeschreibliches Gefühl erfasste mich, als ich durch die Straßen schlenderte. Hier, weit weg von zu Hause, von Freunden und Bekannten, konnte ich alles machen, worauf ich Lust hatte und keiner würde es erfahren oder darüber urteilen. Ich konnte aus meinem alltäglichen Leben ausbrechen und, für ein paar Tage, jemand anderer sein. Ich saß den Nachmittag über in einem Café, beobachtete Menschen durch die Glasscheibe und wartete auf den Abend. Dieses Warten war aber keine Zeitverschwendung, nein, nicht in London. Das Warten war etwas Besonderes, denn nirgendwo sonst begegnet man mehr Zeitstil und aufsehenerregenden Dingen als in dieser Stadt.

Erfüllt von einer Mischung aus Ungewissheit und Nervosität, erwartete ich Ernesto zu vereinbarter Zeit nahe Marble Arch. Vielleicht würde er gar nicht kommen. Wer weiß, vielleicht hatte er es sich anders überlegt, sich umentschieden. Immerhin hatten wir bisher nur gechattet – wir kannten einander kaum. Was erwartete ich überhaupt von diesem Treffen? Das wusste ich selbst nicht. Ernesto schätzte ich als einen klugen, lebenserfahrenen jungen Mann. Es war eine Bereicherung, so einen Menschen zu kennen.

Ich wusste nicht, ob unsere Begegnung als Bettgeschichte enden würde. Aber ich hatte unter der Dusche prophylaktisch meine Achseln rasiert und meinen Körper mit duftender Lotion eingecremt. Man kann nie wissen, wohin ein Treffen mit einem Mann führt, wenn man für ihn Zuneigung empfindet.

Meine flüchtige Bekanntschaft vom letzten Jahr ließ mich warten. Ich stand nervös da und rauchte einen Zigarillo. Leute gingen an mir vorüber und niemand beachtete mich. Und plötzlich sah ich ihn, er kam mit einem frechen Lächeln auf mich zu. Sein Grinsen verriet mir seinen aufgeregten Gemütszustand. Als ob er mich wortlos fragen würde: »Was erwartest du von mir? Ich kenne dich kaum, aber ich bin neugierig auf unsere Verabredung.«

Ernesto schien erleichtert zu sein, dass ich das Gespräch anfing und die Konversation am Laufen hielt. Mit einer Person zu chatten, ist etwas ganz anderes als eine Begegnung im wahren Leben. Unser Gespräch verlief zuerst stockend, dann zunehmend reger und heiterer. Wir spazierten durch die dämmrige Stadt und ich erkannte an den Fassaden der Häuser bald, dass wir in Soho waren. Ernesto lud mich in eine Bar auf der Greek Street ein und wir saßen ganz nah beieinander und erzählten und erzählten …

Ich trank bereits den dritten Caipirinha und wurde immer lustiger. »Ich liebe dein blondes Haar und deine weiche Haut«, sagte er. Das ist bestimmt so, weil du optisch mein genaues Gegenteil bist, dachte ich mir, als ich seine dunklen Haare und die braunen aufmerksamen Augen beobachtete. Gegensätze ziehen sich an, das war an unserem Beispiel ganz klar zu erkennen. Denn ich musste zugeben: Sein leicht brauner Teint und sein südländisches Aussehen faszinierten mich.

An diesem Abend war ich unheimlich witzig und charmant. Ich spürte, dass er mich sexy findet und mich begehrt. Dies befreite mich von jeglichen Hemmungen und ich lachte, flirtete ganz offen mit ihm und fühlte mich unbeschreiblich weiblich. Ich beugte mich oft zu ihm herüber, um bei der lauten Musik und dem Menschenlärm seine Worte verstehen zu können. Er umarmte mich oft und machte mir Komplimente. Ich war ziemlich angeheitert und so richtig in meinem Element. Beim Tanzen kamen wir uns sehr nah, sodass ich seinen Körperduft spüren konnte. Und dann passierte es. Ich tanzte gerade mit dem Rücken zu ihm, da zog er mich an seine Brust und küsste mich. Erst ganz sanft auf die Wange, dann auf das Ohr und dann schließlich auf den Mund.

Ich muss schon zugeben, dass es der sanfteste und weichste Kuss war, den ich je bekommen hatte. Seine Lippen waren so warm und weich, nicht drängend, fast schon zurückhaltend, dass ich mich kaum beherrschen konnte. Immer wieder küsste er mich und so standen wir auf der Tanzfläche und vergaßen alles um uns herum. Es war irgendwie unverschämt und doch absolut richtig, dass er mich so spontan küsste und gar nicht gefragt hatte. Es war nur ein Kuss, aber ich fing an, mir vorzustellen, wie der Sex mit ihm sein könnte. Wahrscheinlich ist der Sex genauso gut, dachte ich.

Nach einer Weile – ich hatte vollkommen das Zeitgefühl verloren – brannten meine Lippen von seinen Küssen. Wir verließen die Bar. Ich wollte kurz an meinen Zigarillo ziehen und frische Luft schnappen. Ein wenig komisch kam es mir vor, dass er mich nicht zu sich nach Hause einlud. Ich wollte Ernesto aber auch nicht zu mir einladen. Er sollte schon selbst auf die Idee kommen, mich zu fragen. Wann fragt er mich denn endlich, zerbrach ich mir den Kopf, als wir rauchten.

Ernesto hatte Hunger. Es war zwar schon längst nach Mitternacht, die Straßen waren aber immer noch überfüllt. Wo man auch hinging, waren Menschenmassen unterwegs. Wir hielten bei einer kleinen indischen Imbissbude an und Ernesto schnappte sich drei Burger und eine Cola light. Ich war beeindruckt. Bis zu diesem Moment hatte ich nie einen Mann so sein Essen verschlingen sehen wie Ernesto. Er stopfte einen halben Burger in sich hinein und erstickte beinahe an jedem Bissen. Dabei klopfte er mit der Faust auf seine Brust, um den Rest noch hinunterzuschlucken. Wie gesagt, ich war sichtlich und mächtig beeindruckt und konnte selbst kein Essen anrühren. Wie war das noch, wie ein Mann isst, so liebt er?! Egal, ich hab ja auch nicht die besten Manieren.

Wir entschieden uns, ein wenig in der Stadt spazieren zu gehen. Die Straßen außerhalb von London-Mitte wurden immer leerer. Ich schmiegte mich an seine Schulter und schlang meinen Arm um seine Hüfte. In diesem Moment wurde mir bewusst, dass morgen alles ganz anders sein würde und dass heute sich nicht mehr wiederholen würde. Ich sollte den Moment nutzen, sonst werde ich es bereuen, dachte ich. »Lass uns zu dir gehen«, sagte ich und wir eilten zu seinem Studentenwohnheim. Ich merkte unterschwellig, dass meine Direktheit ihn ein wenig überraschte. Vielleicht war er nicht gewohnt, jemanden so schnell nach Hause mitzunehmen.

Oder er war der Typ Mann, der selbst entschied, wo es langgeht, und jetzt sah alles danach aus, dass ich ihn abschleppte.

Er gefiel mir sehr. Seine Männlichkeit war erregend und machte mich schwach. Vielleicht war es sein athletischer Körper oder die dunklen, widerspenstigen Haare oder vielleicht sein weicher, zärtlicher Kuss, der mich so anmachte. Ich muss dazu sagen, es passiert mir nicht gerade oft, dass ich jemanden so attraktiv finde.

Sein Zimmer in der Wohngemeinschaft war circa acht Quadratmeter klein. Ernesto gab mir ein Zeichen, dass ich leise sein sollte, weil alle schon schliefen. Da ich immer noch leicht angetrunken war, fand ich es lustig und musste mich beherrschen, um nicht laut loszulachen. Wir waren doch hier nicht zu Hause bei seinen Eltern, sondern in einer Wohngemeinschaft junger Männer! Ich wollte gar nicht wissen, wie viele Frauen schon in diesen Betten gelegen hatten. Ernesto schlich sich vorsichtig in sein Zimmer. Er hatte wirklich Angst, jemanden aufzuwecken. Er fuhr den Computer hoch, machte leise Musik an und … knipste das Licht aus! Musste das sein? Ich war erstaunt. Manchmal bin ich auch ein wenig schüchtern, doch beim Sex will ich alles sehen. Ich will ihn anschauen können und sehen, wie er beim Sex aussieht. Der Monitor seines Computers leuchtete blau und dieses schwache Licht reichte aus, um etwas zu sehen.

Er zog sich aus und behielt seine Shorts an. Seine Unterhose spannte über seinem erigierten Glied so sehr, dass ich sie ihm am liebsten heruntergezogen und ihm einen geblasen hätte. Ich steckte neugierig meine Hand in seine Shorts. Sein Schwanz! Er war ein Riesending. Nicht, dass ich nur auf große Schwänze stehe, aber ich ziehe sie kleineren Schwänzen vor.

Er küsste zärtlich meine Lenden und streichelte meine Brustwarzen. Dann drückte er ganz sanft meine Nippel zusammen und leckte sie. Mir wurde auf einmal ganz schwindlig, ich fühlte mich wie in Trance. Die Lust überwältigte mich und ich führte seinen Schwanz in mich ein. Es war herrlich, ich spürte sein Verlangen nach mir, seine Macht über mich, obwohl ich oben war, und ich fühlte, wie seine Hände meinen Arsch packten und langsam anfingen, mich hin und her zu bewegen. Es war verrucht und unwiderstehlich erotisch.

Ernesto mochte ungewöhnliche Stellungen. Er legte mich mit dem Rücken auf seine Brust und nahm mich in dieser Position. Seine Hände zogen meine Oberschenkel auseinander, er benetzte einen Finger mit Speichel und glitt damit vorsichtig über meinen Kitzler. Im Bett mochte er es zu dominieren, er führte mich buchstäblich zum Orgasmus und wollte, dass ich passiv bleibe. Es bereitete ihm viel mehr Vergnügen zu sehen, wie ich den Sex mit ihm genoss. Er spürte wohl meine völlige Hingabe und mein unbegrenztes Verlangen nach ihm. Gleichzeitig erwartete und liebte er meine Zärtlichkeiten und meine Bereitschaft, alles mitzumachen, was er verlangte.

Ich kam mehrmals. Ich fragte mich sogar, ob so eine enorme Ausdauer normal sei. Zwar stoppte ich nicht die Zeit wie beim Marathonlauf, jedoch schien mir der Sex schon stundenlang zu dauern. Ich verstehe gar nichts von Männern, dachte ich. Mit jedem neuen Mann im Bett ist es anders als mit seinem Vorgänger. Ich genoss den Sex, keine Frage, und irgendetwas sagte mir, dass er selbst von seinem »Stehvermögen« überrascht war.

Ernesto hörte auf, als er merkte, dass ich mich vollkommen befriedigt in die Kissen fallen ließ und fast einschlief. Er küsste mich sanft auf mein Ohr und sagte, ich solle es mir gemütlich machen, er würde gleich wieder zu mir ins Bett kommen. Ich setzte mich schwankend auf und rauchte meinen Zigarillo.

Es ist wie im Film, dachte ich und musste lachen: Ernesto saß auf der Bettkante und sah runter auf sein bestes Stück. Es war ein wortloser Dialog zwischen einem Mann und seinem besten Kumpel – und es schien, als wären sie heute gar nicht einer Meinung.

Ich küsste zärtlich seinen Nacken und spielte mit den Härchen um seinen Bauchnabel. Sie waren noch feucht und mit lauter winzig kleinen Schweißperlen bedeckt. Der Geruch seiner Haut zog mich förmlich an und ich merkte, wie ich langsam meinen Kopf in Richtung seines noch erigierten Gliedes bewegte. Er legte mir sanft seine Hand auf den Kopf und strich langsam über mein

Haar, meinen Hals und meinen Rücken. Ich konnte meine Gier nicht mehr zurückhalten, noch nie habe ich einen Penis mit so viel Leidenschaft und Begierde befriedigt. Ich küsste sanft seine Eichel, fuhr mit meiner Zunge Richtung Hoden und nahm ihn voll und ganz in meinen Mund. Es war schön und zugleich erregend, Ernesto zu befriedigen. Auf einmal hielt er inne. Er hob meinen Kopf, küsste mich auf den Mund und dann kamen diese Worte, die mir bis heute die Knie weich werden lassen: »Das, was wir bis jetzt gemacht haben, war Ficken, ich möchte dich aber lieben.«

Ich ließ mich augenblicklich fallen. Ernesto war weder grob noch ungestüm, nein, er war noch viel zärtlicher und liebevoller als zuvor. Er nahm mich beherrscht und ruhig in seine Arme und ließ sein Glied vorsichtig in meinen Po gleiten. Jetzt erinnerte ich mich plötzlich wieder an das Wort: »lieben«.

Möglicherweise hätte ich unter anderen Umständen Analverkehr abgelehnt, doch in diesem Moment war es für mich genau das, was Ernesto mit seinen Worten ausdrücken wollte. Es war »lieben«, aber es fühlte sich tausend Mal näher und vertrauter an, als ich es je zuvor empfunden hatte. Das Ungewohnte dabei war, mich in diesem Moment auf ihn einzulassen und ihm komplett zu vertrauen. Er hielt mich ganz fest umklammert und küsste vorsichtig mein Ohrläppchen und meinen Nacken, während er in mir kam.

Es war einer dieser schönen Momente, an die ich mich noch lange erinnern werde. Viele intime Details aus diesem Treffen werden bestimmt mit der Zeit in meiner Erinnerung verblassen, doch wenn ich an diese Worte denke, fühle ich wieder diese unglaubliche Wollust in mir aufsteigen und dann kann ich nur die Augen schließen …

Christiane Hagn

# Reiselust Ecuador – ein Tagebuch

*Anne Lenz (21), Abiturientin, München,*
*über*
*Fabian León (20), Eisverkäufer, Chillanes/Ecuador*

**1. TAG:** München – London. London – Miami. Miami – Quito. 22 Stunden unterwegs. Zweimal umsteigen, sechsmal im Flugzeug essen, achtmal aufs Klo gehen, nullmal kotzen. Ankunft 22 Uhr 30 Ortszeit. Bin im »Crossroad-Hostel«. Fünf Dollar das Einzelzimmer, inklusive bewaffneter Nachtwache.

Habe jeglichen Sinn für Raum und Zeit verloren. Die Höhenlage macht mir zu schaffen. Ich lege mich mit den Füßen zur verschimmelten Wand. Geldbeutel in meiner Unterhose, Taschenmesser unter dem Kopfkissen, Kissen unter dem Kopf, Kopf voller Gedanken. Hunde kläffen, Autos hupen. Vor dem Einschlafen ein kurzes Stoßgebet: »Lieber Gott, bitte mach, dass ich nicht vergewaltigt werde!«

PS: Ich habe von David geträumt. Er hatte einen überdimensional großen, fast haushohen Penis, den er mühsam hinter sich her schleifte. Ein Wunschtraum?

**2. TAG:** Um sechs Uhr geht hier die Sonne auf. Ich spüre immer noch die Höhenlage und traue mich nicht aufzustehen. Ich bin in Südamerika! Nicht zu fassen. Ich bin auf der anderen Seite der Erdkugel, mutterseelenallein, ohne ihn. Ich war selten irgendwo ohne ihn. Aber mit ihm bin ich auch nicht weit gekommen. Vielleicht packt ihn ja das Reisefieber mit ihr, seiner neuen Freundin.

Seine neue Freundin – das klingt komisch. Claudia Schmidt. Eine Frau, so außergewöhnlich wie ihr Name. Eine langweilige, blöde, verhungerte, drogenabhängige Partykuh! Aber David macht jetzt Urlaubsplanung mit Claudi. Claudi ist cool. Viel cooler als ich. Sie isst Fleisch, trinkt Bier und motzt nicht dauernd rum. Auch dann nicht, wenn er mal wieder viel zu spät ist oder sie mit leerem Tank auf der Autobahn liegen bleiben, weil das Benzin dann doch nicht mehr gereicht hat. Claudi raucht dann erst mal eine oder einen und will in den Arsch gefickt werden. Ich wollte nie Arsch ficken. Ach und Urlaub? Das ist eh klar. »Ab an den Gardasee oder nach Italien! Was, der Gardasee ist in Italien? Wie auch immer, Hauptsache wir sind zusammen!« Und dann kochen sie mit Papis Gaskocher und trinken Rotwein im Mondlicht. Bis sie beschwipst Liebe machen. Oder doch besser Arsch ficken, weil Claudi so strunzblöd ist und immer die Pille vergisst.

Ich schwitze und versuche, den Griff um das Taschenmesser zu lockern. David fehlt mir. Sogar unser schlechter Sex fehlt mir. Schnell den Schlafsack wieder einrollen, den Kloß im Hals hinunterschlucken, bevor ich daran ersticke, und endlich raus in die neue Welt!

Ich bin völlig reizüberflutet. Quito ist schmutzig, laut und fremd. Ich will ans Meer. Mit 15 Kilo Gepäck und zweihundert Dollar in der Tasche kämpfe ich mich zum Busbahnhof durch. Wehre Schuhputzer und Bettelkinder ab, die sich an meinem T-Shirt festhalten. Die Entscheidung fällt auf den nächsten Bus nach Santo Domingo und ich bekomme einen seltsamen Blick zugeworfen, als ich bei dem Ticketverkäufer nur einen Fahrschein kaufe. »Un billete, por favor!« – »Uno?« – »Si, uno, oder willst du mitkommen?«

Vier Stunden wahnsinnig schöne Busfahrt über die Anden. Alles ist riesig und grün. Bus fahren ist lebensgefährlich, aber Zähne putzen auch. Heute Morgen habe ich vergessen, das Wasser nicht zu schlucken. Macht der Gewohnheit. Ha! Ob Claudi auch so gerne bläst?

Santo Domingo habe ich mir anders vorgestellt. Das Meer ist noch lange nicht in Sicht und man atmet pure Abgase ein. Am

Abend esse ich gebratene Banane mit Reis. Ich scheine die einzige Ausländerin in dieser Stadt zu sein. Dabei wird mir klar, dass ich nicht in einer anderen Welt bin, sondern aus einer anderen Welt komme. Von einem anderen Stern! Blond, klein und allein. Ich vermisse David schrecklich. Gott, steh mir bei und sei nicht böse, dass ich vorher nie mit dir gesprochen habe!

PS: Ich habe von einem Vollkornbrot geträumt, mit Salami, Käse und Essiggurke belegt. Immerhin verlagern sich die phallischen Träume auf kulinarische Gelüste. Klassischer Fall von Verschiebung. Klugscheißer!

**4. TAG:** Bin inzwischen endlich am Meer. Habe den ganzen Tag in einer Hängematte am Strand von Canoa verbracht. Unter einem Bambusdach, im Wind schaukelnd. Wo ist der Haken? Kein Sturm, kein Überfall, kein Erdbeben. Keine Tränen. Lasse mich von Alfredo bequatschen, der die Hängematten vermietet. Er würde mir so gern seine Schildkröte zeigen. Sie heißt Mateju, aber ich müsste schon mitkommen zu ihm. Klar, welche Schildkröte kann schon bis zum Strand laufen! Mir ist noch nicht nach Sex zumute und ich lehne dankend ab.

Ich steige in den nächsten Bus und fahre drei Stunden bis nach Manta. Manta ist dreckig, laut und stinkt. Ich inzwischen auch, also gehe ich ins Hostal »Miami«. »Agua caliente permanente« wird mir versprochen. Reingefallen. Gibt's nur morgens von 8 bis 8 Uhr 30. Dusche kalt und gehe mir den Ort ansehen. Ich werde ständig angequatscht, aber Hunde, die bellen, beißen nicht, oder? Esse zur Abwechslung mal Reis mit Banane. Eine Vegetarierin in Ecuador. Lektion eins: »Ich esse kein Fleisch« heißt »No como carne«.

»Und Huhn? Schwein? Rind?«

»Nein, verdammt! Kein Fleisch.«

»Und was essen die Menschen da, wo du herkommst?«

Kleine Ecuadorianer!

PS: Ich habe in meiner Hängematte geschlafen, die ich auf dem Weg in Montecristi erstanden habe. Ein Dorf, berühmt für die Herstellung von Hängematten und den ach so kleidsamen Panamahut. Traumlos geschlafen, ganz ohne Phallus! Ein guter Kauf.

**6. TAG:** Meine neue nächtliche Leidenschaft: Schwitzen und mich kratzen. Bin völlig zerstochen. Habe kein Auge zugemacht und gleich den ersten Bus nach Guayaquil genommen. Das Busunternehmen »Supertaxi« verspricht die schnellste Fahrt. Ich bin die Einzige im Bus, die kein Huhn frühstückt. Als wir auf halber Strecke mitten in der Pampa liegen bleiben und zwei Stunden in sengender Hitze auf das nächste »Supertaxi« warten müssen, versuche ich, nicht den Humor zu verlieren. Die Weiterfahrt ist die Hölle. Eingepfercht zwischen zwei alten Indianern kotze ich in eine Plastiktüte. Die Tüte hat ein Loch und alle sind froh, dass ich kein Huhn gefrühstückt habe.

Komme an und bin völlig erschöpft. Ich suche eine Bleibe und dusche mich. Mein Geld verstecke ich im Spülkasten. Schätze, ich habe zu viele amerikanische Filme gesehen. Ich war seit vier Tagen nicht mehr auf dem Klo. Dafür habe ich mich und zwei greise Stammesväter angekotzt. Ich hasse diese Stadt! Fast vermisse ich sogar Alfredo und bereue es ein wenig, Mateju, seiner Schildkröte, keine Chance gegeben zu haben.

PS: Zum Abendessen ein Pfund getrocknete Pflaumen. Mamas Geheimrezept gegen Verstopfung. Und viel trinken. Es funktioniert! Claudi muss bestimmt nie aufs Klo.

**8. TAG:** Muss so schnell wie möglich raus aus dem Großstadtdschungel. Bin ein wenig einsam, aber ich bleibe dabei: Lieber einsam als Urlaub am Gardasee. Habe mich im Internet für ein ökologisches Workcamp in einem Bergdorf angemeldet. Treffpunkt ist in Quito. Eine Schnapsidee meiner Schwester. Sie hat mir eine Mail geschrieben. Ich solle doch etwas Sinnvolles machen und nicht einfach nur Urlaub. Urlaub? Beinhaltet das nicht Faulenzen und Entspannung, 3-Gänge-Menüs und Tanzanimationen von attraktiven Männern?

Gerade bin ich in Cuenca. Inka-Ruinen, Blumenmarkt, Kirchen mit blauen Dächern. Am Nachmittag gönne ich mir zwei Stunden Entspannung in den Thermalbädern. Bin ja schließlich im Urlaub, wie ich jetzt weiß. Endlich mal wieder Beine rasieren! Fühle mich wieder menschlich, fast weiblich.

Die Unterkunft ist gemütlich. Ein kleines Appartement mit Flickenteppichen an der Wand. Bin in Partylaune und bestelle mir an der Bar einen Mojito. Ein Dollar fünfzig! Den bezahl ich doch bar. Und, weil Happy Hour ist, noch einen zweiten. Wo bleibt die Tanzanimation mit Knackarsch? Todesmutig bestelle ich den Cocktail mit Eiswürfeln, Durchfall war bisher noch mein geringstes Problem. Dann quatsche ich ein wenig mit Alberto, dem Barmann. Alberto – nicht gerade ein sexy Name für einen südamerikanischen Latin Lover! Aber er sieht sehr sexy aus. Muss die ganze Zeit über die Vorstellung mit Alberto im Bett kichern. Der Alkohol steigt mir schnell zu Kopf und Albi, wie ich ihn inzwischen zärtlich nenne, meint, das sei wegen der Höhenlage. Ja klar. Ich liege eh lieber unten. In meinem Kopf dreht sich alles und Albi besteht darauf, mich zu meinem Zimmer zu begleiten. Ich falle fast vom Stuhl und lasse mich gerne bringen. Ich stütze mich auf ihn, vergrabe meinen Kopf an seiner Schulter und küsse seinen dunklen Hals. Er schmeckt nach Salz und Minze. Vor der Tür fasst er vorsichtig in meine Hosentasche, greift nach dem Schlüssel und sperrt auf. Ich soll mit den blauen Engelchen träumen, sagt er. Oh ja, Albi, alles, wie du willst. »Buenas Noches.« Ein langsamer Kuss auf meine Stirn und ich bin in meinem Zimmer. Alleine! Das glaubt mir kein Mensch. Ich schaffe es gerade noch, mir den linken Schuh auszuziehen, falle aufs Bett und schlafe ein.

PS: Habe geträumt, dass mich mein Vater mit einem Gaskocher bedroht hat. Er trug dabei einen Panamahut und warf mir vor, ich hätte mich nie um den Hund gekümmert. Schlechtes Gewissen?

**10. TAG:** Albi bin ich verschämt entkommen. Er arbeitet nur abends. Also habe ich so klammheimlich und unauffällig wie möglich ausgecheckt. Mit pochenden Kopfschmerzen und Schwindelgefühl.

Doch am schlimmsten war dieses Gefühl im Magen. Nämlich im Erdboden versinken zu wollen – im Volksmund auch Scham genannt. Es ist eine Sache, alleine ans andere Ende der Welt zu fliehen, weil mich meine große Liebe nach vier gemeinsamen Jahren verlassen hat. Aber aus der eigenen Haut zu entkommen, eine andere. »Anne? Wer, ich? Nee, kenn ich nicht, da müssen sie mich verwechseln. An einen Ecuadorianer plump und angetrunken rangeschmissen? Pfui, ein leichtes Mädchen also. Das ist ja allerhand! Wo geht's hier zum Busbahnhof?«

Bin sechs Stunden nach Riobamba gefahren – das klingt so schön: Rio-Bam-Ba! Der Herr links, die Dame rechts und Wechselschritt. Unterwegs Reis und gebratene Banane gegessen, Unterkunft gesucht und trotz Kater gleich auf den Aussichtsberg geklettert. Wer saufen kann, kann auch Bergsteigen. Abends gegrillte Banane gegessen. Diese kulinarische Vielfalt! Am nächsten Tag weiter nach Baños. Die Stadt liegt an einem noch aktiven Vulkan. Ich habe eigentlich keine Angst vor Naturkatastrophen – die sind zumindest spannender als Sex im Zelt. Oder?

PS: Habe eine E-Mail von meinem alten Schulfreund Helmut bekommen. Heute trägt er Pullunder und ist PC-Administrator an der Uni. Sein Beitrag zu meinem Trip nach Ecuador: »In Peru soll es den besten Dünger geben.« Eine geheime Botschaft?

**12. TAG:** Bin von Baños direkt zurück nach Quito, um im Workcamp anzutreten. Wir sind eine kleine Gruppe junger Leute mit unterschiedlicher Nationalität. Roger, Amerikaner und Arzt, auf der Suche nach … Armut? Céline, französische Studentin mit praktischer Kurzhaarfrisur. Peter aus England, rotblondes lichtes Haar, blasse Haut, Musiker und Trinker. Carrie, nervige Amerikanerin, die »Cookies« liebt und alles »amazing« findet. Oh und natürlich Brenda aus Schottland, ein Butterblümchen mit rosigen Wangen, von Beruf Papas Tochter. Die so genannte Vorbereitung besteht darin, dass jeder ein Paar Gummistiefel bekommt und einen kurzen Leitfaden für das Leben mit ecuadorianischen Familien. Ich zitiere: »Please, do not spit on the floor.« Ich werde mir alle Mühe geben.

Am nächsten Tag werden wir sieben Stunden durch das Land geschippert. Das letzte Stück legen wir im Regen auf der Ladefläche eines Pick-ups zurück. Um uns herum nichts als Nebelwald in einsetzender Dämmerung. Hunger und Kälte halten uns wach. Endlich in dem Dorf Chillanes angekommen, geht es gleich ins Rathaus zum Treffen mit den einheimischen Familien. Wir sitzen in zwei Stuhlreihen und werden unserem jeweiligen Gegenüber zugewiesen – Speed-Dating mal ganz anders! Ich kann nicht glauben, wen ich da vor mir sehe: Napoleon, den sie für mich bestimmt haben, hat noch drei Zähne im Mund, zwei davon aus Gold. Er trägt eine neongelbe Schirmmütze und ein hellblaues Hemd, aus dem seine Brustbehaarung hervorquillt. Oh Graus! Vor solchen Typen habe ich die letzten zwei Wochen auf offener Straße kehrtgemacht. Und jetzt soll ich mit dem da mitgehen, die nächsten Tage bei ihm wohnen? Plötzlich will ich nur noch nach Hause, heim zu meiner Mama, auf die grüne Couch und *Tatort* schauen. Mit Papa Schach spielen und ihm versprechen, immer zu studieren. Zur Not auch Jura! Oder zumindest einen Juristen zu heiraten. Ich wäre jetzt auch bereit für Urlaub am Gardasee und Arsch ficken, wenn es sein muss. Aber bitte nicht zu Napoleon! Der jedoch ist sichtlich erfreut über den blonden Neuzugang in seiner Familie und fackelt nicht lange. »Vamos, nena!«

Glücklicherweise gibt es doch noch Frau und Kind und für mich ein eigenes Kämmerchen unter dem Dach. Dachte schon, ich muss mit zu Napoleon ins Bett. Weiß nicht so recht, was auf mich zukommt. Bäume pflanzen und unterrichten sollen wir wohl. Ich wollte ja Abenteuer – vom Urlaub habe ich mich schon längst verabschiedet –, aber doch kein Überlebenstraining. Bestimmt bekomme ich gleich einen Anruf und erfahre dann per Live-Schaltung, dass diesmal ich es bin, die rausgewählt wurde: Ich darf den Dschungel und die Gruppe jetzt verlassen. Wir fallen uns in die Arme und heulen. Dann holt mich ein Helikopter ab und fliegt mich direkt ins Studio, wo schon alle meine vielen Freunde auf meine Ankunft warten. Auch David, ohne Claudi! Scheiße. Wieso geht er mir nicht aus dem Kopf?

Schon wieder Schimmel an der Wand. Zünde mir ein Teelicht an und lese *Veronika beschließt zu sterben* von Paulo Coelho.

PS: Jemand hat in die Dusche gekackt. Ich hoffe, es war der Hund ...

**17. TAG:** Habe jetzt fünf Tage Workcamp hinter mir. Insgesamt haben wir schon über zweitausend Bäume gepflanzt. Wir fahren frühmorgens auf einem Pick-up los, oft stundenlang, bis wir ein bestimmtes Gebiet erreicht haben. Dort arbeiten wir dann mit den Einheimischen zusammen, Junge und Alte. Manche sind weit über achtzig Jahre alt, meist barfuß trotz Regen und Schlamm, aber immer ein Lächeln auf den verblassten, dünnen Lippen. Die Leute hier leben in Holzhütten, ohne Strom und Klo. Sie stehen mit der Sonne auf und gehen mit ihr zu Bett. Beobachten den Jahreszeiten-wechsel von Sommer auf Winter. Also von trocken auf nass.

Wir haben gerade Winter und es ist nass. Beladen mit Spaten und Bäumchen, geht es in Gummistiefeln über Stock und Stein. Von einem Berghang zum nächsten, zum Teil so weit aufwärts, dass ich nicht mehr weiß, ob uns Nebel umgibt oder wir bereits über den Wolken sind. Mittags machen wir Pause und bekommen zu essen. Kartoffeln und Käse oder frische Kuhmilch mit noch warmen Tortillas. Danach Zuckerrohrschnaps, selbst gebrannt, der uns Tränen in die Augen treibt.

Nach der Arbeit kann man dann nur auf warmes Wasser hoffen. »Mañana« ist die Standardantwort. Bin immer völlig verdreckt und verschwitzt und habe Schwielen an den Händen von dem Spaten. Dann wird es kalt und ich friere, weil es ohne Unterlass regnet und nichts mehr wirklich trocknet. Zähne putzen muss ich über dem Wäsche-Waschplatz und meist schon im Dunkeln. Alles nicht so einfach. Komisch, bin gerade sehr glücklich.

PS: Napoleon hat keinen Hund ...

**19. TAG:** Feldarbeit wie gehabt. Im Dreck wühlen, Würmer töten, Löcher buddeln und Bäume pflanzen. Ich möchte mal wieder ir-gendwas anfassen, was nicht schmutzig oder nass ist. Oder angefasst werden, wäre auch schön. Immerhin habe ich vor lauter Bäumepflanzen schon lange nicht mehr an David gedacht.

Am Nachmittag habe ich wieder Englisch unterrichtet, in der Grundschule. Die Kinder kommen aus allen umliegenden Bergdörfern angelaufen, zum Teil in Fetzen von Kleidungsstücken und ohne Schuhe. Aber alle mit einem Stift und einem Stück Papier in ihren Fingerchen.

Gestern waren wir Gringos in der Dorfdisco. Endlich, die Tanzanimation! »La luna negra«, mehr oder weniger ein ausgeräumter Hühnerstall. Ich habe die ganze Zeit getanzt. Cumbia, Merengue und Salsa. Vor allem mit Fabian, einem Einheimischen aus dem Dorf: Großer Mund, volle Lippen, breite Wangenknochen, schwarzes dichtes Haar, riesige dunkle Augen und ein Muttermal über dem linken Mundwinkel. Inzwischen trinke ich Zuckerrohrschnaps wie Wasser. Langsam gewöhne ich mich an das Zeug. Am Ende saß ich bis morgens um fünf mit Fabian am Marktplatz. Er hat Gitarre gespielt und gesungen. Irgendwann habe ich ihm die Gitarre abgenommen und seine vollen Lippen geküsst. Er hat so weiche Haut, es ist unglaublich! Ich dachte immer, ich könnte nie wieder einen anderen Mann als David küssen. Aber ich konnte gar nicht genug von Fabian bekommen. Wer weiß, vielleicht wäre mehr passiert, wenn nicht schon wieder die Sonne aufgegangen wäre …

PS: Ich beginne, mich zu amüsieren, aber kein Wort zu meiner Schwester. Sonst schickt sie mich nach Mexiko zum Schildkröteneiersammeln oder so. Vermisse sie ein wenig, den alten Miesepeter!

**21. TAG:** Es hat die ganze Nacht durchgeregnet. Habe fürchterlich gefroren und musste morgens wieder meine noch nasse Arbeiterkluft anziehen. Fühlte mich wie im Bootcamp. Bei den Einheimischen bin ich jetzt besonders beliebt, weil sie immer mein Fleisch essen dürfen. Nach der Arbeit wollte ich nichts als duschen, aber heute gab es nicht nur kein warmes, sondern überhaupt kein Wasser. Kein Duschen, kein Wäschewaschen, kein Heißgetränk, nichts! War ziemlich entnervt. Habe mir dann die Hände mit Regenwasser gewaschen, nicht im Spülkasten, wie Napoleon es zu tun pflegt.

Nach dem Unterrichten hat mich Fabian von der Schule abgeholt. Er ist Verkäufer auf dem Markt. Was er verkauft? »Helado bonito.« »Hübsches Eis« also, klingt ja interessant. Er hat mich zu einem Aussichtspunkt auf einen Berg hinaufgeführt. Traumhafter Blick bis zur Küste. Beim Sonnenuntergang in seinen Armen gelegen. Er riecht so nach … Mensch. Wir haben kaum gesprochen, aber kamen uns sehr viel näher. Ich saß einfach nur auf ihm und habe in diese schwarzen Augen gesehen, meinen Kopf an seinen Hals gelegt und diesen Geruch eingesaugt.

Wir küssten uns, anders als das letzte Mal. Leidenschaftlicher, heftiger. Fabian hat mir spanische Worte ins Ohr gemurmelt und seine Hände unter mein T-Shirt geschoben. Seine weichen Hände auf meinen Brüsten fühlten sich unglaublich schön an, nach all dem Schmutz und Regen, der Kälte und Härte der letzten Tage. Ich legte mich auf den Rücken in den Dreck. Er zog mein T-Shirt nach oben und bewunderte meine weißen Brüste. Wie auf Entdeckungsreise begann er, zaghaft daran zu saugen. Er sah aus, als sähe er so was zum ersten Mal.

Langsam wanderte sein Kopf nach unten. Während mich kleine Kieselsteinchen in meinen Po piksten, erkundete Fabian wie ein echter Pionier meinen Körper. Er sah sich alles ganz genau an. Dann verschwand sein Kopf unter meinem langen Rock. Der Gedanke, dass uns jemand beobachten könnte, machte mich ziemlich scharf. Fabian schob meine Unterhose zur Seite und küsste mich zwischen den Beinen. Anfangs ganz zärtlich, bis er immer gieriger seine Zunge in mich hineinschob. Er saugte und leckte wie ausgehungert an mir.

Natürlich fing es dann wieder an zu regnen. Ich drückte seinen Kopf noch fester zwischen meine Schenkel. Es regnete so heftig, dass die Erde zu Matsch wurde. Während die Welt um uns herum unterging, kam ich dreimal.

Später fragte ich Fabian, woher er das so gut könne. Er meinte: aus Büchern. Literatur für die Welt!

PS: Ich glaube, ich bin verliebt. Spiele mit dem Gedanken, hier zu bleiben und zu unterrichten. Oder Eis zu verkaufen, Bananen zu braten, Kühe zu melken, was halt so anfällt … Papa wird mich töten!

**23. TAG:** Wir haben die Nacht durchgemacht, groß Abschied gefeiert und uns alle ewige Freundschaft geschworen. Sogar mit Napoleon! Fabian ist bei unserer Abfahrt Gitarre spielend dem Bus hinterhergelaufen. »Te amo!«, rief er.

Wir hatten die ganze Nacht getanzt, gesungen und getrunken. Ich fragte Brenda nach Kondomen und wunderte mich, als sie umgehend eins aus ihrer Hosentasche zauberte. Ich wollte Fabian ein ganz besonderes Geschenk hinterlassen: ihm ein unvergessliches erstes Mal bescheren.

Fabian und ich schlichen uns nach draußen in den Regen und suchten Unterschlupf in einem Schuppen. Ich fing an, mich auszuziehen. Es war schweinekalt, aber ich war schon so betrunken, dass mir die Kälte nichts mehr ausmachte. Fabian stand vor mir und sah mir zu. Dann zog er sich seine Jeans und seinen Pulli aus. Er trug keine Unterwäsche, keine Socken, nichts. Ich hielt das Kondom immer noch in meinen Händen, wusste nicht wohin damit. Also riss ich die Verpackung auf und stülpte es über seinen harten Schwanz. Dann umarmte er mich. So standen wir eine Weile, nackt, uns umarmend, sein Penis an meinem Bauch. Ich überließ ihm die Führung. Schließlich war es sein erstes Mal. Aber plötzlich war auch ich ganz aufgeregt. Es war auch mein erstes Mal, irgendwie. Nach vier Jahren war es zum ersten Mal nicht mehr David. Es war Fabian León und wir standen nackt in einem Stall. Ich musste an die Geburt Jesu Christi denken.

Fabian presste mich mit dem Rücken gegen die Wand. Der kalte Stein rief einen Schauer in meinem Körper hervor. Dann schob er seine Zunge fordernd in meinen Mund. Seine Hand griff nach meinem Nacken und fast im gleichen Moment drang er mit einem festen Stoß in mich ein. Das kam überraschend. Wir fickten im Stehen, bis er mich an der Hüfte packte und mich hochhob. Die

Wand zerkratzte meinen Rücken und ich spürte warmes Blut auf meiner Haut. Ich schlang meine Beine um ihn. Fabian trug mich, hielt mich fest und bumste mich stehend weiter. So etwas habe ich noch nie erlebt. Nach nur wenigen Stößen bin ich gekommen. Dieser Orgasmus durchzog meinen ganzen Körper. Ich schrie laut auf. Als Fabian kam, biss er mir in den Hals.

Jetzt sitze ich im Bus Richtung Quito und wir haben noch sieben Stunden Fahrt in Serpentinen vor uns. Céline hat gerade aus dem Busfenster gekotzt, genau vor die Essensstände am Straßenrand. Und wenn ich jetzt nicht aufhöre zu schreiben, geht's bei mir auch wieder los.

Ich habe eine Wunde an meinem Hals und einen zerkratzten Rücken. Ein leidenschaftliches Souvenir, wie ich finde. Ich glaube nicht mehr, dass Fabian noch Jungfrau war. So etwas steht in keinem Buch der Welt. Fabian hat vielmehr mich entjungfert, mir David so richtig schön aus dem Leib gevögelt. Ich hatte ja keine Ahnung, wie aufregend Sex sein kann.

PS: Zu Hause hat mich doch tatsächlich eine Postkarte vom Gardasee erwartet: »Bin mit Claudi über den See gerudert.« Mein Exfreund, der Abenteurer! Nächstes Jahr will ich nach Peru. Dem Geheimnis des Düngers auf der Spur …

Cornelia Jönsson

# 90 Minuten sind fast ein Leben – und Disziplin alles

*Cornelia (29), Autorin, Berlin,*
*über*
*Kathy (31), Biologin, Berlin*

Ich habe mich entschieden, an dieser Stelle von Kathy zu erzählen, weil Kathys Geschichte nicht erwartungsgemäß ist. Was Kathy sich unter Sex vorstellt, erst recht unter gutem, besserem, bestem, hat vermutlich nichts mit dem zu tun, woran die durchschnittliche Frau als Erstes denken würde. Genau deswegen ist Kathys Geschichte wichtig. Denn die durchschnittliche Frau gibt es nicht. Der Durchschnitt ist etwas, was sich aus der Summe des in alle möglichen Richtungen von ihm Abweichenden errechnet. Der Durchschnitt ist Theorie. Der Durchschnitt ist eine abstrakte Information für Statistiker, die in der sinnlichen Welt nicht vorkommt.

Als ich jung war, ganz jung, so jung, dass ich mich mit *Bravo Girl* und *Beverly Hills, 90210* konfrontiert sah, habe ich durch ebendiese Medien erfahren, dass Sex am Strand bei Sonnenuntergang das Beste überhaupt ist. Ich habe »das Beste« brav ausprobiert, als sich die Gelegenheit ergab. Aber wie die meisten Frauen, die ich kenne, konnte ich der Sache nicht viel abgewinnen. Es ist immer zu kalt, außerdem unangenehm sandig, vielleicht liegt man auf den scharfen Kanten zerbrochener Muscheln oder Bierflaschen und jederzeit könnte jemand vorbeikommen. Das, was sich als durchschnittlich bester Sex errechnen lässt, wenn man möglichst viele vollkommen unterschiedliche Frauen befragt, hat nichts mit dem zu tun, was die Mehrheit der Frauen sexy fände. Die Mehrheit der Frauen findet vollkommen unterschiedliche Dinge sexy. Die Mehrheit der Frauen findet sogar Dinge sexy, von denen sie glaubt, sie keinem erzählen zu können, weil sie völlig abwegig scheinen. Was daran liegt, dass Menschen nun mal abwegig sind und immer speziell. Die saubere, schöne und regelgerechte Erotik der Werbeindustrie macht keinen Spaß. Kathys Erlebnisse würden wahrscheinlich auch nur den Wenigsten Spaß machen. Aber sie sind individuell, sie sind aus Fleisch und Blut, sie lassen Schweiß riechen und Haut spürbar werden.

Kathy ist eine Freundin einer Freundin einer Freundin von mir. Ich habe sie auf einer Party bei ebendieser Freundin einer Freundin kennengelernt. Wir haben uns gut verstanden und so kam es, dass wir uns in der Folge öfter trafen, meine Freundin, deren Freundin, Kathy und ich. Allein habe ich mich mit Kathy nie verabredet. Nicht, weil ich sie nicht gemocht hätte. Wir waren bloß einfach nicht so eng miteinander. Wir hätten uns nicht allzu viel zu erzählen, nahm ich an. Sie studierte Biologie, war relativ schüchtern – eines dieser hübschen, aber nicht auffällig attraktiven blonden Mädchen. Sie trank nie zu viel, wollte nie mit uns tanzen gehen, hatte keine Beziehung und keine Affären, soweit wir das beurteilen konnten. Sie wirkte ehrlich gesagt ein kleines bisschen langweilig.

Ungefähr ein Jahr nachdem ich sie kennengelernt hatte, veränderte sie sich vollkommen. Nicht, dass sie plötzlich Lust auf Tequilla oder Tanzen oder dergleichen gehabt hätte. Sie brach auch nicht ihr Studium ab und stellte uns keinen Mann vor. Aber sie war trotzdem anders, innerlich. Sie sah anders aus. Schöner, um genau zu sein. Dabei veränderte sie nichts an ihrem Äußeren. Sie hatte keine neuen Kleider und keinen neuen Haarschnitt. Aber sie saß und ging plötzlich aufrecht. So, dass man ihren langen Hals und ihre runden Brüste sehen konnte. Sie lachte öfter und lächelte viel. Und zwar lächelte sie nicht mehr auf diese schüchterne, unsichere Weise, sondern ihr Lächeln wirkte erfüllt, selbstsicher. Selig, dachte ich, ohne zu wissen, wie ich darauf kam. Sie hatte eine neue Angewohnheit: Sie legte ihre Hände auf den Tisch, wenn wir in Cafés oder Bars saßen. Die Handinnenflächen nach unten, die Finger eng beieinander. Als ob sie sich auf diese Weise jederzeit aufrichten könnte, um zu gehen. Natürlich fragten wir sie, was mit ihr los sei. Sie behauptete, es sei gar nichts, wirklich rein gar nichts. Doch während sie das sagte, loderte etwas hinter ihren Augen.

Eines Tages rief sie mich an und bat mich um ein Treffen. Ich sagte zu, war aber ein bisschen erstaunt. Denn wir hatten uns, wie gesagt, noch nie allein getroffen und wenn sie jemandem ihr Herz ausschütten wollte, dann hätte ich eher erwartet, dass sie die Freundin meiner Freundin anriefe, mit der sie besser bekannt war. Aber wie ich später verstand, wollte Kathy sich mit mir treffen, weil sie glaubte, ich würde am ehesten verstehen, was ihr gerade widerfuhr. Weil sie wusste, dass mein eigenes Sexualleben vielseitig, queer und alles andere als stets zärtlich ist.

Wir trafen uns nachmittags in einem Café. Wir bestellten Kakao und Kuchen und plauderten ein bisschen über dies und das. Es war offensichtlich, dass Kathy mit mir über etwas Bestimmtes sprechen wollte, aber nicht den Mut fand, damit herauszurücken. Nach einer halben Stunde wurde mir das zu anstrengend und ich fragte sie ganz direkt, ob sie sich verliebt habe.

»›Verliebt‹ ist das falsche Wort«, erwiderte sie ungewöhnlich rotwangig und offensichtlich froh über meine Frage. »Aber ich habe tatsächlich jemanden kennengelernt.«

»Das ist doch toll!« Ich versuchte, aufmunternd zu klingen. Ich war jetzt natürlich erst recht neugierig, vor allen Dingen, weil mir nicht einleuchtete, warum sie aus etwas so Natürlichem wie einer neuen Bekanntschaft ein solches Geheimnis machte.

»Wie heißt er denn?«

Kathy hielt die Luft an. »Es ist eine Frau.«

»Das ist doch toll!«, sagte ich, wieder aufmunternd. »Ich habe auch eine Geliebte!«

»Ja. Ich weiß.« Kathy pustete sich eine Haarsträhne aus dem Gesicht, ohne die Hände vom Tisch zu nehmen. Deshalb wollte sie also mit mir reden. Weil ich mit einer Frau schlief.

»Ich finde Sex mit Frauen großartig!«, sagte ich, wobei das nichts Neues für sie war. Wenn wir uns zu viert trafen, also meine

Freundin, die Freundin meiner Freundin, Kathy und ich, dann sprachen wir drei oft über Sex und ich hielt regelmäßig Lobreden auf die Lust zwischen Frauen. Die anderen beiden hörten mir gern zu, träumten sowieso davon, einmal mit einer Frau zu schlafen, hatten aber bislang keine passende Gelegenheit gefunden. Kathy beteiligte sich nie an unseren Gesprächen über Sex. Sie hörte bloß zu, schien interessiert, aber steuerte nichts bei.

»Ich habe keinen Sex mit ihr«, erklärte Kathy jetzt. »Also nicht im landläufigen Sinne – also, ich schlafe nicht mit ihr.« Kathy war jetzt ganz rot und etwas loderte hinter ihren Augen. Ich war mir nicht sicher, was Kathy unter Sex und ›miteinander schlafen‹ verstand. Ich traute ihr zu, Oralverkehr beispielsweise nicht als Sex zu definieren.

»Aber was tut ihr denn, wenn ihr zusammen seid?«, fragte ich nach. »Küsst ihr euch? Streichelt ihr euch?«

»Nein.« Kathy machte den Mund auf, um weiterzusprechen, und überlegte es sich anders.

»Aha.« Ich wusste immer noch nicht, wovon wir hier eigentlich sprachen. Mir ging ihr Herumgedruckse langsam wirklich auf die Nerven, aber ich wurde auch immer neugieriger. »Also würdest du gern mit ihr schlafen, aber sie nicht mir dir? Oder ist das noch nicht klar? Flirtet ihr?«

»Nein. Also, ich möchte nicht mir ihr schlafen und ich glaube, wir flirten auch nicht. Also nicht im landläufigen Sinne.«

Ich spürte, wie sie mich wütend machte. »Kathy, wenn du mir etwas erzählen willst, dann tu es doch einfach! Aber lass uns mit diesem doofen Ratespiel aufhören!«

»Ich bin mir nicht sicher, ob du mich verstehen wirst«, rechtfertigte sie sich.

»Das ist doch egal!«, stöhnte ich. »Ich werde schon nicht den Kontakt zu dir abbrechen, bloß weil ich etwas nicht verstehe, was du machst!«

Das schien sie zu beruhigen. »Also ich war auf … auf … auf so einer Party vor ein paar Monaten. Also es war so etwas wie eine Sexparty.« Ich lachte laut los. Kathy sah mich entgeistert an und ich entschuldigte mich sofort. Ich wollte nicht unhöflich sein, aber dass Kathy, die langweilige, stille Kathy, sich auf Sexpartys herumtrieb, fand ich wunderbar.

»Es gab da eine Frau, also einen Raum – also es gab da eine Frau, die war in so einem Raum und ein paar andere, und die bat mich dazu – also, das war eine Unterrichtsstunde. Also keine richtige Unterrichtsstunde.« Kathy schnappte nach Luft.

»Ich weiß, ich weiß«, eilte ich ihr zu Hilfe, »ich war auch schon einmal auf einer SM-Party.«

Sie lächelte erleichtert. »Ja, also. Dann weißt du ja – aber die Frau wollte mich wiedersehen. Aber sie wollte nicht … ich meine, sie hat nicht – sie wollte mich wiedersehen, um mich zu unterrichten, allein eben.«

»Interessant«, sagte ich. »Und das tut sie jetzt seit ein paar Monaten und deshalb bist du so verändert?«

»Ja!«, Kathy strahlte mich befreit an.

»In was unterrichtet sie dich denn?«

Kathy lachte leise und pustete sich eine Haarsträhne aus dem Gesicht.

»Am Anfang in der Sprache des Begehrens.« Ich machte keinen Mucks, um ihr zu zeigen, dass ich das ganz normal fand und dass sie ruhig weitersprechen sollte. »Ich musste viele Worte finden für Geschlechtsorgane und Sex und all das. Und – schmutzige Sätze formulieren. Sie ist humorvoll und nett, aber auch streng. Ich muss stets aufrecht sitzen, mit gespreizten Beinen und meine Hände auf den Tisch legen.« So, wie sie es jetzt tat. »Wenn ich nicht schnell genug antworte, passiert es manchmal, dass sie mir plötzlich ins Gesicht schlägt. Wenn sie nicht zufrieden mit meinen Leistungen oder meinem Benehmen ist, muss ich aufstehen und mich vorbeugen und sie züchtigt mich mit einem Rohrstock. Inzwischen bringt sie mir … Selbstbefriedigung bei. Ich mache es vor ihren Augen und sie sagt mir, wie ich es besser machen kann. Und schlägt mich, wenn ich nicht gehorche. Eine Unterrichtseinheit bei ihr dauert neunzig Minuten. In der Zwischenzeit muss ich Hausaufgaben machen. Ich muss zum Beispiel masturbieren, auf die Weise, die sie mir in der Stunde zuvor beigebracht hat, und ein Protokoll darüber schreiben, wie lange es gedauert hat, wo ich es getan habe und woran ich gedacht habe. Sie trägt mir auf, woran ich denken soll. Sie berührt mich nie und ich sie auch nicht.«

Ich war fasziniert. »Und du sagst, du möchtest gar nicht auf herkömmliche Weise mit ihr schlafen? Und du bist nicht verliebt?«

»Ich schwärme für sie. Liebe interessiert mich nicht.«

Ich beglückwünschte Kathy zu ihren Erlebnissen, versicherte ihr, überhaupt nicht schlimm zu finden, was sie täte, denn schließlich ginge es bloß darum, dass alle Beteiligten Spaß haben, und nahm ihr die Angst, dass etwas mit ihr nicht stimmte, weil sie mit jemandem Sex hatte, ohne ihn zu berühren oder zu lieben. Ich versprach ihr auch, es niemandem zu sagen.

Trotz dieses Geständnisses entwickelte sich keine innigere Freundschaft zwischen Kathy und mir. Es war ihr bloß wichtig gewesen, ihr Geheimnis mitteilen zu können, bevor sie daran erstickte, und sich versichern zu lassen, nicht irre zu sein. Danach ging es ihr gut und sie brauchte nichts mehr von mir.

Das ist ein paar Jahre her. Inzwischen hat es Kathy von den bizarren Randgebieten des Begehrens in gewöhnlichere Gegenden gezogen. Sie lebt mit der Frau, die ihre Lehrerin war, zusammen und sie erwarten ein Kind. Es ist alles ganz normal. Sie haben einander begehrt und heiß verschlungen auf ihre spezielle, kreative Weise und inzwischen sind ihnen Nähe und ein gemeinsames Leben wichtiger als der Reiz des Fremden und Unerklärlichen der ersten Stunde. Es ist alles ganz normal.

Mia Kowaltzki

# PAVILLON

*Sabine (28), Beraterin, Frankfurt,*
*über*
*Lukas (31), Immobilienkaufmann, Hamburg*

Es sollte eigentlich nur ein langweiliger Familienbesuch in meiner Heimatstadt werden. Die Weihnachtsfeiertage standen an, ich saß im Zug und sehnte mich bereits nach der Rückfahrt. Vor einem Monat erst hatte ich mich von meinem Freund getrennt, der mich die letzten drei Jahre tapfer auf die anstrengenden Familienzusammenkünfte begleitet hatte. Nun musste ich den Gänsebraten und die ewig selben Fragen meiner Verwandten alleine ertragen. Die Tränen stiegen wieder einmal in mir hoch und ich beschloss, ganz viel Alkohol zu trinken. Wenigstens würde es schon heute Abend eine gar nicht so üble Gelegenheit dazu geben, denn alle zum alljährlichen Fest heimgekommenen jungen Menschen trafen sich in einer Bar bei mir in der Nachbarschaft.

Mit dem festen Vorsatz, einen feuchtfröhlichen Abend mit alten Bekannten zu verbringen, betrat ich dann auch später diese Bar. Ich hatte mich extrem aufgestylt, teils um mich selber zu überzeugen, dass ich noch gut aussah, teils um meinen alten Freunden zu demonstrieren, dass ich auch ohne Freund klarkam.

Nun stand ich in einem engen schwarzen Kleid mit tief ausgeschnittenem Dekolleté am Tresen, trank Gin Tonic und ließ mich von Christina, Sophie und Brit zuschnattern.

»Ja, Bine, und du? Wie kommst du so klar ohne Philipp?«

Ich hatte keine Lust, mich in ein endloses Gespräch mit den Mädels zu vertiefen, bei dem am Ende herauskommen würde, wie unfähig ich war, von Philipp getrennt zu sein, und antwortete nur: »Ganz gut.« Ich bestellte mir einen weiteren Gin Tonic und sah mich in der Bar um: Eigentlich alles altbekannte Gesichter, zwischendurch mal ein unbekanntes, aber wahrscheinlich hatte ich nur vergessen, wer das war.

»Meine Bi-ne!«, hörte ich plötzlich eine Männerstimme schreien und im nächsten Moment stürzte sich Sebastian, ein guter alter Freund, auf mich und umarmte mich überschwänglich. Er hatte sich wohl auch vorgenommen, den Abend im Zeichen des Alkohols zu erleben. Ich freute mich, ihn zu sehen, und war auch etwas erleichtert, als er mich sogleich von den Mädels wegzog und sagte: »Bine, du musst unbedingt mitkommen, ich sitz da drüben mit ein paar Leuten am Tisch.«

Ich ging mit und Sebastian drückte mich auf einen Platz zwischen zwei Jungs, die ich von hinten nicht direkt erkannte. Ah, der eine war Felix aus Sebastians Handballmannschaft und der andere streckte mir seine Hand entgegen und sagte: »Hallo, ich bin Lukas. Sebastian und ich arbeiten zusammen.« Lukas also. Er hatte ein charmantes, leicht freches Lächeln und unglaublich süße verwuschelte Haare. Unsere Blicke blieben etwas länger aneinander kleben und ich zuckte zusammen, als ich bemerkte, dass ich immer noch seine Hand hielt.

»Äh, hallo, ich bin Sabine. Ich bin Sebastians Sandkastenfreundin.« Lukas sah mich kurz von oben bis unten an und grinste.

»So eine Sandkastenfreundin hätte ich auch gerne gehabt.« Ich wurde rot und schämte mich ein bisschen für mein Kleid, da ich für den heutigen Abend wohl ein wenig overdressed war. Schnell bestellte ich mir einen weiteren Gin Tonic. Lukas' freches Lächeln zog mich irgendwie an. Er erzählte, dass Sebastian und er immer viel Spaß zusammen im Büro hätten und fragte mich nach meinem Beruf und in welcher Stadt ich jetzt wohnen würde, da er mich ja über Sebastian noch gar nicht kennengelernt habe. Wir verfielen in ein angeregtes Gespräch, bei dem mir zwischendurch immer wieder auffiel, wie seine Blicke ab und an auf mein Dekolleté schweiften. Es störte mich nun aber gar nicht mehr so sehr wie am Anfang, ich genoss es sogar ein wenig. Mit steigendem Gin-Tonic-

Konsum befiel mich sogar das dringende Bedürfnis, sein Haar zu streicheln. Am Ende des Abends, als die Bar sich allmählich zu leeren begann, hatte er bereits den Arm auf meiner Stuhllehne und seine Finger berührten wie zufällig meine Schulter. Auch ich hatte im Eifer des Gesprächs einige Male kurz meine Hand auf seinen Oberschenkel gelegt.

»So, wir schließen, ihr müsst jetzt leider gehen«, sagte kurze Zeit später ein Kellner zu uns. Lukas und ich schauten auf die Uhr, es war bereits vier Uhr früh und als ich mich in der Bar umsah, waren weder die Mädels noch Sebastian da.

»Dann müssen wir wohl jetzt einen Nachtspaziergang machen«, sagte Lukas und sah mich dabei eindringlich an. Ich war bereits jenseits von Gut und Böse und wünschte mir nur noch eines: dass er mich küsste. Draußen vor der Bar tat er das Gott sei Dank auch sofort. Er hatte eine sehr sanfte Art zu küssen und ich konnte endlich meine Hände durch sein Haar streifen lassen. Wir liefen durch die dunklen Straßen und blieben an fast jeder Ecke stehen, nur um uns noch inniger zu küssen als beim Mal davor.

Ich war bereits fest davon überzeugt, dass wir gerade zu ihm nach Hause spazierten und dann dort miteinander schlafen würden. Doch als ich mich nach einiger Zeit mal umsah, befanden wir uns bereits im benachbarten Villenviertel. Lukas war zwar Immobilienkaufmann, aber konnte er sich tatsächlich so eine große Villa leisten? Doch bevor ich ihn fragen konnte, sagte er plötzlich: »Wart mal kurz hier, ich bin gleich wieder bei dir.« Wir befanden uns gerade vor einem besonders großen Grundstück, wo man durch die dichte Hecke nur in ganz weiter Entfernung das Haus erahnen konnte. Lukas drückte sich auf einmal durch diese Hecke und war verschwunden. Ich stand ein wenig verdattert rum. Musste er mal pinkeln? Wohnte er tatsächlich hier? Er blieb ganz schön lange weg, bestimmt eine Viertelstunde, und gerade als in mir der Gedanke aufkam, dass er sich vielleicht aus dem Staub gemacht haben könnte, packte er mich am Arm und zog mich durch die Hecke in den Garten. Als wir dann in diesem riesigen dunklen Garten standen, fuhr mir ein leichtes Schaudern über den Rücken. Doch Lukas zog mich sogleich eng an sich und küsste mich leidenschaftlich, sodass ich die gesamte Situation eher aufregend fand. Dann sagte er: »Komm mit, ich hab da etwas vorbereitet.« Er wohnte wohl doch hier, vor lauter Aufregung fragte ich nicht weiter nach.

Wir liefen durch den Garten auf ein kleines Gebäude zu. Es war ein gläserner Gartenpavillon. Durch die Scheiben konnte ich flackerndes Kerzenlicht erkennen. Lukas schob mich in den Pavillon rein, schloss die Glastür hinter uns und zog den weißen Vorhang zu, der einmal um den ganzen Pavillon ging. Jetzt sah ich, dass überall weiße brennende Kerzen im Raum standen. Ich sah Lukas von der Seite an und konnte es kaum fassen, dass er all das vorbereitet hatte. Wortlos umfasste er mein Gesicht, legte seine Lippen auf meine und schob mir seine Zunge tief in den Mund. Ich konnte mich kaum noch halten, so erregt war ich von dem ganzen Szenario. Seine Hände glitten von meinem Gesicht die Schultern entlang über die Hüften an meinen Po. Er knetete ihn kurz, raffte dann mein Kleid hoch und zog es mir unglaublich schnell über den Kopf. Jetzt stand ich in BH und Strumpfhose vor ihm. Er trat einen Schritt zurück, sah mich von Kopf bis Fuß an und sagte nur: »Du bist schön.«

Dann kam er näher, umfasste mein Gesicht, küsste mich und ließ seine Hände wieder an mir herunterfahren, diesmal vorne über meinen Hals zu meinen Brüsten. Er hob meine Brüste aus dem BH raus und massierte mit jeweils einem Daumen und einem Zeigefinger beide Brustwarzen gleichzeitig. Ich musste leise aufstöhnen und merkte, dass ich feucht zwischen den Beinen wurde. Ich legte meine Hände auf seine Hüften und ließ sie zu seinem Gürtel gleiten, an dem ich mich dann festhielt. Mit meinen Daumen, die ich immer weiter in Richtung seines Schritts bewegte, konnte ich spüren, dass er einen Ständer hatte. Ich hätte ihn gerne sofort in mir gespürt.

Auf einmal hörte Lukas auf, mich zu küssen, sah mich eindringlich an und ließ seine Hände über meine Taille zu meiner Strumpfhose wandern. Er steckte seine Finger zwischen Strumpfhose und Haut, dann seine ganzen Hände, die er in Richtung meines Pos bewegte, um dann wieder kurz und heftig zuzupacken. Ich musste erneut leise stöhnen, als er bereits dabei war, sich zu meinen Brüsten herunterzubeugen, um an meinen harten Brustwarzen zu saugen. Währenddessen befreite er mich elegant von meiner Strumpfhose. Lukas hatte sich wieder aufgerichtet und sah mich, ohne mich zu berühren, eindringlich an. Mein Herz schlug schneller – was kam jetzt?

Während er mich weiter ansah, schob er seine Hand zwischen meine Beine. Sein Daumen fing an, meinen Kitzler zu massieren, und sein Mittelfinger drückte sich langsam durch meine Schamlippen Richtung Möse. Als er merkte, wie feucht ich bereits war, steckte er seinen Mittelfinger ganz in mich rein. In dem Moment konnte ich seinem Blick nicht mehr standhalten, ich schloss unwillkürlich die Augen und stöhnte laut auf. Langsam zog er seinen Finger wieder aus meiner Scheide und öffnete dann seinen Gürtel. Während er sich seinen Pulli über den Kopf zog, riss ich ihm seine Jeans runter und direkt danach auch seine Boxershorts. Sein steifer Schwanz schnellte darunter hervor und ich wollte ihn sofort in mir spüren. Ich umfasste ihn mit einer Hand und dirigierte Lukas mit leichtem Druck zur Mitte des Pavillons, wo ein weißer Plüschteppich auf dem Boden lag. Ich massierte noch ein wenig sein Glied, es machte mich geil, dass es dadurch noch größer wurde. Dann legte ich mich mit dem Rücken auf den Teppich, stellte meine Füße auf und spreizte die Beine. Wir hielten die ganze Zeit über unsere Blicke fest aufeinander gerichtet. Er kniete sich nieder und anstatt in mich einzudringen, beugte er sich runter zu meiner Möse und begann, mich zu lecken. Ich konnte es nicht glauben, so gut war es. Er leckte mit flacher Zunge über meinen Kitzler, der immer größer wurde, und ich musste immer lauter und heftiger stöhnen. Als ich kurz davor war zu kommen, hörte er auf einmal auf und sagte: »Ich bin gleich wieder da.«

Ich war total überrascht, doch ehe ich mich wundern konnte, kniete er wieder vor mir und sagte: »Mach die Augen zu.« Ich war zu aufgeregt, um es nicht zu tun, und als ich meine Augen geschlossen hatte, hörte ich, wie er sich etwas in den Mund steckte. Gleich darauf spürte ich seinen Mund auf meinem Venushügel und dann drückte er mit seiner Zunge etwas Eiskaltes, Nasses zwischen meine Schamlippen. Ich quiekte kurz auf – es war ein Eiswürfel. Voller Hingabe leckte mich Lukas und schob nun den Eiswürfel zwischen meinen Schamlippen hindurch über den Kitzler runter zur Möse, bis er geschmolzen war. Es war fantastisch. Ich öffnete wieder meine Augen und sah, dass er sich gerade aufgerichtet hatte und sein immer noch steifes Glied in der Hand hielt.

Er ergriff meine Schenkel von unten, schob sich dichter an mich und führte mit einer Hand sein Glied an meine Öffnung. Wir sahen uns an, er lächelte und drückte seinen Schwanz langsam in meine Möse rein. Ich spürte, wie mich sein Glied langsam immer mehr ausfüllte, und stöhnte erleichtert auf. Sein Gesicht war jetzt auf angeregte Art angespannt und er fing an, mich erst mit langsamen und dann mit immer schnelleren Stößen zu ficken. Ich krallte mich mit beiden Händen am Teppich fest und stöhnte laut und lustvoll. Er sollte mich richtig hart ficken. Zwischendurch griff Lukas mit seinen Händen nach meinen Brüsten, knetete sie stark oder zog etwas kräftiger an meinen Brustwarzen. Durch das vorangegangene Lecken und den Eiswürfel war ich schon so geil, dass ich wusste, dass ich gleich kommen würde. Ich sah an mir runter, sah, wie Lukas' Schwanz immer schneller in mich hineinstieß.

Dann suchte ich seinen Blick, wir sahen uns fest in die Augen und ich fing an, mir mit meiner Zunge über die Lippen zu fahren. Er legte sofort seinen Daumen auf meine Lippen und ich umschloss ihn mit meinem Mund und saugte daran. Er stöhnte leise auf und beugte sich zu mir runter. Unsere Oberkörper waren jetzt ganz nah beieinander und sein Schwanz bewegte sich immer schneller. Unsere Gesichter waren sich so nah, dass nur noch das starke Atmen und Stöhnen des anderen im Ohr rauschte. Sein Schwanz wurde noch mal um einiges härter, sodass meine Möse erzitterte. Ein warmer Schauer lief mir über den Rücken und ich spürte, wie es zwischen meinen Schamlippen pulsierte. Ich ließ meinen Kopf zur Seite fallen und fühlte, wie Lukas seinen Schwanz noch einige Male durch das starke Zucken meiner Möse schob, ihn dann rauszog und auf meinen Bauch ejakulierte. Ich spürte die warme Flüssigkeit, atmete tief durch und genoss das letzte angenehme Zittern meines Körpers. Lukas legte sich erschöpft und immer noch laut atmend neben mich auf den Teppich, sah mich von der Seite an, lächelte und küsste mich auf den Mund. All die Anspannung der letzten Wochen war von mir gefallen und ich schloss die Augen.

Als ich aus einem tiefen, traumlosen Schlaf erwachte, begann es bereits zu dämmern. Eine Wolldecke lag auf mir. Ich sah mich um: Alle Kerzen im Pavillon waren heruntergebrannt, Lukas lag neben mir und schnarchte leise. Bei seinem Anblick errötete ich leicht, aber ich fühlte mich immer noch wohlig entspannt. Als ich seine Schulter berührte und ihm ein Kuss auf die Wange gab, wurde er wach. Er sah mich an und lächelte. Ach, dieses freche Lächeln, das mich von Anfang an so angezogen hatte. Lukas richtete sich abrupt auf.

»Mist, es wird ja schon hell!«, sagte er, stand auf und fing an, seine Klamotten zu suchen. »Schnell, zieh dich an. Wir müssen hier weg.« Ich war total verdattert, zog mich aber so schnell, wie es ging, an. Als ich bei meinen Schuhen angekommen war, bemerkte ich, dass Lukas hinter mir im Raum alle Kerzen einsammelte, die Wolldecken zusammenfaltete und versuchte, Ordnung in dem Pavillon zu schaffen. Ich erinnerte mich an die Situation mit der Hecke und gerade als es anfing, mir zu dämmern, zog Lukas mich schon an der Hand aus dem Pavillon und lief mit mir im Morgendunst durch den Garten, runter durch die Hecke zur Straße. Wir waren beide total aus der Puste, sodass wir auf Schritttempo verlangsamten und die noch menschenleere Straße entlanggingen. Ich sah ihn vorwurfsvoll und fragend an. Lukas fing auf einmal an zu grinsen und sagte: »Das Haus mit dem Pavillon hab ich letzte Woche verkauft. Heut Vormittag werden die neuen Besitzer da einziehen.«

Ich konnte es nicht fassen: Ich hatte eine wilde Nacht mit einem frechen Unbekannten in dem Gartenpavillon wildfremder Leute verbracht. Ich sah ihn an und wir mussten beide lachen.

*Elke Morri*

# DIE GEILE WELT DES SCH

*Anita (32), Schlagersängerin, Kärnten,*
*über*
*Andreas (28), Metzger, Kärnten*

Ich steh auf Brusthaare. Je dichter das Fell, desto animalischer und erotischer der Mann, finde ich. Aber wie es so oft im Leben ist: Man bekommt immer genau das Gegenteil von dem, was man möchte. Leider. In meinem Fall ist es Karl, der Kahle. Zwischen Nabel und Hals wächst bei ihm nichts. Wobei, nichts ist doch etwas übertrieben. So um die sieben ziemlich borstige Haare tummeln sich auf seiner Brust, die, wenn man sie mit einem Kugelschreiber verbindet, den »Kleinen Wagen« ergeben. Hab ich mal ausprobiert. Immer, wenn ich draufschaute, war ich dem Himmel nah, quasi. Was aber auch daran liegen könnte, dass mein Mann Grabsteine fertigt – ein Geschäft, das garantiert nie ausstirbt.

Vor fünf Jahren lernte ich Karl kennen. Damals tingelte ich gerade mit meiner ersten, regional erfolgreichen CD durch die örtlichen Diskotheken und Bierzelte. Nach einem dieser Auftritte stand plötzlich ein aufgeregter, attraktiver junger Mann vor mir und bat mich mit schweißnasser Hand um ein Autogramm. Auf seine Brust. Somit hatte ich also nicht die Katze im Sack gekauft – sein Haarmangel war ja seit der ersten Minute offensichtlich. Ich verliebte mich trotzdem in ihn und dann ging alles ganz schnell. Wie auf dem Land halt so üblich: Heirat, zwei Kinder, das Haus stand bereits. Schon vor meiner Zeit hatte sich Karl neben seinem Steinmetzbetrieb eins gebaut. Statt eines Gemüsegartens haben wir einen eigenen Friedhof, sozusagen. Dieser Wald aus Grabsteinen war mir nie ganz geheuer, vor allem nicht nachts. Karl hingegen

Anblick, so mystisch, wie er immer sagt. Außerdem
so eine Art Tradition: Bei jeder Weihnachtsfeier, wo Whis-
und Wein reichlich fließen, hüpft er mit seinen Angestellten zu
Michael Jacksons *Thriller* zwischen den Grabsteinen herum. Na
ja, wer's mag …

Unsere Ehe lief jedenfalls nicht schlecht. Mal war's lustig, dann
wieder weniger, zweimal die Woche Sex, seit unsere beiden Töchter auf der Welt waren nur mehr alle zwei Wochen – würde ich
noch alles im Normalbereich einstufen.

Alles andere als normal war aber Karls Körpergeruch, den er
über die Jahre verströmte. War er anfangs penibel auf ein anspre-
chendes Äußeres bedacht gewesen, ließ diesbezüglich sein Einsatz
rapide nach. Und damit meine ich nicht, dass er sich nur noch
einmal am Tag duschte, sondern seine Mundhygiene beschränkte
sich immer öfter auf das Putzintervall »Gebürstet wird nur dann,
wenn die Zähne mehr Noppen haben als die Zunge«. Wenn
Karl schmusen wollte, musste ich ihn vorher zum Zähneputzen
schicken. Wie eklig ist das denn bitte? Mir gegenüber fand ich das
einfach nur respektlos. Er bemühte sich in keinster Weise mehr,
mir zu gefallen. Oder vielleicht nimmt jemand, der tagtäglich mit
dem Tod zu tun hat, auch dessen Geruch an? Zusätzlich beleidigte
er nicht nur meine Nase, sondern auch meinen Beruf. War er anfangs davon fasziniert gewesen, so kommentierte er nun meine
Lieder als »oberflächlichen Schunkelschmarrn«.

Jedenfalls kann man den besten Sex garantiert nicht mit jemandem haben, den man nicht riechen kann. Also lässt man es ganz,
vor allem, wenn der Mann diesbezüglich sowieso keine Anstalten
macht. Und ich hätte ihn wohl schlecht dazu zwingen können.

Schon ein Jahr hatten wir keinen Sex mehr gehabt, da wurde
ich für die Weihnachtsfeier des örtlichen Unterliga-Fußballvereins
gebucht. Durchtrainierte, knackige Jungs – schon beim Gedanken
daran schnellte mein Hormonspiegel in die Höhe.

Als ich die Bühne kurz nach Mitternacht betrat, war die Stimmung im Zelt schon am Kochen und die Mannschaft grölte mit
Freunden und Sponsoren lautstark zu meinem Lied *Nimm mich,*

*aber nicht heute Nacht.* Nur einer saß ruhig auf der Holzbank in der ersten Reihe. Immer wieder warf ich einen Blick auf ihn – er bewegte sich keinen Zentimeter. Ein Bein über das andere geschlagen, den Oberkörper leicht vorgebeugt, fixierte er mich mit einer stoischen Ruhe. Er machte mich nervös, meine Augen blieben immer wieder an seiner kompakten Erscheinung hängen.

Als der letzte Ton meiner Zugabenummer in der sinnenbetäubenden Kulisse aus Rauch, Lachen, Bier und Schreien verhallte, war der junge Mann verschwunden. Enttäuscht verließ ich die Bühne und ging zu meinem Wagen. Ich zog gerade den Schlüssel aus meiner Manteltasche, da spürte ich plötzlich eine Hand auf meiner Schulter. Erschrocken drehte ich mich um und sah in zwei schwarze Augen, wild, wie Kohlenglut. Das kurze dichte Haar versteckte nichts von seinem schönen Gesicht: hohe Wangenknochen, aristokratisch, Lippen in der richtigen Größe und rosa schimmernd. Ein Feuerstrahl zischte von meiner Magengrube hinauf zu den Wangen, ich glühte. Das schlampig gebügelte Hemd zeichnete zart seine kräftige Figur nach, die oberen drei Knöpfe waren geöffnet und ein wolliger Pelz kräuselte sich bis zum Halsanfang hinauf. Brusthaar! Wie lange hatte ich mich danach gesehnt!

»Darf ich dich um ein Autogramm bitten?«, fragte er mit sonorer Stimme und hielt mir einen Bierdeckel unter die Nase, in die nun eine leichte Brise Aftershave stieg, sauber, frisch, gewaschen. Und dann tat ich etwas, was ich zuvor noch nie getan hatte: Ich schrieb ihm meine Telefonnummer dazu, steckte die Pappe wortlos in die Brusttasche seines Hemdes und streifte dabei ganz leicht mit dem Daumen über seinen Pelz. Tausend Stiche fuhren durch meinen Körper. Mein Gott, war ich scharf auf diesen Mann, der purer Sex war. Begehren, ein nie gekanntes Verlangen nach jemandem …

Was bei demjenigen offensichtlich nicht ankam. Er meldete sich nicht. Eine Woche verging, die zweite, dann hatte ich wieder einen Auftritt mit weiteren Künstlern in einer Prolo-Disko, die von innen aussah wie ein Stadl, überall dicke Holzpfosten, Heuballen zum Sitzen, Kuhglocken baumelten von der Decke. Ich war als Dritte oder Vierte dran, trank anschließend noch was an der Theke, wollte gehen, da stand er auf einmal vor mir. Wortlos nahm er mich bei der Hand und zog mich aus der Menschenmenge nach draußen auf den Parkplatz. Er drückte mich an ein Auto und küsste mich. So was kennt man ja normalerweise nur vom Film, ich mein, dass sich derjenige vorher nicht vorstellt. Es war unbeschreiblich, wahnsinnig sinnlich, einfach fantastisch.

Es brauchte nicht viele Worte. Wir beide wussten, was wir wollten und fuhren ins nächstgelegene Hotel. Während der Fahrt klärten wir noch schnell die wichtigsten Dinge, die man, wenn überhaupt, als Info für einen One-Night-Stand braucht: Er hieß Andreas, war Metzger, spielte nebenbei Fußball und war schon seit fünf Jahren in einer Beziehung. Deshalb hatte er sich auch nicht gemeldet, schlechtes Gewissen, Schiss, Unentschlossenheit. Sein Verlangen nach mir war dann aber doch stärker gewesen.

An diesem Abend begann unsere Affäre. Und wir waren gut darin. Besonders im Geheimhalten. Wir schafften uns beide ein Zweithandy an, wovon unsere Partner natürlich nichts wussten, trafen uns ausschließlich nach meinen Auftritten und ließen uns nie gemeinsam in der Öffentlichkeit blicken.

So ging es dann dahin, jede zweite Woche derselbe Ablauf: singen, ficken, heimfahren. Alles war so vorhersehbar, immer in diesen Stundenhotels, die eigentlich keine waren. Aber mein Mann hätte misstrauisch werden können, wenn ich bei einem Aufenthalt im Umkreis von dreißig Kilometern über Nacht geblieben wäre.

Mir ging bei der Affäre die Abwechslung, die Überraschung ab. Generalstabsmäßig durchorganisiertes Bumsen war so gar nicht mein Fall.

Dann kam der sechste Dezember, der Nikolaustag. Im Vorfeld hatten Karl und ich beschlossen, den weißbärtigen Mann für unsere kleinen Töchter zu mieten. Der Nikolaus kommt dann zu der Familie nach Hause, auf Wunsch auch mit Krampus*, lobt

---

* *Krampusse sind im alpenländischen Adventsbrauchtum haarige, ungestüme Begleiter des Heiligen Nikolaus, die vom Aussehen dem Teufel und mystischen sowie Tiergestalten ähneln. Ihre Funktion gleicht der Knecht Ruprechts, der die Unartigen bestraft.*

die Kinder, wenn sie brav waren, und teilt Geschenke aus. Mein Mann hatte alles mit dieser vorweihnachtlichen Serviceagentur gemanagt, ich hatte die Geschenke für unsere Töchter Albina und Romina organisiert.

Ein dumpfes, hartes Klopfen erschütterte das Esszimmer. Durch die milchige Glastür war eine große Gestalt erkennbar, rot-weiß gekleidet, Kuhglockengeläut und Knurren in unterschiedlichen Tonlagen kamen näher und näher. Die Tür ging auf … und ein ganzes Kasperletheater kam herein. Karl hatte anscheinend das volle Programm gebucht. Vor dem Tisch baute sich alles zwischen Himmel und Hölle auf. Engel umringten den majestätischen Nikolaus, dessen goldener Stab mit seiner Mütze um die Wette glänzte. Ein Mann, als Polizist verkleidet, hielt die unruhige und lärmende Menge an Krampussen, es waren bestimmt so an die sechs, im Zaum – mit ihren runden, braunen, plüschartigen Köpfen, den kleinen roten Stoffzungen und den Fellstramplern sahen sie eher aus wie …

»Teddybär!«, schrie Romina plötzlich und zeigte auf einen Krampus. Sie nahm meinen Gedanken vorweg. Wahrscheinlich waren diese Krampusse die Teletubbie-Version für Dreijährige. Die Kinder hatten jedenfalls keine Angst und das war gut so.

Der Nikolaus räusperte sich. »Soooo, Romina und Albina, wart ihr denn dieses Jahr auch braaaaav?« Er schlug sein schweres rotes Buch auf. »Ja, ich seh schon. Romina spielt immer ganz lieb mit ihrer Schwester.« Mit glühenden Wangen nickte meine Älteste mit dem Kopf und drückte Albinas Hand.

»Dann hast du auch ein grooooßes Geschenk verdient«, sagte der Nikolaus mit übertrieben tiefer Stimme und holte aus einem Bastkorb, den zwei Engel trugen, das erste Päckchen hervor. Da fiel mir auf, dass die Puppe für Albina bei den Geschenken fehlte. Ich stand leise auf und schlich mich aus dem Trubel unbemerkt davon.

Herzaussetzer beim Gehen, als plötzlich eine schwere Hand auf meiner rechten Schulter lag. Ich drehte mich um und sah in ein pelziges Mondgesicht.

»Oh Gott, hast du mich …« Meine Worte verhallten in dem schwarzen Lederhandschuh, der sich auf die Hälfte meines Gesichts drückte. Ich wand mich wie eine Verrückte unter dem festen Griff, versuchte zu schreien, doch der Riesenschädel sagte eindringlich: »Ich bin's, ich bin's doch nur! Andreas!«

Das haarige Monster zog mich durch das Wohnzimmer auf die Terrasse hinaus und riss sich den Kopf ab. Darunter kam dann das völlig verschwitzte, knallrote Gesicht meines Metzgers, mit dem ich mich schon seit ein paar Monaten nicht mehr getroffen hatte, zum Vorschein. Die klitschnassen Haare klebten an seiner Stirn.

»Bist du wahnsinnig, mich so zu erschrecken! Ich hatte beinahe einen Herzinfarkt!« Ich schlug ihm auf die pelzige Brust.

»*Du* wolltest doch mal unverhofften Sex«, amüsierte er sich, umfasste meine Taille und schob mich Richtung Privatfriedhof.

»Was hast du vor?« Ich kam unter meinem schwarzen Rollkragenpullover ins Schwitzen. Wir blieben vor dem steinernen Wald stehen, Andreas machte einen kurzen Augenschwenk darüber und entschied sich dann für einen dunkelgrauen, über einen Meter großen Granitstein, der aussah wie ein Segel. Stürmisch presste er mich gegen das kalte Material, das meinen hitzigen Körper kühlte. Er warf seine Rute zur Seite, sein schwerer Gürtel, an dem die Kuhglocke hing, knallte auf den Boden. Mit feuchten, warmen Lippen küsste er meinen Hals, Gänsehaut überzog mich. Ich schloss die Augen und er küsste sich langsam an meinem Hals nach oben. Als er meinen Mund berührte, breiteten sich warme Wellen in meiner Muschi aus. Zuerst zärtlich, dann wurden seine Küsse immer fordernder. Er wich kurz zurück, schaute mir tief in die Augen, öffnete den obersten Knopf meiner Jeans, riss am Hosenbund und – zack! sprangen die restlichen Knöpfe auf. Stürmisch streifte er meine Hose samt Unterhose bis zu den Unterschenkeln hinunter. Wie ein Lindenblatt, das nach dem Tanz im Wind sanft die Wasseroberfläche eines Sees streift, berührten seine Lippen wieder die meinen. Sein wohliger Atem vertrieb die schneeige Luft vor meinem Gesicht. Er zog die Handschuhe aus und fuhr mit einer Hand die Innenseite meines Oberschenkels ab.

Das Fell auf seinem Arm streifte meine kalte Haut, seine warme, feuchte Hand legte sich auf meine ebenfalls schon feuchte Muschi, mit zwei Fingern drang er in mich ein. Dann presste er seinen Fellkörper an mich und fuhr mit seinem Unterleib an meiner Hüfte auf und ab. Wir wurden immer erregter, mehr und mehr, meine Haut klebte an seinem Fell.

»Los, hol deinen Schwanz raus!«, befahl ich keuchend. Ohne zu zögern ließ er von mir ab und suchte im Schrittbereich seines Kostüms nach einer Öffnung.

»Wo sind die scheiß Druckknöpfe«, nuschelte er und hantierte ungeduldig an seiner Pelzstange herum. Drohendes Kuhglockengebimmel brach in unsere leidenschaftliche Fummelei.

»Die suchen uns sicher schon«, sagte ich in erregender Angst, erwischt zu werden. Da ging Andreas, wohl im Bemühen, mir unvergesslichen Sex zu bescheren, vor mir auf die Knie, steckte seinen Kopf zwischen meine Beine und leckte mich, wie ich noch nie geleckt worden war. Ich weiß nicht, ob es an seiner Zungenfertigkeit lag oder an der Tatsache, dass der Teufel an mir naschte: Stufe für Stufe erklomm ich den Himmel und das nicht, weil mir von gegenüber ein weißer Grabsteinengel zulächelte. Halleluja!

Karl hat von meiner Grabsteinschändung übrigens nix mitbekommen. Nur als ich wieder im Haus war, meinte er: »Wo warst du denn so lange? Na, wahrscheinlich hat dir der Krampus ordentlich die Leviten gelesen!« Tja, wo er recht hat, hat er recht.

Marie Sommer

# WIE IM FILM

*Marie (30), Autorin, Köln,*
*über*
*Lina (34), Journalistin, Köln*

Montagmorgen. Wie so oft war ich die Erste in dem kleinen Zweierbüro, das Lina und ich uns teilten. Ich richtete mich auf die Woche ein, arrangierte griffbereites kalorienarmes Schnurpsgemüse und nach Pappe schmeckende Reiscracker auf meinem Schreibtisch, füllte die Thermoskanne mit heißem Ingwerwasser und besann mich stolz meiner Vorsätze. Wie jede Frau fasste ich zu Wochenbeginn den eifrigen Plan, diese Woche aber nun wirklich ganz gesund zu leben, viel Sport zu machen, nichts Unnötiges zu essen, nicht zu rauchen und schon gar nicht auf die Idee zu kommen, mich vom fiesen Snackautomaten auf dem Redaktionsflur mit seiner billigen Anmachmasche – bestehend aus Twix, Mars und M&M's – verführen zu lassen. Mit dampfendem scharfen Ingwertee setzte ich mich vor meinen Computer, checkte meine Mails, surfte zur Tageseinstimmung auf die üblichen Infoseiten und machte meine To-do-Liste für die Woche.

Krachend ging die Tür auf und mit dem üblichen Hallo-Welt-hier-bin-ich-Auftritt polterte Lina ins Büro.

»Morgen, Süße!«, flötete sie eine Spur zu übertrieben, ließ sich auf ihren Stuhl plumpsen und zündete sich eine Kippe an.

»Boah, Lina, muss das sein, es ist zehn Uhr morgens!«, keifte ich genervt und riss das Fenster auf. »Meine Haare sind frisch gewaschen und ich stinke jetzt schon wieder wie Hulle!« Normalerweise wäre Lina nun beleidigt in die Küche abgedampft, aber diesmal zeigte sie sich von meiner morgendlichen Anti-Raucher-Kampagne völlig unbeeindruckt. Sie beugte sich über ihren Schreibtisch, langte in meine Gemüseschale, stopfte sich eine Minikarotte in den Mund und sagte schnurpsend: »Motz nicht. Mach die Tür zu und setz dich. Ich muss dir was erzählen!« Dabei grinste sie vielsagend. Fahrig wie immer räumte sie ihren Kram auf dem Schreibtisch hin und her, während ich kopfschüttelnd und leicht widerwillig ihren Anweisungen folgte.

»Lina, ich hab echt viel zu tun, kann das nicht bis nachher warten, wenn wir essen gehen?« – »Nein, Lady. *Das* kann nicht warten.« Meine Genervtheit genießend, da wohlwissend, dass sie den Storyknüller des Jahres in der Tasche hatte, drapierte sich Lina im Schneidersitz auf ihren Stuhl, zog an ihrer Kippe, blies den Qualm langsam in die Luft und platzte dann endlich mit ihren Neuigkeiten heraus.

»Marie, du kannst dir nicht vorstellen, was ich am Wochenende erlebt habe.« – »Na, das wirst du mir ja jetzt sicher erzählen«, antwortete ich gelangweilt, während ich auf bild.de den neuesten Promiklatsch scannte und an meinem Ingwertee nippte. Lina beugte sich über ihren Schreibtisch zu mir herüber und flüsterte verschwörerisch: »Ich hatte 'nen Dreier!«

Ein Schwall heißen Ingwertees, den ich fontänenartig aus mir herausprustete, verteilte sich triefend auf Bildschirm und Tastatur.

»Scheiße! Du hattest was?«, fragte ich entgeistert zurück, während ich fluchend versuchte, mit einer Packung Tempos der Sauerei Herr zu werden.

»Ich hatte 'nen Dreier«, sagte Lina triumphierend und grinste, »und es war sooo geil!«

Verdammte Hacke! Ein Dreier! So was wollte ich auch schon immer mal ausprobieren, schoss es mir durchs Hirn. Aber leider liegen in Sachen Orgie Fantasie und Wirklichkeit gerade so was von weit auseinander. Wer will sich nicht mal wie im Film *Eyes Wide Shut* inmitten von maskierten Modelfrauen und Modelmännern bei ästhetischem Supersex in mondänem Schloss die Seele aus dem Leib vögeln? Klar, ich wäre sofort dabei! Aber auf jeder Party, auf der ich mich umsehe und mir die Frage stelle, ob ich auch nur ansatzweise mit irgendeinem der dort anwesenden Gäste Sex haben wollen würde, schießt mir immer nur eine Antwort durch den Kopf: Um Himmels willen, nein!

Ungläubig und mit offenem Mund starrte ich Lina an. »Nee, oder?«, fragte ich, nicht ohne sie skeptisch und bewundernd zugleich anzuschauen.

»Doch!« Sie grinste und tat plötzlich genauso beschäftigt wie ich bisher.

»Ach, nun komm schon«, drängelte ich, »du kannst jetzt hier nicht so was anteasen und dann nichts darüber erzählen. Ich will alles wissen! Wie, wo, mit wem, wie war es, was habt ihr gemacht, wie war es danach? Los, jetzt erzähl schon, verdammt noch mal!« Ich war ganz aufgeregt und ziemlich neugierig. Da hatte sich meine liebe Freundin Lina also mal schön eine meiner langgehegten Sexfantasien erfüllt. Lina schaute mich triumphierend an, drückte ihre Kippe aus und begann zu erzählen:

»Ich war doch am Wochenende bei der Party meiner Freundin Annie. Wir sind schon ewig befreundet, seit dem Kindergarten. Sie feierte ihren Dreißigsten im Landhaus ihrer Eltern. Geile Hütte. Sie hatte ihre ganzen alten Schulfreunde, Kommilitonen und Kollegen eingeladen und wir haben das ganze Wochenende gefeiert. Es gab alles Mögliche an Alkohol und Essen und es war wie in einem dieser Hollywoodfilme, in dem reiche Beverly-Hills-Teenies die Party ihres Lebens feiern. Die meisten haben dort auch übernachtet, die Gästezimmer waren voll und im Garten standen zig Zelte. Das war echt richtig witzig.«

Während Lina erzählte, zündete ich mir eine Kippe an. Meine Wochenvorsätze waren schon dahin, Montagmorgen, um 10 Uhr 30. Na herrlich. Gewisse Storys brauchen nun mal Beweihräucherung in Nikotinform. Linas Geschichte gehörte definitiv dazu. Ich hing schon jetzt an ihren Lippen.

»Ich hängte mich an Annie, denn wir hatten uns ewig nicht gesehen – und wir hatten richtig Spaß. Wir tranken zig Prosecco auf Eis, tanzten, kicherten, alberten herum, flirteten mit den Typen und genossen uns selbst. Wir waren so richtig schön unbekümmert. So wie man am liebsten auf jeder Party sein will. Sich einfach hemmungslos amüsieren, ohne darüber nachzudenken, was die Leute von einem denken.«

Normalerweise hätte ich Lina schon längst unterbrochen und sie entnervt gebeten, mal endlich zum Punkt zu kommen. Aber Lina beschrieb genau die Party, von der wir doch alle träumen. Diese eine ultimative Party, wo die Welt stehen bleibt, wo man sich hundertprozentig amüsiert und wo man völlig eins mit sich selbst ist. Während Lina erzählte, sah ich die Bilder genau vor mir. Wie gern wäre ich dabei gewesen! Und warum feiern eigentlich immer die anderen diese ultimativen Partys? Ich blies den Rauch aus und blickte kurz sehnsüchtig aus dem Fenster, während Lina weitererzählte.

»Und dann war da plötzlich Tom. Tom war ein Freund von einem Kollegen aus Annies Agentur. Annie kannte ihn selbst kaum. Er kam sozusagen einfach nur im Schlepptau seines Freundes mit. Er war recht ruhig, sah aber verdammt gut aus und hatte eine Art Coolness an sich, die ich richtig scharf fand. Aber da war auch der Haken: Irgendwie war er so cool, dass er nur lässig eine Kippe nach der anderen rauchte und das Partygetümmel etwas gelangweilt und arrogant betrachtete.

Irgendwann – Annie und ich waren schon ziemlich gut dabei – deutete Annie auf den in der Ecke stehenden Tom und meinte kichernd, dass er ja, obwohl so obercool, echt ziemlich scharf sei. Ich gab ihr recht und Annie fragte mich dann grinsend: ›Wollen wir den lieben coolen Tommyboy mal ein bisschen in Fahrt bringen?‹ und zog mich zu ihm rüber. Ich muss dazu sagen, dass Annie echt der Knaller ist: Sexbomb, Sexbomb – da träumt jeder Mann von. Modelfigur, Engelsgesicht, aber voll schmutziger Gedanken. Jedenfalls stellte sich Annie lasziv vor den etwas überraschten Tom und fragte ihn provozierend: ›Meine Freundin Lina und ich, wir fragen uns schon die ganze Zeit, ob du vielleicht Lust hättest, die Nacht mit uns zu verbringen?‹ Obwohl ich mich im ersten Moment fast an meinem Caipi verschluckt hätte, spielte ich Annies Spielchen schön mit. Man rechnet ja nun nicht wirklich damit, dass der Typ das ernst nehmen könnte. War ja offensichtlich nur Spaß, wir wollten ihn aus der Reserve locken. Also schmiegte ich mich auch an Tom, packte ihn ganz frech am Hintern und hauchte ihm ›Und, sag schon, würdest du?‹ ins Ohr.

Im ersten Moment sagte dieser Tom gar nichts und wir gingen davon aus, dass er schimpfend den Abgang macht, nach dem Motto ›Mädels, ihr habt sie ja nicht mehr alle!‹. Aber er grinste, schaute uns beide an und sagte dann: ›Na ja, ich wär ja schön blöd wenn nicht, oder?‹«

Lina machte eine bedeutungsvolle Pause und zündete sich eine neue Kippe an.

»Ja, komm schon, was dann?«, fragte ich sie fordernd. »Erzähl weiter!«

»Annie überspielte ihre Überraschung und sagte bedeutungsvoll zu ihm: ›Okay, Tommyboy, dann komm doch in einer halben Stunde in mein Zimmer – Treppe hoch, zweiter Stock, dritte Tür von rechts. Wir warten dort auf dich.‹ Dann hauchte sie ihm einen Kuss auf die Wange, ich machte das Gleiche auf der anderen Seite und dann haben wir ihn einfach stehen lassen. Wir hielten uns an den Händen, schnappten uns eine volle Proseccoflasche und stolzierten arschwackelnd wie Pariser Freudenmädchen aus dem achtzehnten Jahrhundert die Treppe hoch. Ich drehte mich um und sah, dass er uns entgeistert, aber irgendwie auch grinsend nachstarrte. Wir verschwanden in Annies Zimmer und prusteten vor Lachen los. Wir ließen uns auf Annies Bett fallen und kriegten uns kaum noch ein.«

»Ja und dann? Ist er euch nachgekommen?«, fragte ich Lina. Lina grinste nur.

»Gib erst mal was von deinem komischen Öko-Ingwer-Drink her, mir wird schon wieder ganz schwummerig, wenn ich daran denke, was danach passiert ist.«

Ich schenkte Lina ein, hastig schlürfte sie das Zeug und erzählte dann weiter.

»Na ja, natürlich haben wir nicht im Traum damit gerechnet, dass er wirklich kommt. So was passiert doch nur im Film. Aber doch nicht in echt! Wir lümmelten uns also auf Annies Bett, köpften den Prosecco und kicherten hemmungslos vor uns hin. Annie sprang dann auf, öffnete die große Flügeltür und zeigte auf das Badezimmer, das dahinter lag.

›Los komm, meine Gäste amüsieren sich prima, lass uns kurz eine Partyauszeit nehmen und zusammen baden, so wie früher, als wir noch klein waren, okay?‹ Ich sah die große Eckbadewanne, grinste und nickte nur. Annie ließ das Wasser einlaufen, gab Unmengen Schaumzeugs hinein, zog sich ihr Sommerkleidchen und ihr dünnes Spitzenhöschen aus, nahm die Proseccoflasche und ihre Kippen und verschwand im Schaum. Ich zögerte noch, stieß dann aber einen ausgelassenen Juchzer aus und mit einem ›Yeah Baby!‹ glitt ich nackt zu ihr in die Wanne. Wir planschten im Wasser, rauchten eine Kippe nach der anderen, machten uns lustige Schaumfrisuren – so wie früher in Kindergartentagen –, tranken Prosecco aus der Flasche und erzählten uns Geschichten von damals. Wir hatten Tom schon fast vergessen, als es plötzlich klopfte.

›Ach du Scheiße! Der geile Hecht!‹, prustete Annie los und versank komplett im Badewasser. Ich hatte erst mal Panik und konnte gar nichts sagen, aber es war schon zu spät, weil dieser Tom plötzlich im Bad stand – in voller Montur, mit drei Gläsern Sekt in der Hand – und uns angrinste.«

»Oh Gott, Lina, das ist doch nicht wahr, das denkst du dir doch gerade aus!«, stammelte ich.

Lina erwiderte grinsend: »Marie, so was könnte ich mir im Leben nicht ausdenken!«

Sie erzählte weiter: »Die immer noch untergetauchte Annie kam mit großem Geblubber wieder nach oben und starrte erst Tom und dann mich an. Ihr, die sonst immer einen blöden Spruch parat hat, hatte es offensichtlich die Sprache verschlagen. Tom stand nur da und sagte gar nichts. Er setzte sich einfach auf den Wannenrand, reichte uns die Sektgläser, prostete uns zu und kippte sich den Sekt runter. Wir machten es genauso. Die Extraportion alkoholisiertes Blubberwasser war jetzt auch echt nötig. Es traute sich immer noch keiner, irgendwas zu sagen.

Dann stand Tom vom Wannenrand auf, zog sich komplett aus, als wäre es das Normalste auf der Welt, kletterte zu uns in die Wanne und setzte sich in die noch freie Ecke. Er sah auch nackt ziemlich scharf aus, das konnte ich trotz meiner Fassungslosigkeit noch registrieren. Annie und ich starrten ihn entgeistert an und er genoss es sichtlich, es uns nun auf diese Art und Weise ›heimzuzahlen‹. Dann ergriff er endlich als Erster das Wort.

›Na Mädels, damit habt ihr nicht gerechnet, oder?‹ Annie war die Erste, die laut loslachte. Ich musste plötzlich auch lachen und konnte mich überhaupt nicht mehr halten. Und dann prustete auch Tom los. Wir kriegten uns überhaupt nicht mehr ein und hatten schon Tränen in den Augen.

›Tom, du bist der Oberknaller!‹, sagte Annie glucksend zu ihm. Da saßen wir nun also, drei vergnügte nackte Badefrösche, und ahnten vage, dass das die Nacht unseres Lebens werden könnte.

›Und, ähm, was macht man jetzt so in so einer Situation?‹, fragte Tom. ›Ich bin ganz ehrlich, Mädels, so was hab ich noch nie gemacht.‹

Cool, dachte ich, jeder andere Typ würde jetzt einen auf Ich-bin-so-geil-und-hab-alles-im-Griff machen, aber dass Tom das einfach so beichtete, war saulässig und machte ihn nur noch attraktiver.

›Nun, na ja, wir haben auch nur geblufft und nur so lasziv und bitchy getan‹, gab ich zu. ›Denkste, wir sind darin Profis? Und stell dir vor, ich hab sogar noch nie meine liebste Freundin Annie geküsst! Geschweige denn überhaupt schon mal eine Frau.‹

Tom nahm Annie die Proseccoflasche, an der sie sich noch immer festklammerte, aus der Hand und sagte auffordernd und mit leuchtenden Augen: ›Na ja, dann wird's doch mal langsam Zeit, oder?‹

Annie und ich sahen uns an. Genau an dieser Stelle war nun die Weggabelung. Point of no return oder Notausstieg. Wir hätten die Sache auf der Stelle beenden können mit einem ›Ähem, wir gehen jetzt wohl mal besser wieder zurück auf die Party, du hattest doch nicht wirklich geglaubt, dass wir *so* welche sind ...?‹. Aber Annie entschied sich für die olympische Variante. Mit einem gemurmelten ›Wow. Dann: Let the games begin!‹ robbte sie in der Wanne auf mich zu und küsste mich. Beobachtet vom wildfremden Tom, der nackt zwischen uns saß. Ich ließ alles einfach nur geschehen. Wie im Film, dachte ich, wie im Film.«

Ich starrte Lina mit runtergeklappter Kinnlade an. Wie geil war das denn bitte schön?

»Verdammt, Lina, warum hast du mich nicht mitgenommen zu dieser Party, das ist ja der Knaller. Ich hätte auch gern mit euch geplanscht!«, sagte ich betont beleidigt und lachte, bevor Lina weitererzählte.

»Annie zu küssen war der Knaller. Es war irgendwie vertraut, aber auch gleichzeitig so unfassbar fremd und aufregend. Und so weich und zart und sanft und unglaublich erregend. So erregt war ich noch nie! Die Badewanne hätte überlaufen müssen, so sehr floss ich dahin. Und die Tatsache, dass da Tom zwischen uns saß und uns fasziniert beobachtete, erregte mich noch mehr. Annie und ich hörten gar nicht mehr auf, uns zu küssen. Tom kam immer näher, umfasste uns beide, sodass er links und rechts mit seinen Armen Annie und mich umschlang, und machte dann einfach mit. Erst küsste er Annie, dann Annie wieder mich und dann ich Tom. Diese Kusskettenreaktion ging noch eine ganze Weile, bis Annie vorschlug, in Anbetracht der zu schrumpeln beginnenden Handinnenflächen und Fußsohlen die Location – und damit von der Wanne ins Bett – zu wechseln. Es war eine ganz irre Atmosphäre. Plötzlich steckst du in deinem eigenen Pornovideo. Ich konnte mein Glück kaum fassen, denn mit Annie und Tom war es fantastisch. Die beiden waren so cool und es fühlte sich überhaupt nicht beschämend an oder so. Wir kuschelten uns alle in Annies riesige hellblaue Handtücher und krabbelten in ihr Bett. Tom in der Mitte, Annie und ich von beiden Seiten an ihn gekuschelt. Obwohl all das total sexy und rattenscharf war, war es auch gleichzeitig liebevoll und zart. Wir gingen mit sehr viel Respekt vor – und miteinander um.«

Es klopfte. Unser schwuler Redaktionsassistent steckte den Kopf zur Tür herein und fragte neugierig: »Was ist denn hier los, Mädels? Hab ich was verpasst?«

Ich warf eine Cocktailtomate nach ihm und schrie: »Boah, Hannes, verpiss dich, du störst!«

»Is ja schon gut«, tönte es beleidigt vom Flur her, »ich wollte die Damen nur daran erinnern, dass wir in einer halben Stunde Redaktionskonferenz haben!«

»Scheiß Konferenz, erzähl du bloß weiter, du Luder!«, forderte ich Lina grinsend auf.

»In Annies Bett machten wir weiter. Es war total harmonisch. So als wüsste jeder, was zu tun ist. Annie und ich lagen an Tom gekuschelt und streichelten ihn von oben bis unten. Er hatte eine Riesenlatte und die bearbeiteten wir gemeinsam. Ich würde mal sagen, der junge Mann war definitiv im Himmel.«

Lina lachte und zündete sich die nächste Kippe an.

»Und dann tauschten wir. Ich legte mich in die Mitte und Annie und Tom streichelten mich jetzt von oben bis unten. Ich hatte zwar keine Riesenlatte, aber dafür die Sintflut zwischen den Beinen. Das ist einfach der Knaller, wenn dich vier Hände bearbeiten. Und dass es Annie war, die mich da gekonnt zwischen meinen Beinen anfasste, machte mir überhaupt nichts aus. Es war einfach nur unfassbar geil.

Ich rutschte dann ein bisschen hoch, sodass ich am Kopfende des Bettes sitzen konnte, und Annie legte sich bäuchlings auf mich, während sie ihren Hintern Tom entgegenstreckte. Der hatte nun das doppelte Paradies vor sich. Ich mit gespreizten Beinen und Annie mit hochgestrecktem Hintern. Tom wollte den Anblick offensichtlich auch noch ein bisschen genießen und setzte sich im Schneidersitz ans Fußende.

Annie und ich küssten uns, streichelten uns und rieben unsere Körper immer wieder aneinander. Ich umklammerte ihr Bein und rieb mich heftig an ihr. Das war nun wiederum so geil, dass ich nicht anders konnte, als mich schon nach wenigen Augenblicken in orgiastischem Zucken zu entladen.

Annie grinste: ›Ach was, das kannst du auch? Kommen nur durch Reiben und Drücken am Bein? Ist wohl 'ne Frauenspezialität.‹

Tom saß da und vergnügte sich mit sich selbst, während er uns beobachtete. Immer wieder bewegte er seine Hand, in der er seine Riesenlatte hielt, langsam auf und ab.

›Mädels, ihr seid der Hammer. Das ist so geil. Die Zeit soll stehen bleiben und dann will ich den Rest meines Lebens nur noch damit verbringen, mit euch zwei Grazien zu vögeln.‹

›Na dann fang doch schon mal an‹, sagte Annie keck, die immer noch bäuchlings auf mir lag.

›Moment!‹, sagte Tom, sprang auf, kramte in seiner Hose, die noch auf dem Badezimmerboden lag, und fischte eine Handvoll Kondome heraus. ›Die hab ich mir bei den Partygästen zusammengeschnorrt‹, sagte er grinsend.

Annie stöhnte: ›Och nee, das heißt, die wissen jetzt alle, was hier vor sich geht?‹

Tom grinste nur. ›Ist doch wurscht, oder?‹

›Stimmt, ist doch wurscht‹, sagte ich und gab Annie einen Klaps auf ihren grandiosen Hintern.

Nachdem Tom sein gutes Stück ordnungsgemäß verpackt hatte, kniete er sich hinter Annie und zwischen meine Beine und probierte mit Annie den Doggystyle aus. Ich wiederum berührte Annie von unten zwischen ihren Beinen und bearbeitete das sich gerade vereinigende Königreich bestehend aus Annie und Tom. Annie so anzufassen, fühlte sich wahnsinnig gut an. Jetzt konnte ich auch verstehen, warum Männer so scharf darauf sind, bei uns Mädels da unten Hand anzulegen. Mit der anderen Hand fasste ich mich selbst an und schon wieder kam ich heftig und schnell. Während Annie und Tom es machten, küssten wir uns alle gleichzeitig und abwechselnd. Und wer nicht gerade küsste, stöhnte und seufzte vor Lust vor sich hin. Wir sind ein Sexklumpatsch, schoss es mir durchs Hirn. Ich grinste. Wir schwitzten wie die Bekloppten und atmeten und stöhnten und küssten und fummelten und rieben und vögelten uns fast um den Verstand. Annie brach nach einer Weile zuckend über mir zusammen, krallte sich an mir fest und Tom bewegte sich noch ein paar Mal hin und her, bis auch er mit lautem Stöhnen in Annie kam. Er ließ sich fallen und die zwei schweren Körper auf mir nahmen mir fast den Atem, aber ich umarmte trotzdem beide so fest ich konnte.

›Danke, ihr zwei. Das war der Knaller!‹, flüsterte ich. Tom rollte sich auf die Seite und wieder kuschelten wir uns links und rechts an ihn. Die obligatorische Kippe danach, die wir drei uns genüsslich teilten, schmeckte fantastisch.

›Das glaubt mir kein Mensch‹, murmelte Tom und lachte. ›Das war das Krasseste und Schönste, was ich je erlebt habe.‹

›Tja, unverhofft kommt oft‹, kicherte Annie und zeigte prustend auf mich.

›You can call me Raupe Nimmersatt‹, konterte ich kichernd.«

Lina machte eine Pause und schnappte sich eine Reiswaffel. Ich starrte sie nach wie vor gebannt an.

»Ja und dann? Wie ging es weiter? Seid ihr dann wieder gemütlich auf die Party marschiert oder was? Und wie ist das jetzt mit dir und Annie, ist das nicht komisch? Und habt ihr noch Kontakt zu Tom?«, fragte ich sie atemlos. Meine Fresse, ich war von Linas Erzählung völlig durch den Wind. Und ja, auch erregt.

»Na ja, Tom, Annie und ich, wir blieben die ganze Nacht zusammen, waren nackt und hatten viel Spaß miteinander. Die Party ging auch ohne uns weiter und wie ich danach hörte, waren wir nicht die Einzigen, die die Landluft ganz rallig gemacht hatte. Irgendwie gab es wohl einige Konstellationen von sich zurückziehenden Pärchen. Tom musste sich noch ein bisschen erholen, wusste aber auch um die Einmaligkeit dieser Gelegenheit und gab alles. Auch ich schlief noch mit ihm, während uns Annie beobachtete und mich dabei küsste und überall anfasste. Irgendwie schien es, als ob wir Mädels mehr voneinander gefesselt und angetörnt waren als von Tom. Aber Tom war großartig, er war echt süß und wirklich sexy. Und ich genoss es zu wissen, dass wir ihm die Nacht seines Lebens geschenkt haben. Ist doch echt ein cooler Gedanke: zu wissen, dass er immer wieder mit einer Riesenlatte in seiner Hose an diese Nacht zurückdenken wird.

Wir schliefen aneinander gekuschelt ein und am nächsten Morgen, als wir zu dritt in Annies großem Bett aufwachten, schauten wir uns an und mussten schon wieder lachen. Da war ich wirklich erleichtert, denn ich hatte Angst gehabt vor dem beklemmenden Ach-du-Scheiße-was-haben-wir-nur-getan-und-ich-kann-dir-nie-wieder-in-die-Augen-blicken-Gefühl am Morgen danach. Aber zum Glück war das nicht so. Tom musste relativ schnell weg, küsste uns beide zum Abschied und sagte nichts weiter. Sein glückliches und seliges Grinsen sagte alles. Annie und ich schauten uns danach manchmal schon noch etwas ungläubig von der Seite an, so nach dem Motto ›Haben wir wirklich …?‹, nur um dann wieder loszuprusten. Keine Ahnung, ob das jetzt unsere Freundschaft kaputt macht – das müssen wir jetzt sehen. Und selbst wenn es so sein sollte, ich würde diese eine Nacht niemals bereuen. Und Tom? Keine Ahnung, wir haben keine Telefonnummer und wissen nichts weiter voneinander, nicht mal seinen Nachnamen, was er macht und woher er kommt. Aber vielleicht ist das auch gut so. Der fremde sexy Unbekannte. Du weißt schon. Keine Infos, keine Hemmungen. Alles komplett egal und irrelevant. Die Nummer eben.«

Lina drückte ihre Kippe aus, atmete tief durch und strahlte mich an. »Tja, das war meine Geschichte. Und was hast du so erlebt am Wochenende?«

Ich schmiss ein Stück Paprika nach ihr.

»Verdammte Hacke, Lina, *das* ist wirklich nicht zu toppen. Bis in alle Ewigkeit nicht! Boah, ich sag dir, ich bin echt neidisch. Respekt, meine Liebe, Respekt.« Schweigend saßen wir da und rauchten die ungefähr siebte Kippe des Morgens.

Es klopfte, der nervige Hannes trat in unsere Räucherbude und hustete demonstrativ. »Ich möchte die beiden verehrten quarzenden Damen, die sicher nur eine Recherche zu einem Beitrag mit dem Titel ›Wie viele Kippen verträgt ein menschlicher Körper am Montagmorgen‹ machen, ja nur ungern stören, aber die Redaktionskonferenz beginnt in drei Minuten und ihr seid die Einzigen, die noch fehlen.«

»Jahaaa, wir sind schon unterwegs, du Otto«, fluchte Lina.

Während der wie immer sehr lebhaften Redaktionskonferenz, bei der sich jeder vor dem ätzenden Chef wichtigmachte und dämliches Zeug von sich gab, starrte ich nur aus dem Fenster. Ich konnte mich einfach nicht konzentrieren. Die Story, die mir Lina zum Frühstück serviert hatte, ließ mich nicht mehr los. Verdammt, ich will auch, dachte ich und lächelte sehnsüchtig.

*Vanessa Viola Lau*

# CHARLOTTENBURG PLAZA

*Alice (25), Studentin,*
*über*
*Lars (29), Fitnesstrainer, und Sunil (40), Masseur,*
*und Martin (30), Ingenieur, alle aus Berlin*

Amtsgerichtsplatz. Der Name meines neuen Zuhauses. Nach vielen glücklichen Jahren im Prenzl'berg war ich nun tatsächlich in Charlottenburg gelandet. Nicht gerade hip, aber nachdem ich bei David ausgezogen war, musste es schnell gehen. Ein Freund von mir hatte mir ein Zimmer in einer WG in seinem Haus besorgt. Na ja, es war ja nur für den Übergang.

Die gute Freundschaft mit dem neuen Nachbarn war praktisch – wir wohnten Tür an Tür. Martin begrüßte mich Gitarre spielend mit dem alten Smokie-Song *Living next door to Alice*. Das fand er witzig, mit meinem Namen Späße zu machen. Schwer bepackt kroch ich geradezu die Treppen in den dritten Stock hinauf und war stinksauer. Er hätte mir tragen helfen können. Es war ja schließlich kein richtiger Umzug. Ich besaß nicht viel. Nach der Trennung wollte ich ganz neu anfangen und überhaupt hatte ich grad meine Eso-Phase: Besitz war Ballast. So zog ich unter stuckverzierte Decken zwischen indonesische Schattenspielfiguren und Bastmöbel. Ich bleibe nicht lange, dachte ich.

»Ich werd hier nicht mal 24 Monate bleiben, also lass den Scheiß sein,« zeterte ich, während er weiterjaulte: »Twenty-four years I've been living next door to Alice.« Es war klar, was kam. Er hockte jeden Abend in meiner javanisch eingerichteten Bude und baggerte, was das Zeug hielt. 24 Jahre warten war nicht sein Ding. Zumal ich schon 25 Jahre alt war.

Die WG bestand aus wechselnden »Familienmitgliedern«, die sich wahlweise in Hanoi oder Jakarta, Wageningen in Holland,oder in New York aufhielten. Von Zeit zu Zeit trafen sich die versprengten Verwandten in meiner Wohnung. In dieser illustren Gesellschaft vergaß ich meine eigene Misere – also David – mehr und mehr. Im Sommer ging ich am Wochenende oft aus. In die Techno-Großraumspielplätze für Erwachsene in Friedrichshain-Kreuzberg. Im Winter war das nicht mehr notwendig. Ein Kolumbianer aus der benachbarten WG vertrug die drei nicht sommerlichen Berliner Jahreszeiten nicht, war aber dennoch feierfreudig. Also lud er jedes Wochenende Freunde zu sich ein. Wir tanzten Sirtaki, spielten im Wohnzimmer Billard unter einem an der Decke baumelnden Kanu, das schon den Amazonas und seine Nebenflüsse unterm Kiel gehabt hatte, und genossen wechselnde Gaumen-, Augen- und Ohrenschmäuse. Einmal war das ein original neapolitanisches Tiramisu, ein anderes Mal war das eine ägyptische Bauchtänzerin und noch ein anderes Mal eine chinesische Sängerin.

Nie zuvor hatte ich so eine abwechslungsreiche Zeit erlebt, ohne das Haus zu verlassen. In meiner Euphorie verstieg ich mich sogar dazu, die Verliebtheit eines guten Freundes auszunutzen und ihn als meinen Butler zu beschäftigen. Er ging für mich einkaufen, sodass ich auch von Montag bis Freitag nicht mehr die Wohnung verließ. Ich schrieb an meiner Diplomarbeit und hatte somit genug Gründe, zu Hause zu bleiben. Mein Leben beschritt ich also zunehmend in Hausschuhen. Dennoch erlebte ich Abenteuer, wie sie aufregender nicht sein könnten.

Zunächst allerdings nur vom Hörensagen. Sonntagnachmittags kam nämlich regelmäßig weltläufiger Besuch in meine WG. Und so reiste ich nach Asien und Madagaskar, flog über die Namib-Wüste und machte Pilotentests im Grand Canyon. Und das bei immer wechselnden Getränken: Multivitaminsaft, Erdbeer-Vanille-Tee, Rotwein, Amaretto, Milchkaffee oder Edelstein-energetisiertem Leitungswasser.

In dieser Zeit legte ich auch großen Wert auf meine Gesundheit. Zu Beginn versuchte ich es mit Yoga-Videos, dann organisierte ich mir zwei Fitnesstrainer, die ich beide auf Partys nebenan kennengelernt hatte – sie kamen natürlich auch ins Haus. Wenn man sich in der Eso-Phase befindet, ist es sehr wichtig, ein hervorragend abgestimmtes Sportprogramm zwischen Belastungstrainings und Entspannungstechniken zu haben. Deshalb ritt ich Lars montags und Sunil – ja, er hieß tatsächlich wie das Waschmittel (Sunil heißt auf Hindi »Himmel«) – kam mittwochs zum Tantra.

Doch erst einmal zu meinen Montagen mit Lars: Das Training mit ihm machte zwar schöne Beine, aber war auf Dauer nicht das Gelbe vom Ei. Während der ersten zwei Trainingseinheiten störte mein Nachbar durch dauerhaftes An-die-Tür-Klopfen. Er hatte Lars durch den Spion kommen sehen und roch Lunte. Beim dritten Mal saß mein Butler im Nebenraum, was ich sehr erregend fand. Dem Butler war nämlich nicht bekannt, was nebenan passierte. Er saß im Wohnzimmer, blätterte in einer *Geo*-Zeitschrift aus dem Jahr 2005 und wartete, bis ich »das Telefonat mit meiner Mutter über geheime Familienangelegenheiten« beendet hatte.

Er wusste noch nicht einmal, dass Lars sich überhaupt in der Wohnung befand. Damals dachte ich, dass das Verhältnis mit Lars nicht von Bestand sein würde, wenn ich schon beim dritten Mal »Hilfsmittel« wie das Warten eines hilflosen Nebendarstellers benötigte, um meine Pulsfrequenz in eine fettreduzierende Höhe zu treiben. Nach dem ungestörten vierten Mal hatte ich endlich Muskelkater. Trotz allem dauerte das Training noch fast ein halbes Jahr. Es war nicht mehr so aufregend, aber da ich immer noch in meiner provisorischen Behausung verweilte und außer Sunil keine weiteren Fitnesstrainer von nebenan rekrutieren konnte, hielt ich es für angebracht. Lars war mein beständiger Montagstermin.

Die 68er-Sozialisierung meiner Mitbewohnerin bescherte mir meinen Dienstagstermin. In ihrem Zimmer ging es zu wie im Taubenschlag. Während des ersten halben Jahres kamen Hartmut, Cliff und Eugen-Waldemar. Letzterer hatte manchmal Erektionsstörungen. Wenn er der gebeutelte Ehemann gewesen wäre, hätte ich das ja verstehen können. Aber er kam als Liebhaber, bekleidete also eine Rolle, die schwerpunktmäßig daraus bestand, eine Erektion aufzubauen und zu halten. Machte aber nichts, Eugen-Waldemar war bereits seit 1988 Liebhaber und gehörte praktisch zur Familie.

Er kam also dienstags und saß, da er ja meistens keinen hoch bekam, in der Küche und berichtete von Osho-Orgien, LSD-Trips und Woodstock, außerdem über seine vier (ihm bekannten) Kinder von drei verschiedenen Frauen. Er verbreitete mit seiner Anwesenheit einen Hauch der Charlottenburger Inselmentalität der Achtziger, was zum Teil an seiner seit jener Zeit unwesentlich geänderten Frisur und Mode lag.

Mittwochs kam dann der Höhepunkt, obwohl ich nicht zu einem solchen kam. Sunil, mein Tantra-Termin, war Inder und kam aus Kerala. Er hatte große dunkle Augen und ein sanftes Lächeln. Das waren aber nicht die Gründe, aus denen ich ihn gewählt hatte. Wesentlich war, dass er am Abend unseres Kennenlernens nur in der Ecke saß und lächelte. Nach der Bruchlandung mit dem hyperaktiven David war ich von prahlerischen, geschwätzigen Männern geheilt und sehnte mich nach dem Gegenteil. Früher wäre er mir gar nicht aufgefallen, aber jetzt war er das Sahnehäubchen des Cannabis-Marillen-Riemchenkuchens, zu dem mein Leben zunehmend mutierte. Jede Woche ließ er sich etwas Neues einfallen. Meistens zündete er Räucherstäbchen an, was einem unsichtbaren Bitte-nicht-stören-Schild gleichkam. Dazu gab es fremdländische Instrumentalmusik. Dann verbeugten wir uns voreinander und anschließend musste ich mich auf das Bett legen.

Einmal verband mir Sunil die Augen – die Feier der Sinne begann. Zuerst der Geruchssinn: Ich roch an Tiarée-Tahiti-Duftöl, an frischen Erdbeeren und an Kakaobohnen aus Ecuador. Ich musste sagen, was es war, das er mir da vor die Nase hielt. Danach folgte der Geschmackssinn: Ananas und Mango gefolgt von den erschnupperten Erdbeeren und Haselnuss-Eiscreme. Dabei fütterte mich Sunil. Es war seltsam, nicht zu wissen, was als Nächstes kommt. Bei dem Eis schmeckte ich zuerst die Kälte, dann die Süße, dann das Aroma. Genau in der Reihenfolge. So etwas war mir vorher nie passiert. Ich meine, wenn man im Eiscafé einen Haselnuss-Eisbecher bestellt, weiß man genau, was man bekommt.

Manchmal ist auf dem Speisekartenbild auch noch eine Haselnuss nebst Stengel abgebildet, damit sich das Auge schon mal auf den folgenden Geschmack einstellen kann. Hier war das nicht so. Das Prickeln, das die Südfrüchte auf meiner Zunge hinterließen, machte Lust auf mehr. Und es gab mehr.

Dann folgte nämlich der Tastsinn. Mit einer Feder kitzelte Sunil meinen Haaransatz und fuhr mir damit über Stirn und Wangen herunter zum Hals. Mein Hals war sehr empfindlich. Die Feder wanderte weiter zu meinem Busen, den sie aber nur am Rande umschmeichelte. Meine Brustwarzen sparte sie aus. Dann zog sie weiter Richtung Süden. Entlang der Rippenbögen, um den Bauchnabel herum und ja, zwischen die Beine. Dort umspielte sie meinen Kitzler, um dann noch weiter die Oberschenkel entlang zu den Knien, den Waden und bis zu den Füßen zu wandern. Da musste ich lachen. Der Federführer ließ sich nicht irritieren und wanderte wieder nach oben.

Dann sollte ich mich auf den Bauch drehen. Sunil hatte die Feder zur Seite gelegt und beträufelte mich mit Babyöl. Dann wanderten seine Hände über meinen Rücken: rauf und runter und zu allen Seiten. Das Öl rann an den Seiten herunter aufs Bett. Dann sollte ich mich wieder umdrehen. Sunil massierte weiter, langsam, und unterbrach sich nur, um mich mit Erdbeeren zu füttern. Ich entschwebte in ein anderes Universum.

Als das Ritual beendet war, setzten wir uns wieder einander gegenüber, es gab ein paar Verbeugungen wie am Anfang und Sunil verabschiedete sich höflich. Eingeölt und im nachtblauen Seidenbademantel stand ich in der Tür und sah ihm nach. Ich fühlte mich ausgeglichen, befriedigt und entspannt. Dann hörte ich Schritte im Treppenhaus. Nachbar Martin musste Sunil auf Höhe des ersten Stocks über den Weg gelaufen sein.

»Hallo Alice«, begrüßte mich Martin. Er kam aus dem rauen Alltag, ich aus einer indischen Wellnessbehandlung der besonderen Art. Er schaute auf meine Zehen: Sie waren rotlackiert und glänzten ölig. »Du siehst ja entspannt aus …«, stöhnte er unter dem Gewicht seiner Einkäufe. Er ließ die Kaiser's-Tüten sinken.

»Was hast du denn da?«, fragte ich ihn.

»Nur die Zutaten für ein fürstliches Mahl. Heute will ich einfach nur essen, fernsehen und schlafen«, entgegnete er. Es gefiel mir, dass er mal nicht baggerte.

»Was hältst du davon«, fragte ich ihn, »du machst den Wein auf, setzt dich in meine Küche und ich koche dir was Schönes.« Er schaute mich ungläubig an, zögerte aber nicht lange und ging an mir vorbei in die Küche. Dort setzte er sich an den Küchentisch. Martin sprach von seiner Arbeit, von der Kälte draußen, von der Schlange im Supermarkt. Ich ließ ihn reden, streichelte ihm während der Zubereitung öfter mal über Haar und Wangen und bot ihm nach dem Essen eine Massage an.

Er trottete ins Schlafzimmer und ließ sich aufs Bett fallen. Ich zog ihm sein Hemd aus, ölte meine Hände ein und begann, ihm über den Rücken zu streichen. Er ließ es sich gefallen. Doch nur kurz, dann drehte er sich um, zog mich an sich und küsste mich. Ich zog mein Gesicht ein wenig zurück und grinste. Er streifte mir den Bademantel ab und griff nach meinen Brüsten. Ich langte in seinen Schritt und öffnete seine Hose. Das Vorspiel hatte ich ja bereits mit Sunil gehabt, der sich auf diesem Gebiet als hochqualifiziert erwiesen hatte. Nun saß ich auf Martin und kam ziemlich schnell zur Sache. Das Öl ließ alles besser gleiten und führte mich rasch zum Ziel.

»Wow«, sagte Martin, als ich aufstand und mich sogleich wieder in den Mantel hüllte. »Wow. Was ... war ... das?«

Ich lächelte verführerisch. »Nächsten Mittwoch wieder, wenn du magst ...«

»Warum Mittwoch? Äh ja, na klar, okay, ich dachte nur, Mittwoch kommt doch immer deine Fernsehserie ... aber klar, na klar.« Er machte sich die Hose zu und stolperte an meiner Mitbewohnerin vorbei zur Tür. Ich schlug ihm noch mal lässig auf den Hintern und danach hinter ihm die Tür zu.

Als ich mich umdrehte, sah mich meine Mitbewohnerin halb ungläubig, halb bewundernd an: »Respekt. Und wer kommt morgen?«

*Sabine Anders*

# LIEBER LEBEN ALS LÜGEN

*Jana (25), Studentin, München,*
*über*
*Dwayne (29), Forest Ranger, New Mexico*

Er war Amerikaner, aber ich lernte Dwayne in Irland kennen. Ich war mit meinem damaligen Freund, Alex, zum Wandern in Kerry. Es war April und die Jugendherberge nur mittelmäßig voll, sodass wir mit Dwayne in einem Zimmer mit zwei Stockbetten landeten. Ich dachte nicht daran, dass es in Irland ja immer regnet und ließ das Fenster offen, damit ein bisschen frische Luft hereinkam. Als wir abends vom Wandern zurückkehrten, hatte ein Regenschauer die Matratze und Bettwäsche des oberen Stockbetts vollkommen durchnässt. Unser Mitbewohner, den wir bis dahin noch nicht zu Gesicht bekommen hatten, hatte sein Gepäck über die untere Etage des anderen Stockbetts ausgebreitet. Es sah so aus, als bliebe mir nichts anderes übrig, als mit Alex das untere Bett zu teilen, das eigentlich viel zu schmal dafür war.

Dwayne, der kurz nach uns ins Zimmer kam und sich als amerikanischer Austauschstudent vorstellte, bot mir an, die untere Etage seines Betts freizuräumen, und ich stellte überrascht fest, dass ich tatsächlich lieber unter Dwayne geschlafen hätte als mit Alex in dem schmalen Bett. Trotzdem hätte ich Dwaynes Angebot wahrscheinlich auch dann abgelehnt, wenn Alex nicht schon gesagt hätte: »No, thanks, we're fine.« Alex' Englisch war besser als meines, er hatte zwei Semester seines Jurastudiums in England absolviert. Meine Enttäuschung über den geplatzten Bettentausch war groß, als ich wenig später unter der Dusche stand. Heute ist mir klar, dass das, was ich damals fühlte, die ersten typischen Anzeichen von Liebe auf den ersten Blick waren oder vielmehr Verliebtsein – Euphorie, Appetitlosigkeit, wie auf Wolken schweben. Gefühle, die auch Alex in mir hervorgerufen hatte, als wir uns kennen lernten. Oder besser gesagt, bevor ich ihn kennenlernte.

Ich nahm meine Kleidung zum Wechseln mit in das Bad. Alex mochte es auch in unserer Wohnung nicht, wenn ich »unnötig nackt« herumlief, wie er es nannte. »Die Nachbarn könnten Anstoß nehmen.« Dwayne dagegen, der als Nächster duschte, kehrte nur mit Unterhosen bekleidet ins Zimmer zurück. Ich hatte Alex noch nie einen Grund gegeben, eifersüchtig zu sein. Wie hätte er wohl reagiert, wenn er gewusst hätte, dass ich beim Haarekämmen heimlich zusah, wie Dwayne sich auszog. Aber zum Glück war Alex ja unter der Dusche.

Dwayne war Ende zwanzig, sah jedoch etwas jünger aus. Er war ungefähr so groß wie Alex, etwa einen Meter neunzig, und er hatte den durchtrainierten Körper eines typischen Sportstudenten. Was ihn neben seiner Haarfarbe (Hell- statt Dunkelbraun) am meisten von Alex unterschied, war die Art, wie er mich ansah. Bewunderung lag in seinen Augen, sein Blick gab mir das Gefühl, eine begehrenswerte Frau zu sein, oder noch mehr: eine Frau, der er nicht widerstehen konnte. Ich musste erst einmal mein Schulenglisch aus meinem Gedächtnis hervorkramen, bevor ich ihn fragen konnte, wo er herkam, was er studierte und was ihn nach Irland geführt hatte. Doch die Art, wie er mich ansah, schien alle Fragen überflüssig zu machen, sogar die, die ungewollt als Erstes in meinem Kopf auftauchte: Do you have a girlfriend?

Gefragt habe ich ihn das nie. Erstens dachte ich, dass Dwayne, so wie er aussah, sowieso eine Freundin haben musste – wenn auch anscheinend nicht in Irland dabei. Zweitens war Alex eigentlich der perfekte Partner: immer aufmerksam, zuvorkommend und fürsorglich. In ein paar Jahren, wenn er mit seinem Studium fertig sein würde (und ich wahrscheinlich nicht), wollten wir heiraten. Eigentlich hätte ich glücklich sein müssen, aber ich war es nicht. Wenn ich mit meinen Freundinnen redete, sagten sie mir, wie beneidenswert meine Beziehung mit Alex wäre. Mir aber gaben sie stets nur das Gefühl, dass mit mir irgendetwas nicht stimmte.

Dwayne ging mit einem vielversprechenden Lächeln und einem knappen »see you« aus dem Zimmer, kurz bevor Alex aus der Dusche zurückkehrte. Natürlich war *er* vollständig bekleidet. Ich trieb ihn zur Eile an. Zuerst dachte ich, weil ich hungrig und erschöpft vom Wandern wäre, doch dann stellte ich fest, dass ich überhaupt nicht mehr hungrig oder erschöpft war. Ich hatte es eilig, weil ich hoffte, Dwayne in der Küche der Jugendherberge wieder zu begegnen. Zum Glück war es noch früh fürs Abendessen und außer Dwayne und uns niemand in der Küche. Wir konnten gar nicht anders, als uns an einen Tisch zu setzen. Beinahe scheiterte es daran, dass Dwayne viel länger zum Kochen brauchte als wir. Er schnitt frische Karotten, Paprika, Lauch und noch zwei andere Gemüsesorten, von denen ich nicht einmal die Namen gewusst hätte, in eine Pfanne, während er in einem anderen Topf Reis garte. Bei uns gab es nur Toastbrot mit Käse und Tomaten. Für Alex war Essen Mittel zum Zweck – nichts, das man zelebrierte oder genoss.

Alex unterhielt sich mühelos mit Dwayne und ich erfuhr, dass er aus New Mexico kam, im Südwesten der USA, und seine Eltern ihn auf eine Europareise geschickt hatten. Anscheinend war er ähnlich wander- und kletterverrückt wie Alex, aber das war auch schon das Einzige, was die beiden gemeinsam hatten. Sie tauschten sich bald über Berge und Wanderwege aus, von denen ich nicht einmal hätte sagen können, auf welchem Kontinent sie sich befanden. Die beiden schlossen mich praktisch aus dem Gespräch aus und doch war ich mir sicher, dass Dwayne sich meiner Anwesenheit – im Gegensatz zu Alex – jede Sekunde voll und ganz bewusst war. Es kam mir vor, als führten Dwayne und ich mit Blicken eine Unterhaltung, die von den Worten, die zwischen ihm und Alex gesprochen wurden, ganz weit weg war. Das Nächste, was ich mitbekam, war, dass Alex und Dwayne für den kommenden Tag eine gemeinsame Tour planten. Und zwar eine, die noch anstrengender war als die, die wir gerade hinter uns gebracht hatten.

»Du kommst mit, Jana, oder?«

Seiner Stimme nach zu urteilen, wollte Alex, dass ich mitging. Aber mein Verstand sagte mir, dass ich ablehnen und mir einen ruhigen Tag in der Stadt gönnen sollte, wie ich es eigentlich vorgehabt hatte. So wie es klang, war die Tour sogar für Alex zu schwierig. Wahrscheinlich wollte er, dass ich mitging, damit er mich als Vorwand benutzen konnte, die Strecke leichter zu gestalten, und gegenüber Dwayne keine Schwäche zugeben musste.

»Ich weiß nicht«, sagte ich. »Ich habe noch Muskelkater von gestern.«

Ich lächelte Dwayne entschuldigend an. Ich wusste nicht, wie viel Deutsch er verstand, und fand es ziemlich unhöflich von Alex, in Dwaynes Gegenwart deutsch zu sprechen. Ich hätte nicht gewusst, was Muskelkater auf Englisch heißt, doch Alex schien es Dwayne zu erklären, denn das Nächste, was Alex zu mir sagte, war: »Dwayne sagt, er kann dich massieren.«

Ich konnte nicht verhindern, dass ich rot anlief. Beide sahen mich abwartend an, wenn auch auf eine völlig unterschiedliche Weise.

»Why not«, sagte ich und zuckte mit den Schultern.

Wenn Alex nichts dagegen hatte oder nicht mitbekam, was hier lief, war es sein Problem. Alex hatte ja auch nichts davon mitbekommen, dass ich in ihn verliebt war. Es war auf der Semester-Opening-Party in meinem dritten Semester, als wir uns zum ersten Mal begegnet waren. Alex wohnte nicht weit weg von mir. Es war ein Leichtes, ihn beim Einkaufen oder Joggen abzufangen, doch es dauerte eine Ewigkeit, bis er mich schließlich zu sich nach Hause einlud. Und es dauerte noch einmal so lange, bis wir endlich das erste Mal Sex hatten. Alex reagierte so zögerlich auf meine Verführungsversuche, dass ich mich eine Zeit lang besorgt fragte, ob er schwul war – oder ich nicht attraktiv. Immer musste ich die Initiative ergreifen. Und daran hatte sich nichts geändert. Tat ich es nicht, konnte es passieren, dass wir monatelang keinen Sex hatten. Ich habe es ausprobiert. Alex schien kein Bedürfnis nach Berührung zu verspüren. Seit ich seine Eltern kenne, glaube ich, dass Alex einfach nur extrem verschämt ist. In Gegenwart seiner Eltern oder überhaupt anderer (einschließlich Dwayne) fasste er mich nicht an, nicht einmal meine Hand hielt er. Er vermied es sogar, mich anzusehen. Oder war er einfach so sehr Kopfmensch, dass er überhaupt kein Interesse an Sex hatte? Ich weiß es nicht. Vielleicht lag es auch daran, dass Alex lieber auf irgendeine andere Art Sex gehabt hätte. Denn über Sex zu reden, fiel Alex noch schwerer, als ihn zu haben.

Dwayne dagegen gab mir von Anfang an das Gefühl, eine begehrenswerte Frau zu sein. Es reichte schon der Blick, mit dem er mich ansah, und das immer unverhohlener. Wahrscheinlich ging er davon aus, dass etwas zwischen Alex und mir nicht stimmte, weil Alex mich nicht berührte. In unserem Zimmer rollte Dwayne seine Isomatte auf dem Boden aus, sagte mir, ich solle mich auf den Bauch legen, und fragte mich, ob er sich auf mich draufsetzen dürfe. Alex war schon vorher aus dem Zimmer gegangen. Offensichtlich vertraute er mir. Oder Dwayne. Oder dem allgemeinen Anstand. Wohin er ging oder was er tat, weiß ich nicht, aber ich dachte auch nicht lange darüber nach. Die Massage war mehr als angenehm, eindeutig nicht nur Mittel zum Zweck, und beinahe hätte ich Dwayne gefragt, ob er im Massieren ausgebildet worden war. Dann spürte ich, dass sich sein Penis bewegte und er eine Erektion bekam. Also konnte er doch nicht so professionell sein. Er sagte nichts, sondern massierte einfach weiter. Ich schloss die Augen und freute mich. Es lag also doch nicht an mir, dass Alex so selten Sex mit mir haben wollte.

»You are beautiful« war alles, was Dwayne sagte, als er die Massage mit ein paar liebevollen Strichen über meinen Rücken beendete, von mir herunterstieg und im Badezimmer verschwand. Am liebsten hätte ich ihn begleitet.

*

Irgendwie schaffte Dwayne es, dass Alex ihn nach der Wanderung am nächsten Tag aufforderte, uns in München zu besuchen, und ihm anbot, bei uns zu übernachten. Deutschland stünde eh auf der Liste seiner Reiseziele, meinte Dwayne nur. Eine Woche später holten wir ihn am Flughafen ab. Ich hatte noch eine Woche Zeit, bis meine Vorlesungen anfingen, die mich eh nicht interessierten. Wir hatten Dwayne bei Alex einquartiert, der wiederum bei mir im Bett schlief, aber natürlich schlief er nicht mit mir und mochte es nicht, wenn ich ihn nachts umarmte oder auch nur berührte.

Alex machte ein Praktikum am Gericht und musste um sieben aus dem Haus. Ich hörte, wie Dwayne aufstand, kurz nachdem Alex gegangen war, und ins Bad ging. Gerade als ich auch aufstehen wollte, klopfte er an meine Zimmertür und öffnete sie vorsichtig einen Spalt.

»I'm going to make coffee«, sagte er. »You want some too?« Ich nickte, doch es kam mir vor, als redeten wir über etwas völlig anderes. Es lag an der Art, wie er mich ansah, obwohl ich meine Decke fast bis zum Hals heraufgezogen hatte. Ich hätte schwören können, dass er – genau wie ich – darüber nachdachte, wie es wäre, wenn er sich zu mir ins Bett legte. Leider ging er stattdessen in die Küche. Als ich mich angezogen hatte und zu ihm stieß, fragte er mich, ob ich Appetit auf Obst, Joghurt und Müsli zum Frühstück hätte und ob ich mit ihm joggen wollte. Beim Frühstück kamen wir schnell ins Gespräch. In den Tagen davor hatte ich mein Englisch aufgefrischt und mir ein paar Fragen zurechtgelegt. Ich fing mit den einfachen an. Was genau studierte er? Auf welche Uni ging er?

»I don't go to university at all«, antwortete er. »But don't tell my parents. I work as a forest ranger.«

Später habe ich mich öfter gefragt, ob er von Anfang an geplant hatte, dass ich eines Tages seinen Eltern begegnen würde. Er erzählte, dass er in einem kleinen Haus wohnte, welches seine Eltern früher als Ferienwohnung genutzt hatten, mitten in den Bergwäldern ein paar Kilometer außerhalb eines kleinen Orts: Taos. Er zeigte ihn mir auf der Karte. Nachts konnte man dort angeblich Kojoten heulen hören.

Eigentlich war Joggen nicht mein Ding, aber mit Dwayne hätte ich alles unternommen, nur um mit ihm zusammen zu sein.

Schließlich ging ich davon aus, dass wir nur die eine kurze Woche zusammen hatten. Das letzte Mal joggen war ich am Anfang meiner Beziehung mit Alex gewesen. Nur daher konnte ich eine Strecke vorschlagen: Alex lief sie zweimal pro Woche, immer um dieselbe Uhrzeit. Einmal hatte ich es so eingerichtet, dass ich ihm viermal an einem Morgen über den Weg lief, jedes Mal an einer Stelle, die sich prima dazu geeignet hätte, wenigstens einen Kuss auszutauschen, aber Alex war nie auf die Idee gekommen. Stattdessen hatte er mich nach den Einzelheiten meines Fitnesstrainings gefragt, das gar nicht existierte.

»Ich trainiere gar nicht«, hatte ich damals gesagt. »Ich versuche nur, dich dazu zu bringen, im Wald über mich herzufallen.«

Damit hatte ich ihn stehen lassen. Heute bin ich überzeugt, dass Alex, der bei meinen Worten rot angelaufen war, sich nicht etwa über eine verpasste Gelegenheit geärgert, sondern große Erleichterung verspürt hatte, als ich außer Sichtweite war.

Nachdem Dwayne und ich Alex' Runde gelaufen waren, ging ich erst einmal duschen. In Gedanken war ich immer noch mit Alex beschäftigt und träumte so vor mich hin. Als ich das Wasser abdrehte und die Duschtür öffnete, stand Dwayne vor mir und hielt ein aufgespanntes Handtuch in den Händen. In meine Gedanken an Alex versunken, hatte ich nicht bemerkt, wie er hereingekommen war. Er legte mir das Handtuch um die Schultern, hielt die Enden fest und zog mich an sich. Es schien ihn nicht zu stören, dass sein T-Shirt nass wurde. Mich störte es nicht, dass sich sein erigierter Penis in meinen Bauch bohrte.

»You smell nice.«

Ich küsste ihn. Er hob mich aus der Dusche und auf die Waschmaschine, als wöge ich nicht mehr als das Handtuch. Wenn Alex und ich Sex hatten, war in achtzig Prozent der Fälle ich oben, weil ich ihn sonst überhaupt nicht ins Bett bekommen hätte. Mit Dwayne dagegen brauchte ich anscheinend nicht einmal ein Bett. Natürlich hätten wir auch in mein oder Alex' Zimmer gehen können oder wenigstens auf das Sofa im Wohnzimmer. Es war ja niemand außer uns zu Hause. Ob Dwayne auf die Idee im Bad gekommen war, weil er gesehen hatte, dass Alex seine Kondome in dem Spiegelschrank über dem Waschbecken aufbewahrte? Sex ohne Kondom kam für Alex selbst nach den fünf Jahren, die wir zusammen waren, nicht in Frage. Genauso wenig wie Sex an einem anderen Ort oder zu einer anderen Zeit als nachts in einem Bett.

Ich zog Dwayne das T-Shirt über den Kopf und streichelte seine Brust und seinen Bauch. Als ich in seiner Unterhose vorsichtig nach seinem Glied tastete, streifte er hastig seine Jogginghose ab und griff nach den Kondomen im Schrank. Er musste das Kondom mit einer Hand aus der Packung befreit und sich übergestreift haben, denn seine andere Hand hatte er zwischen meinen Beinen und ich hielt sie dort fest. Er konnte auch nicht hingesehen haben, denn ich küsste ihn die ganze Zeit. Als er in mich eindrang, hielt er mich mit beiden Händen fest, sodass ich mich ganz hingeben konnte und keine Angst hatte, von der Waschmaschine herunterzufallen. Und das war das Schönste: dass endlich jemand so sehr Sex mit mir haben wollte, dass er mich festhielt und ich mich gar nicht hätte befreien können, selbst wenn ich gewollt hätte. Ich weiß nicht, was ich hätte anstellen müssen, um Alex so sehr zu reizen, dass er nicht mehr in der Lage gewesen wäre, unser Liebesspiel jederzeit abzubrechen.

Dwayne wartete, bis ich kam, was nicht lange dauerte. Als Dwayne mich vorsichtig von der Waschmaschine herunterhob, zog ich ihn unter die Dusche. Wir seiften uns gegenseitig ein. Das war noch etwas Schönes: dass Dwayne auch nach dem Sex nicht die Finger von mir lassen konnte. Und nicht nur seine Finger. Ständig knabberte oder leckte er an mir herum, an meinen Ohren, meinen Brüsten, meinen Fingern, meinen Händen. Wir schafften es gerade, uns in zwei Bademäntel zu hüllen, in die Küche zu gehen und zwei Gläser mit Apfelschorle zu füllen, bevor wir uns wieder liebten. Ich gebe zu, dass ich mich nicht wirklich über den Küchentisch beugte, um die Titelseite der Zeitung zu studieren. Trotzdem war ich überrascht, als Dwayne mich von hinten umarmte, bevor ich auch nur eine Zeile lesen konnte, und ich zwischen meinen Beinen fühlte, dass er schon wieder so weit war.

Er umfasste meine Brüste mit seinen Händen und ich war kurz davor, ihn ohne Kondom mit mir schlafen zu lassen.

»Just a second«, murmelte er. Mit eiligen Schritten entfernte er sich Richtung Badezimmer. Ich überlegte kurz, ob ich warten konnte, bis er wiederkam, oder ob ich ihm ins Bad folgen sollte. Aber ich hatte schon immer davon geträumt, Sex auf dem Küchentisch zu haben. Diesmal musste er sich das Kondom im Gehen übergestreift haben. Den Bademantel hatte ich mir in der Zwischenzeit ausgezogen. Er vergrub eine Hand in meinen Haaren, mit der anderen liebkoste er meine Brüste. Der Küchentisch wackelte etwas, eine leere Blumenvase fiel um, aber er hielt Dwaynes Stößen stand. Dwayne schien ein zweites Mal genauso dringend gewollt zu haben wie ich. Und nicht nur ein zweites Mal.

An diesem Tag und in den nächsten Tagen hatten wir Sex im Bad, in der Küche, in meinem Bett, in Alex' Bett, auf dem Wohnzimmerteppich und auf dem Sofa. Nie musste ich ihn dazu auffordern. Ein Blick oder eine kleine Bewegung genügten ihm. Er folgte mir sogar in die Unibibliothek. Es war herrlich entspannend, nicht die Führung übernehmen zu müssen, sondern Dwayne einfach machen zu lassen. Endlich war ich abends wieder einmal auf eine zutiefst zufriedene Art müde und ausgelaugt. Dwayne dagegen zeigte keine Spur von Erschöpfung. Er sagte mir ständig, dass ich so schön wäre, dass er nicht anders konnte, dass er mich liebte und mich nie wieder hergeben würde.

Es war das erste Mal, seit ich mit Alex zusammen war, dass mir jemand zustimmte, dass in der Beziehung zwischen Alex und mir etwas nicht in Ordnung war und dass ich nicht mit ihm zusammenbleiben sollte. Ich war erleichtert, endlich jemandem sagen zu können, wie unglücklich ich wirklich war, und nicht mehr so tun zu müssen, als wäre alles bestens, nur weil Alex in den Augen meiner Mutter, meines Vaters, meiner Schwester und meiner Freundinnen so perfekt war, dass ich mich allein bei dem Gedanken, ihn zu verlassen, schlecht fühlte. Nach ein paar Tagen gab ich mir keine Mühe mehr, unsere Spuren zu verwischen. Es war Zeit, dass Alex auch aufwachte.

Dwayne musste mich gar nicht erst auffordern, ihn nach Amerika zu begleiten. Ohne dass es einer von uns aussprach, schmiedeten wir plötzlich Pläne für eine gemeinsame Zukunft in seinem Land.

»Come with me«, sagte er plötzlich, als er am helllichten Tag mitten auf dem Wohnzimmerteppich auf mir lag, und ich dachte zuerst, er redete über das, was wir gerade taten. Seine Hände waren so fest in meine gekrallt, dass es wehtat, sein Mund dicht an meinem Hals. Ich hatte meine Beine um seine Hüften geschlungen und versuchte, ihn tiefer in mich zu drücken. »Come with me.« Diesmal flüsterte er es in mein Ohr. »Jana.«

Ich liebte die Art, wie er meinen Namen aussprach. Wie richtig sich plötzlich alles anfühlte. Es war mir nicht mehr peinlich, Sex haben zu wollen, oft, manchmal nur kurz, manchmal länger. Ich genoss es, seine Augen auf mir zu spüren, wenn ich nackt durch die Wohnung lief. Es machte mir Spaß, ihn in den Mund zu nehmen und Dwayne so um den Verstand zu bringen, was Alex nie geduldet hätte.

Am Abend vor unserem Abflug warteten wir mit gepackten Koffern auf Alex.

»I'm taking her with me«, war alles, was Dwayne zu Alex sagte. Er hielt meine Hand und es fühlte sich so richtig an, dass ich fast überrascht war, dass Alex uns nicht aus vollem Herzen zustimmte.

»Tut mir leid, Alex«, sagte ich, aber es tat mir nicht leid. Innerlich jubilierte ich. Ich schwor mir, dass es das letzte Mal sein sollte, dass ich jemanden belog, mich selbst eingeschlossen. Alex seufzte auf dieselbe Art, als wenn er am Schreibtisch saß, ich ihn umarmte und alles, was ihm dazu einfiel, auf »nicht jetzt« hinauslief.

»Jana, kommst du bitte mal mit?« Alex hielt die Tür zu meinem Zimmer auf. Oder vielmehr zu dem Raum, der bis vor ein paar Stunden mein Zimmer gewesen war. Ich schüttelte den Kopf.

»Ich gehe mit Dwayne.«

»Hast du den Verstand verloren?« Alex sah mich mit zusammengekniffenen Augen an.

»Kann sein. Vielleicht solltest du auch mal deinen Verstand verlieren. Würde dir guttun.«

»Jana, du kennst ihn doch überhaupt nicht! Du willst einfach so mit ihm nach Amerika gehen? Was, wenn er ein Psychopath ist? Ein Killer? Vielleicht hat er schon eine ganze Sammlung von Frauen, die in Amerika auf ihn wartet!« Alex hatte also doch Fantasie.

»Du hast zu viel ferngesehen.«

»Wovon willst du leben?«

»Hauptsache, ich lebe überhaupt mal.«

Was nützte mir ein Lebensunterhalt, wenn ich kein Leben hatte, das es zu unterhalten lohnte? War Alex tatsächlich glücklich in unserer Beziehung gewesen? Kannte er mich – und sich – so wenig? Sah er nicht, dass er in weniger als einem Monat über mich hinwegkommen würde? Alex war viel zu vernünftig um zuzulassen, dass Gefühle sein Leben wesentlich beeinträchtigten. Ich war nicht die richtige Frau für ihn. Besser so, als wenn wir es uns nach zehn oder zwanzig Jahren Ehe eingestehen mussten. Ich fand es erschreckend, wie viele Leute ein Leben führen, nur um von anderen akzeptiert zu werden, anstatt auf sich selbst zu hören. Alles schien mir besser als eine Beziehung ohne Liebe, ohne Sex. Sogar verlassen werden. Das wusste ich, seit Dwayne mich das erste Mal berührte. Es war mir egal, ob er seine Versprechen einhalten würde. Ob er mir tatsächlich treu blieb oder ich drei Monate später mit scheinbar leeren Händen nach Deutschland zurückkehrte, spielte keine Rolle. Denn meine Hände würden nicht leer sein. Auch wenn es so aussah. Dwayne hatte mir etwas gegeben, das mir niemand mehr wegnehmen konnte.

Christiane Hagn

# GEN ITALIEN –
# IM JAMBUS ZUM ORGASMUS

*Hanna Kirsch (22), Studentin, Regensburg,*
*über*
*Lorenzo Camattari (29), Dichter, Fano / Italien*

Wenn nichts mehr hilft, hilft nur noch Italien!« Da ist sich Linda ganz sicher. Aber bereits im Nachtzug hören wir Annika wieder schluchzen. Sie heult ohne Unterlass. Schuld daran ist Sören, Annikas große Liebe. Er hat vor vier Wochen Schluss gemacht. Seit diesem schwarzen Tag lacht Annika nicht mehr. Sie isst nicht, sie schläft nicht. Unsere Freundin ist zu einem Kette rauchenden Häufchen Elend geworden – abgemagert, eingefallen und blass.

Ich erinnere mich ganz genau an den Tag, an dem für Annika die Welt unterging. Es war ein Sonntag im Mai gegen neun Uhr abends, als Annika mich anrief. Ich jobbte als Inspizientin am Theater. Ironischerweise spielten sie gerade *Romeo und Julia*. Als hätten sie es gewusst! Annika konnte am Telefon kaum sprechen. Sie klang wie ein sterbendes Tier. Mir war sofort klar, dass es sich um einen absoluten Notfall handelte. Ich hatte das Stück inzwischen schon dreißig Mal von meinem Inspizientenpult aus gesehen und entschied spontan, dass Romeo heute seine Julia auch ohne Technik in den Tod begleiten konnte. Denn ich musste los, Annikas Leben retten. Das Schließen des Vorhangs am Theater ist eh völlig überbewertet. Meine Meinung. Allerdings sah das künstlerische Betriebsbüro unseres konservativen Stadttheaters das ganz anders. Und so war ich ihn wieder los, meinen Traumjob. Annika ohne Traummann, ich ohne Traumjob! Schöner Scheiß.

Diesem schrecklichen Tag folgten Wochen der Zwangsernährung, stundenlanger Gespräche und vielfältiger Ablenkungsmanöver wie Kino, nackte Männer, Alkohol, Spaziergänge, Pilze sammeln im Wald. Linda und ich versuchten die absurdesten Dinge, um Annika auf andere Gedanken zu bringen. Nichts half. Annika ekelte alles nur an: die Welt, die Menschen, Pilze! Linda und ich fühlten uns wie Ballons, aus denen man die Luft rausgelassen hatte. Wir waren am Ende unserer Kräfte und unserer Geduld.

Mein eigenes Glück mit Männern hielt sich seit Langem in Grenzen. Ich hatte keine Liebe, die mich hätte verlassen können, aber dafür hatte ich Affären, die nichts als deprimierend waren. In der Provinz schläft jeder mit jedem – ich nehme mich da nicht aus. Wenn man Sex mit Schokoladenkuchen vergleicht, hatte ich mich einfach überfressen. Mir war schlecht und ich setzte mich selbst auf strengste Diät.

Linda hatte die Idee mit Italien: Italien als Rettung für uns alle. Laue Sommernächte, Aperitif-Bars, das Meer und echte Männer! Männer, die Frauen schon aus Prinzip, aus angeborenem Instinkt auf Händen tragen. Das würde uns allen guttun. »Wenn nichts mehr hilft, hilft nur noch Italien!« Ganz sicher.

Linda spricht perfekt italienisch und arbeitet in den Semesterferien regelmäßig als Betreuerin für Orchestermusiker aus Italien. Sie organisiert deren Aufenthalt in Deutschland, führt die Herrschaften in Restaurants aus, bringt sie sicher ins Hotel – oder auch mal ins Bett. Mit Zudecken und Gutenachtkuss oder mehr ... Linda ist kein Kind von Traurigkeit. Wirklich nicht.

Letzte Semesterferien hat sie die Erste Geige irgendeines weltberühmten Orchesters besonders hingebungsvoll betreut: Angelo, Lindas italienischen Engel. Keiner kann so gut lecken wie Angelo, schwärmt Linda. Wir wundern uns, dass er kein Bläser ist. Jedenfalls hat Linda ihm für ein paar Tage seine Villa in Fano aus den Rippen geleiert. Angelo ist gerade auf Asien-Tour und seine Villa steht leer, also schlug Linda ihm vor, gegen kostenlose Logis seine Blumen zu gießen. Da konnte er nicht Nein sagen:

Angelo liebt Lindas blondes Haar, ihre blauen Augen und ihre tollen Brüste. Der Schlüssel wurde samt Adresse und Blumenstrauß per Kurier in Lindas Studentenwohnheim geliefert. Das ist Italien: Immer noch einen draufsetzen!

Jetzt sitzen wir im Garten von Angelos Villa. Ohne Angelo, aber mit Blick über die Marken bis zum Meer. Es ist kein Garten, es ist ein ganzer Hang – ein Olivenbaumhang!

»Wieso heiratest du nicht einfach diesen Angelo?«, frage ich Linda, als Annika gerade mal aufs Klo geht. Es ist nämlich verboten, in Annikas Gegenwart über Liebe oder Sex oder Heiraten auch nur zu sprechen.

»Ganz einfach«, sagt Linda. »Seine Zunge ist größer als sein Schwanz. Angelo kann lecken und Geige spielen. Sonst nichts!« Ich denke kurz nach. »Und? Das reicht doch, oder? Du könntest ihn heiraten und dich lecken lassen. Schlafen könntest du dann mit einem Liebhaber – vielleicht mit dem Gärtner. Du stellst einfach einen Gärtner mit einem riesigen Penis ein. ›Suche Gärtner mit Pferdeschwanz. Frisur egal.‹« Darüber müssen wir so lachen, dass Linda ihren Wein ausspuckt.

»Hab ich was verpasst?«, fragt Annika, die im Sonnenlicht wie ein Vampir aussieht, der seinen Sarg zu früh verlassen hat.

»Nur den Gärtner!« Italien ist herrlich und Italien wird helfen – ganz sicher.

Am nächsten Tag liegen wir am Strand und lassen uns von der Sonne bräunen. Annika sitzt im Halbschatten: aber immerhin! Linda amüsiert sich mit einer stupiden Frauenzeitschrift. Der Artikel »Was Sie schon immer von Männern wissen wollten, aber nie zu fragen wagten« amüsiert Linda ungemein. Es gibt nichts, was Linda nicht zu fragen gewagt hätte. Wenn Linda fragt, gibt es kein Pardon. Im Tonfall einer Wissenschaftlerin kitzelt sie auch noch das letzte intime Geheimnis aus jedem Mann heraus: die Häufigkeit des Masturbierens und seine Gedanken dabei, seine Vorlieben beim Oralsex, seine verbotenen Gelüste, seine Abneigungen, Fetische und ob Analsex eigentlich nur mit Gleitmittel funktioniert. Fragen über Fragen.

Im Strandcafé lernen wir Carlos kennen. Na gut, Linda lernt ihn kennen. Sie ist einfach die Meisterin darin, Männer charmant und unaufdringlich anzusprechen. Carlos ist Peruaner und arbeitet seit acht Jahren als Journalist in Frankfurt. Er sieht eher aus wie ein Fußballspieler der peruanischen Nationalmannschaft. Linda lädt ihn kurzerhand für heute Abend in unsere Villa ein. Er nimmt das Angebot an – allerdings würde er gerne zwei Freunde mitbringen, einen Dichter und einen Opernsänger. Das klingt doch mal nach einer gelungenen Abwechslung, vor allem für mich, wie meine Freundinnen höhnisch feststellen. Linda und Annika unterstellen mir nämlich eine Vorliebe für sizilianische Zementmischer und Schiffschaukelbremser, für Männer, die ihr Bier mit den Zähnen öffnen und sich die Zigarette in der Handinnenfläche ausdrücken. Mit Dichtern und Opernsängern habe ich tatsächlich relativ wenig Erfahrung, aber ich bin offen für Neues.

Annika nicht. Sie hat keine Lust auf Männerbesuch und findet, dass es Angelo gegenüber nicht fair wäre, andere Männer in seine Villa einzuladen. »Er hat gesagt, wir sollen uns wie zu Hause fühlen!«, gibt Linda zurück und kichert wie ein kleines Mädchen.

Als Punkt acht Uhr der erste Wagen vorfährt, trauen wir unseren Augen nicht. Der Peruaner im weißen Leinenanzug kommt in Begleitung von Johnny Depp, den er uns als seinen Dichterfreund vorstellt. Seit wann dichtet Johnny Depp? Linda, Annika und ich sind für einen Moment völlig sprachlos. Das passiert selten. Aber dieser Mann ist definitiv der schönste Mann auf Erden! Und er steht hier, mitten in unserem Garten, zwischen den Olivenbäumchen. Die Erscheinung kann sprechen und stellt sich auf Italienisch als Lorenzo Camattari vor. Kuss links, Kuss rechts. Ich falle gleich in Ohnmacht.

Annika: »Boah, riecht der gut!«

Lorenzo: »Danke. Ja, äh, ich kann auch bisschen deutschäh.«

Das Hupen des zweiten Autos rettet Annika aus der peinlichen Situation. Mit großem Hallo wird er begrüßt, der Opernsänger. Linda ist die Einzige von uns, die sich im Opernbereich und in der klassischen Musik ein bisschen auskennt. Ganz aufgeregt flüstert sie mir zu, wer dieser Mann sei. Der Name sagt mir nichts und ich kann ihn mir auch nicht merken. »Hanna, der ist megaberühmt. Das ist *der* Jungstar am Opernhimmel!«, raunt Linda mir zu. Monsieur steigt aus seinem Porsche Cayenne und öffnet die Beifahrertür für einen magersüchtig wirkenden blonden, ein Meter achtzig großen Männertraum, der uns als Lola vorgestellt wird. Frauen waren eigentlich nicht mit eingeplant bei unserem kleinen Abendessen. Aber diese Frau sieht wirklich sehr hungrig aus. Ihre Beine haben den Umfang meiner Unterarme. Drinnen biete ich Lola Oliven und Brot an, aber sie lehnt verächtlich ab und stöckelt erst einmal in Richtung Toilette. »Jetzt geht sie bestimmt kotzen!«, sagt Linda. »Annika, wenn du nicht bald wieder isst, siehst du aus wie die.«

Wir setzen uns in den Garten, schenken unseren Gästen Angelos Wein ein und lauschen unserem Superstar, der auf Spanisch Geschichten zum Besten gibt. Ich nenne ihn immer San Diego. Aber ich glaube, das ist falsch, weil Linda unter dem Tisch ständig gegen mein Bein tritt. San Dingsda ist ganz in seinem Element und erzählt von seinem gestrigen 40-Gänge-Menü bei dem berühmten Molekularkoch Ferran Adrià in Barcelona. Ob seine Begleitung dann vierzig Mal kotzen gegangen ist? Keine Sorge, ich frage nicht nach.

Heute gelüstet es unseren kleinen Opernstar nach etwas Deftigem, nach echter italienischer Hausmannskost. Wir fahren im Porsche zum Restaurant und ich versuche, während der Fahrt mit Lola ein wenig Konversation zu machen. Weil mir nichts Besseres einfällt, frage ich sie nach ihrem Alter. »I am twenty-eight!« – »Oh really? You look much older!« Lola spricht für den Rest des Abends nicht mehr mit mir.

Wir gehen in eine gemütliche Trattoria und Pavarotti Junior haut richtig rein. Er bestellt Pasta, Steak und literweise Hauswein, der nach Essig schmeckt. Aber das ist egal, denn die Stimmung ist prächtig. Linda unterhält den ganzen Tisch mit lustigen Anekdoten aus ihrer Musikerbetreuung. Alle lachen, außer Lola, die tatsächlich nach jedem Gang die Toilette aufsucht.

Der schöne Dichter erzählt uns von seinem Herzschmerz. Nach sieben Jahren hat er sich von seiner Freundin getrennt. Annika sieht ihn mitfühlend an. Sein Problem sei eben, dass er alle Frauen lieben würde. Ich spiele mit dem Gedanken, den Mann mit dem gebrochenen Herzen ein wenig zu trösten und mir von seiner Liebe für alle Frauen dieser Welt ein Stückchen abzuschneiden. Ups, fast vergessen: Ich bin ja auf Sexdiät. Linda knutscht schon mit Carlos.

Wir beschließen, zurück in unseren Garten zu fahren, um Salsa zu tanzen. Aber die blonde Bohnenstange weigert sich. »I am not going anywhere with those guys!« Sie meint uns. Pech, dann geh doch kotzen. Der inzwischen sehr betrunkene Pavarotti hat nämlich große Lust, noch ein bisschen in unserem Garten zu tanzen.

Das machen wir dann auch für den Rest der Nacht. Wir tanzen Salsa unter dem Sternenhimmel. Die Musik kommt aus dem Auto und niemand weiß, ob Figaro nach dieser Nacht jemals wieder einen Ton herausbekommen wird.

Als die Sonne schon wieder am Himmel steht, gehen wir schlafen. Die schöne dünne Lola fährt den sich inzwischen übergebenden San Domingo zurück zum Hotel. Immerhin kotzt er nicht heimlich … Die anderen beiden bleiben bei uns. Linda zieht sich umgehend mit Carlos zurück und es ist nicht zu überhören, dass die beiden großen Spaß haben. Ich glaube, sie spielen »Vögeln auf Spanisch«. Linda liebt es, im Bett italienisch oder spanisch zu sprechen. Sie sagt, es fällt ihr leichter, ihre Bedürfnisse in einer Fremdsprache zu formulieren. »Cojeme de detrás« kommt ihr einfacher über die Lippen als »Nimm mich von hinten!«.

Der Dichter kommt ganz schüchtern in mein Zimmer und fragt, ob er bei mir schlafen darf. Welche Ironie des Schicksals! Der schönste Mann auf Erden steht in meinem Schlafzimmer und bittet mich sehr höflich um Beischlaf. Und ich blöde Kuh bin auf Sexdiät! Es ist zum Heulen. Das ist eine Prüfung Gottes. Lorenzo ist die verbotene Frucht. Ein besonders verlockendes Stück Schokoladenkuchen! Aber ich bin mit meinen eigenen Vorsätzen immer sehr strikt. Leider.

»Va bene. Aber ich werde nicht mit dir schlafen. D'accordo?« Jetzt ist es raus. Ich könnte mir selbst den Hals umdrehen. Lorenzo sagt »d'accordo« und legt sich in mein Bett. Als ich gerade mein geblümtes Nachthemd anziehe (ich hatte nicht mit Johnny Depp in meinem Bett gerechnet!), kommt Annika ins Zimmer. Sie entdeckt Lorenzo und lässt sich sofort zu einer Hasstirade hinreißen.

»Linda und du, ihr ekelt mich echt an. Die eine bumst mit irgendeinem dahergelaufenen Peruaner und die andere fickt den Dichter. Ein tolles Team seid ihr! Echt ekelhaft!«

Jetzt platzt auch mir der Kragen.

»Annika, du findest seit einem Monat alles ekelhaft, was auch nur mit Berührung zu tun hat. Ich kann nicht mehr. Dein Leben geht weiter und meines bitte schön auch! Außerdem ziehe ich nur mein Nachthemd an, du blöde Kuh.«

Annika schmiert mir eine und ich haue zurück. Lorenzo springt aus dem Bett. Er hat nur noch Unterhosen an.

»Cosa ce? Was ist die Problemäh? Annika, Sie möchten auch hier schlaffen?« Aber Annika verlässt wortlos das Zimmer. Ich finde, das war ein mehr als faires Angebot!

Lorenzo und ich liegen nebeneinander im Bett.

»Ach Lorenzo, wieso ist das mit den Frauen immer so schwierig?«, frage ich meinen schönen Freund.

»Dai! Ich weiß nichtäh ... Darf ich Sie masturbieren?«

Ich muss lachen.

»Du darfst mich duzen!« Tatsächlich fände ich ein bisschen Masturbieren jetzt ganz schön, nach all dieser Aufregung. Sex ist ein sehr dehnbarer Begriff, ein weites Feld. Und wenn ich es nicht zur Penetration kommen lasse? Dann könnte ich immer noch meine Diät einhalten. Nur mal kurz am Kuchen riechen. Ohne abzubeißen.

Als Antwort auf Lorenzos Angebot ziehe ich mein peinliches Nachthemd wieder aus. Ich bin nackt, bis auf einen schwarzen Tanga, auf dem Betty Boo zu sehen ist.

»Bella!«, sagt Lorenzo.

»Ja, das ist Betty Boo!«, erkläre ich. Doch Lorenzo interessiert sich gar nicht für Betty. Er zieht sie mir nämlich umgehend aus. Ich liege auf dem Rücken und mache gar nichts, außer Johnny Depp zu beobachten. Ich muss dringend Fotos schießen. Das glaubt mir kein Mensch! Aber nicht jetzt. Jetzt freue ich mich aufs Mastur-bieren!

Das Zimmer ist von der Morgensonne erfüllt. Perfekte Licht-stimmung für ein kleines Liebesintermezzo! Lorenzo hat es gar nicht eilig. Er kniet neben mir und betrachtet mich ganz genau. Seine Hände folgen seinen Blicken, erkunden meinen Körper. Er streichelt meine Brüste und umfährt meine Brustwarzen, die sofort hart werden. Lorenzo hat eine unübersehbare Erektion in seiner Unterhose. Ob sein Penis auch so schön ist wie der Rest von ihm?

»Zieh deine Hose aus!«, drängele ich. »Ich will deinen Penis se-hen!« Es ist viel einfacher, im Bett deutsch zu sprechen, wenn der andere nicht so gut versteht. Einfach raus damit. Dichter hin oder her! Lorenzo versteht »Ich will deinen Penis sehen!« und zieht sich seinen Slip aus. Das können sich auch nur Italiener leisten. Sie sind die einzigen Männer, die auch in Männerslips nichts an Männlichkeit einbüßen.

Ich hatte es befürchtet. Sein Penis ist wunderschön: ganz gerade und stolz nach oben gerichtet, alles schön rasiert, aalglatt und be-schnitten. Ich liebe beschnittene Penisse. Ich habe eine ganz eigene »Runterhol-Methode« für beschnittene Penisse entwickelt. Aber jetzt bekomme ich selbst Lust. Der Anblick des nackten Lorenzos macht mich wahnsinnig. Ich hasse Diät und spüre gerade, wie hungrig ich gewesen bin. Ich will jetzt unbedingt angefasst wer-den, überall, aber ganz dringend zwischen meinen Beinen.

»Fammelo!«, fordere ich Lorenzo auf. Ich hatte nur ein Semes-ter lang Italienisch und es ist nicht viel hängen geblieben, dachte ich zumindest. Aber »mach 's mir!« ist mir ganz plötzlich wieder in den Sinn gekommen. In echten Notsituationen ist auf mein sprachliches Langzeitgedächtnis eben doch Verlass. Lorenzo legt sich seitlich neben mich und stützt seinen Kopf mit seiner linken Hand ab. Seine rechte Hand wandert endlich zwischen meine Beine. Lorenzo legt seine Handinnenfläche auf meine Muschi und drückt sanft dagegen. Ich werde ganz verrückt. Was heißt denn »Bitte steck mir endlich deinen Finger rein!« noch mal auf Italie-nisch? Ich stöhne: »Si, fammelo più!« Ganz klar: Setzen, Sechs, aus grammatikalischer Sicht, aber Lorenzo versteht. Er lächelt und flüstert in mein Ohr: »Calma, piccola. Calma!« Okay, ganz ruhig. Ich atme tief ein und wieder aus.

Endlich legt Lorenzo seinen Zeigefinger auf meine absolute Lieblingsstelle, an das obere Ende meines Kitzlers. Er massiert ihn, erst ganz leicht, dann ein bisschen stärker. Ich drehe ihm mein Gesicht zu und küsse seinen zarten, perfekten Mund zum ersten Mal. Er schmeckt hervorragend, nach Wein und Zigaretten, wie ein echter Dichter. Seine Hand wandert tiefer und er schiebt seinen Mittelfinger in mich rein, langsam. Das fühlt sich wunderschön und längst überfällig an. Ich bäume meinen Unterleib nach oben, um ihn noch fester zu spüren. Dann schließe ich die Augen und lasse einfach alles geschehen. Der nackte Lorenzo fingert mich in einem wunderschönen Rhythmus. Vielleicht geht ihm gerade ein Versmaß durch den Kopf? Es fühlt sich an wie ein Jambus, dem auf eine leichte Silbe eine schwere Silbe folgt. Nach der gefühlt dritten Strophe halte ich es nicht mehr aus. Ich drücke auch noch seinen Zeigefinger in mich rein, stöhne laut auf und öffne meine Augen. Ich sehe Lorenzo ins Gesicht, dann auf seinen Schwanz und komme.

Lorenzo sieht sehr stolz aus. Nach einigen Atemzügen sage ich »Grazie molto!« und wir lachen beide ein bisschen. Wenn wir schon nicht vögeln können, möchte ich meinem Poeten trotzdem etwas zurückgeben. Ich knie mich neben Lorenzo und drücke ihn auf den Rücken.

»Schließ die Augen!«, sage ich.

»No. Ich will Sie sehen!«

»Va bene! Come vuoi!« Alles was du willst. Langsam komme ich in Fahrt. Linda hat schon immer gesagt: »Eine Sprache lernt man in der Wiege oder im Bett!«

Ich umschließe Lorenzos wunderschönen Penis mit der rechten Hand und lege meine linke Handinnenfläche auf seiner Penisspitze ab. Jetzt räche ich mich ein bisschen und lasse ihn noch einen Moment warten, bevor ich anfange, ihm genüsslich einen runterzuholen. Mein rechter Bizeps ist immer noch erstaunlich gut trainiert.

Trotz Diät! Also drücke ich noch ein wenig fester zu und stimuliere ihn immer schneller. Lorenzo fängt an, italienische Wörter zu stöhnen, was mich schon wieder ziemlich anmacht. Nur allzu gerne würde ich mich jetzt einfach auf ihn drauf setzen und ihn im Dreivierteltakt so richtig schön durchficken. Im Trochäus oder im Hexameter oder was weiß ich. Gott sei Dank habe ich aufgrund meines Vorsatzes keine Kondome mitgenommen. Sonst würde ich spätestens jetzt diesen Kuchen mit einem Happs vernaschen. Als mein Oberarm schon anfängt, wehzutun, ergießt sich der schöne Mann auf meine Hand und seinen Bauch. Aus metrischer Sicht eine klare Zäsur.

Jetzt sehe ich ein bisschen stolz aus und lege mich zufrieden neben Lorenzo. »Komm!«, fordert er mich auf. »Hände waschen!« Hände waschen? Linda hatte mir schon erzählt, dass Italiener sehr reinliche Menschen sind, mit Bidet und so. Aber ich würde sehr gerne sein Sperma noch ein bisschen an meiner Hand behalten. »Hände waschen!«, wiederholt Lorenzo und zieht mich an meiner sauberen Hand aus dem Bett. »Na gut«, gebe ich artig nach und fühle mich wie ein Kind, das im Dreck gespielt hat. Wir gehen nackt zusammen ins Bad und waschen gemeinsam unsere Hände. Das ist lustig, irgendwie. Ich überlege, was passiert wäre, wenn wir miteinander geschlafen hätten. Duschen?

Zurück im Bett küssen wir uns noch ein bisschen, als plötzlich die Tür aufgeht und Linda splitterfasernackt das Zimmer betritt. »Hallo! Mir ist langweilig. Carlos ist schon eingeschlafen. Kann ich ein bisschen zu euch kommen?«

»Certo!«, sagt Lorenzo und ich wundere mich, dass er plötzlich so gut Deutsch versteht. Ich spüre einen leichten Futterneid in mir aufsteigen. Mein Schokokuchen! Aber da sitzt Linda schon im Bett. Lorenzo liegt sehr zufrieden zwischen uns.

»Hanna? Einverstanden?«, fragt mich Linda. »Dai! Certo!«, sage ich zu meiner eigenen Verwunderung. Ich bin eben römisch-katholisch erzogen worden und habe schon im Kindergarten gelernt zu teilen. Wir haben am Martinstag Brot gebrochen. Damals Brot, heute Schokoladenkuchen. Man wird ja älter.

Jetzt liege ich also nackt mit Johnny Depp und meiner besten Freundin im Bett. »Euch küssen!«, schlägt Lorenzo vor. Linda und ich sehen uns fragend an. Dann greift Linda entschlossen an meinen Nacken und zieht mein Gesicht näher an sich ran. Das macht mich so nervös, dass ich lachen muss. Linda muss auch lachen. Unsere Köpfe treffen sich ziemlich genau über Lorenzos Schwanz, der schon wieder steif ist. Wir hören auf zu lachen, als sich unsere Lippen wie von selbst berühren. Es ist seltsam, meine beste Freundin zu küssen. Vertraut und geil zugleich. Lorenzo gefällt unser Liebesspiel und er streichelt abwechselnd unsere Brüste. Ich werde mutiger und berühre mit meinen Fingerspitzen Lindas Brustwarzen, während wir uns weiterküssen. Linda beugt sich nach vorne und leckt über meine harten Nippel. Lorenzo hält es kaum noch aus, stöhnt und fasst sich selbst an den Schwanz. Aber Linda greift nach seiner Hand. »Faccio io!« Linda liebt es zu blasen. Sie ist unsere Blasekönigin! Ich freue mich, dass sie das übernimmt. Ich bekomme immer keine Luft mehr beim Blasen und mein Kiefer tut danach ziemlich weh. Ich bin manuell einfach besser, Linda oral. Wir sind in der Tat ein tolles Team, da hat Annika schon recht.

Lorenzo wendet sich jetzt mit beiden Händen meinen Brüsten zu. Linda kniet sich zwischen seine Beine und nimmt seinen Penis in den Mund. Es bereitet ihr selbst so viel Lust, dass sie zu stöhnen beginnt. Lorenzo stöhnt auch und drückt Lindas Kopf noch fester an sich ran. Der Anblick, wie Linda voller Hingabe dieses außerirdisch schöne Wesen mit ihren vollen Lippen befriedigt, macht mich an. Sie leckt über seine Eichel, nimmt seine Hoden in eine Hand und lässt ab und an ihre Brüste auf seinem Schwanz nieder. Ich lege mich neben Lorenzo, greife nach seiner Hand und fange an, es mir selbst zu machen. Dabei lasse ich Lindas Mund und Lorenzos Schwanz nicht aus den Augen. Das ist mein erster Live-Porno und ich habe selten etwas so Schönes gesehen. Als Lorenzo immer kurzatmiger stöhnt, reibe ich meinen Kitzler schneller und fester. Am Druck seiner Hand spüre ich den Grad seiner Erregung. Als Lorenzo meine Hand so fest drückt, dass sie schon wehtut, kommen wir gleichzeitig. Teilen ist eine wunderbare Sache. Schokokuchen für alle!

Als wir gegen Mittag aufwachen, können wir Annika nirgendwo finden. Ihr Bett ist leer, aber ihre Sachen sind noch da. Wir suchen überall. In der Küche, im Garten, im Auto. Von Annika keine Spur. Wir beschließen, Carlos zu wecken, um mit dem Auto nach ihr zu suchen. Als wir sein Zimmer betreten, trauen wir unseren Augen nicht. Annika liegt nackt in seinen Armen. Sie strahlt uns an.

»Guten Morgen, ihr Schlampen! Mann, ich hab vielleicht 'nen Kohldampf! Wie sieht's aus mit Frühstück?« Tja, wenn nichts mehr hilft, hilft Italien.

*Alexandra Newski*

# SAUNA FÜR ZWEI

*Marina (30), Übersetzerin, Berlin,*
*über*
*Sebastian (22), Sportstudent, Berlin*

Das Flugzeug landete am Freitagnachmittag sanft in Berlin-Tegel und der fröhlich tobende Schneesturm begrüßte mich und klopfte ungeduldig an das Flugzeugfenster. Ich hatte unheimlich gute Laune. Endlich lag das freie Wochenende vor mir. Ich hatte die letzten zwei Wochen ohne Pause in Moskau auf der Schmuckmesse durchgearbeitet und übersetzt, erklärt und die neusten Kreationen der Schweizer Uhrmacher vorgestellt.

Erschöpft von tagelangen Gesprächen mit Kunden und meinem Auftraggeber, wenig Schlaf, den obligatorischen hohen Stöckelschuhen und dem Sightseeingprogramm in den freien Minuten, war ich in die Maschine gestiegen. Wenn ich die Augen schloss, glänzten und tickten vor meinem geistigen Auge unterschiedliche Chronometer und es flatterten farbenfrohe Geldscheine in elegant geformten Geldscheinklammern umher. Ich genoss schon im Flugzeug, nicht mehr lächeln und reden zu müssen, und hatte den ganzen Flug über diesen bösen Gesichtsausdruck, nur um die Gesichtsmuskeln vom ewigen charmanten Lächeln zu entspannen.

Es war Ende Januar, der Winter noch im vollen Gange. Das Taxi fuhr mich durch die Straßen von Charlottenburg nach Hause und ich stieg zwei Häuserblöcke eher aus, um kurz zum Supermarkt zu laufen und mir etwas zum Essen zu holen. Auf dem Kassenband landeten Fertigprodukte, ein Deo und eine Flasche Wasser. Vor mir stand ein verliebtes knutschendes Pärchen, das scheinbar ganz allein auf der Welt war. Er steckte seine Hand von hinten in ihre Jeans unter ihren rosafarbenen Stringtanga und streichelte sie. Blutjung, glücklich und verrückt vor berauschender Liebe küssten sie sich und ich beobachtete sie aus dem Augenwinkel. Auf dem Kassenband lagen eine Flasche Wein, eine Tüte Chips und eine Kondompackung. Ich schluckte. Ich war auch mal so verliebt, so ungefähr vor zehn Jahren. Ich wusste genau, was die beiden gleich machen würden, sobald sie zu Hause wären. Sie würden leidenschaftlich übereinander herfallen, alles auf den Boden fallen lassen und, betrunken vor Liebe, vögeln. Danach würden sie in eine Decke eingewickelt entspannt auf dem Fußboden liegen, Wein trinken, der Fernseher würde parallel laufen und sie würden die Augen nicht voneinander abwenden können, so vernarrt, wie sie ineinander waren.

Ich fand meine Einkäufe plötzlich so bieder und langweilig. Ich sehnte mich schon so lange nach Liebe, nach Küssen, nach dem Feuer in den fremden Augen und nach schönen männlichen Händen. Vor meinem inneren Auge entstand sofort ein Bild des begehrenswerten männlichen Exemplars. Tiefe, kratzige Stimme, ein wenig größer als ich. In verwaschenen Jeans, vielleicht sogar mit einem fransigen Loch auf dem Knie, lässig, selbstsicher, bis zum Rand mit Testosteron gefüllt. Es gefiel mir, wenn der Mann leichte Vegetation auf dem Körper hatte. Er sollte Haare auf den Armen, Beinen und auf der Brust haben. Die unbehaarten Männer fand ich irgendwie nackt und asexuell. Sie waren mir nicht maskulin genug. All die wundervollen Merkmale, die einen Mann von einer Frau unterscheiden, sollten dabei sein.

Ich will eine ganze Menge, dachte ich mir plötzlich. Außer körperlich anziehend muss er noch gewitzt, intelligent und neugierig auf das Leben sein. Ich hatte es mir angewöhnt, den Mann bei jeder Begegnung auf Herz und Nieren zu prüfen, und plante schon immer die nächsten zwanzig Jahre im Voraus. Mein harter Auswahlprozess ließ nur wenige Männer durch das feinmaschige Netz zu mir durchdringen.

Es ist so ungerecht, dass ich mich in der Blüte des Lebens befinde und keinen Mann habe, überlegte ich. Es heißt doch, dass die Frauen mit knapp dreißig das größte Verlangen nach Sex haben und den Höhepunkt ihrer sexuellen Entwicklung erreichen. Und was mache ich? Ich vergeude meine besten Jahre. Gerade jetzt sind meine Brüste so schön rund und der Po jugendlich fest, sehnsüchtig nach männlichen Händen. Ich lache so gern und gehe unheimlich gern aus, tanze und bin witzig. Doch ich habe nicht mal einen Hund, weil ich ständig beruflich unterwegs bin und das Tier niemandem anvertrauen kann. Meinen letzten guten Sex hatte ich vor einigen Monaten. Da gab es in meinem Leben noch etwas, was sich, nach verbreiteter Meinung, Beziehung nennt. Diese unbeständige Verbindung hielt kaum länger als einen Sommer und da war ich wieder: jung, gut aussehend, rothaarig, mit grünen, lustigen Augen und Sommersprossen im Gesicht ... und Single wie die Hälfte der Einwohner unserer Hauptstadt.

Zu Hause warteten eine durstige Palme mit hängenden Blättern und ein überfüllter Briefkasten auf mich. Die Stille meiner Wohnung und meine gerade so greifbare Einsamkeit wurden mir plötzlich zu viel. Ich musste heute Abend unter Menschen sein. Nur nicht allein in meiner Wohnung, meinen Gedanken vollkommen ausgeliefert.

Ich schnappte mir meine Tasche und warf meine Badeklamotten und zwei Handtücher rein, um ins Schwimmbad und vielleicht noch in die Sauna zu gehen. Normalerweise ging ich an den Frauentagen in die Sauna. Männer wurden an diesen Tagen offiziell aus dem Nacktbereich verbannt und die Frauen waren unter sich. Heute beschloss ich, mit dieser Gewohnheit zu brechen. Schließlich hatten mir meine Freundinnen erzählt, dass sie oft in die gemischte Sauna gehen und manchmal ergebe sich ein entspannter Flirt oder sogar ein nettes Gespräch mit jemandem. Es sei sogar einfacher als in der Disko oder in einer Bar, weil es in der Sauna viel leiser sei. Ich werde mir zur Entspannung einen Cocktail bestellen, überlegte ich. Gleichzeitig fürchtete ich, in der Sauna zufällig jemanden aus meinem Kundenstamm oder irgendwelche Bekannte zu treffen. Das musste nun wirklich nicht sein.

All das beschäftigte mich, als ich durch die winterlichen Straßen eilte. In der Sauna zog ich mich ein wenig schüchtern aus und wickelte mich in das türkisblaue Handtuch. Ich steckte die Haare locker hoch und vergaß vor lauter Aufregung, die langen Ohrringe abzunehmen. Nie zuvor war ich in einer gemischten Sauna gewesen. Zuerst war es ungewöhnlich, so viele nackte Körper auf einmal zu sehen. Aus einer Sauna drängte eine dampfende Menschenhorde, verschwitzt und glänzend mit von der Hitze roten Gesichtern. Mit schnellem Blick überflog ich die Männer, die nackt an mir vorbei zu den Duschen liefen. Niemand fiel mir besonders auf. Ein Aufguss endete gerade in einer Sauna und dort war es menschenleer. Ich ging hinein, breitete mein türkisfarbenes Handtuch aus und legte mich genüsslich hin. Die Hitze war wohltuend und ich vergaß die anfängliche Unbehaglichkeit.

Ein junger Mann kam in die Sauna und legte sein Handtuch mir gegenüber auf die Bank. Mir gelang es, kurz auf seinen festen Hintern zu schauen, als er mir gegenüberstand. Mein Herz pochte laut, als ich seinen wohlgeformten Rücken, der nach oben immer breiter wurde, und seine kräftigen, muskulösen Beine sah. Vielleicht spielt er viel Fußball, überlegte ich mir. Sein ganzer Körper war irgendwie angespannt und kraftstrotzend. Seine Haut schimmerte und gab ein leichtes Muskelrelief zu erkennen. Er setzte sich auf sein Handtuch, streckte die Füße aus und atmete hörbar.

Nach ein paar Minuten waren wir immer noch allein in dem Saunabereich und kleine Schweißtropfen glänzten schon auf meiner Haut. Ich berührte die Tropfen zwischen meinen Brüsten und sie flossen in einem kleinen Bach in den Bauchnabel hinein. Ich starrte an die Decke und fühlte, wie mein Unterleib pulsierte und ich mit der ganzen animalischen Kraft eines wilden Tieres diesen Mann berühren wollte.

Ich konnte ihn unmöglich einfach so ansprechen! Vor allem, weil ich befürchtete, dass meine Stimme zittern würde und der Mann meine Nervosität spüren könnte. Außerdem, was sollte ich denn sagen?! Ich richtete mich auf, setzte mich auf den Po und schaute ihn flüchtig an. Meine Augen erblickten einen Moment lang seinen muskulösen Körper. Er dehnte sich ein wenig, berührte mit der Hand seine Schulter und gab einen undeutlichen Laut von sich. Es hörte sich an wie ein leichtes Aufstöhnen.

»Geht es dir gut?«, fragte ich ihn besorgt. Ich dachte, dass ihm vielleicht in der Hitze der Sauna schlecht geworden war.

»Ja«, erwiderte er und schaute mich an, »ich bin heute nur unglücklich beim Sport hingefallen.«

Er war noch höflich distanziert, doch die Augen schauten schon freundlich und neugierig. Kurzgeschorenes dunkles Haar, breite Nase, ein Dreitagebart und kleine lustige Fältchen um die Augen. Ich falle gleich um, er ist einfach nur lecker, schoss es mir durch den Kopf. Er lächelte mich freundlich an, sodass mein Herz aufgeregt in der Brust tanzte. Ich vergaß sogar, dass ich gerade ziemlich nackt war und er mich von jeder Seite anschauen konnte.

Wir tauschten die ersten simplen Sätze aus, er schaute kurz auf meine Brüste, sein Blick fuhr die Umrisse meines Körpers ab und schon wendete er seinen Blick wieder ab. Bald quatschten wir aufgeregt und munter, als ob wir uns schon wochenlang kannten.

»Du bist eine Russin, nicht wahr?«, fragte er mich und wies sich dann selbst zurecht, »entschuldige, wenn ich zu direkt bin. Du hast einen schönen, hauchdünnen Akzent. Dass du Russin bist, wurde mir erst klar, als ich deine langen Ohrringe bemerkt habe.« Ich lächelte. »Gefallen sie dir? Ich wollte wenigstens etwas in der Sauna anhaben.«

Seine Augen funkelten, glänzten in der gedämpften Beleuchtung der Sauna und schickten mir intime Botschaften, die ich zu verstehen wusste.

»Hättest du Lust, mit mir etwas an der Theke zu trinken? Hier gibt es viele gesunde Shakes und so«, fragte ich ihn, »mir ist schon langsam zu heiß hier.«

Wenig später saßen wir auf dem weißen Sofa im Ruhebereich und tranken Gesundheitscocktails aus Buttermilch und Früchten. »Was machst du in Berlin?«, wollte er wissen.

»Ich bin selbstständig, bin freie Übersetzerin. In Berlin wohne ich schon seit ein paar Jahren. Und du? Was machst du so im Leben?«

»Ich studiere Sport.«

»Ach so, das erklärt alles«, unterbrach ich ihn und lächelte. Seine gute physische Verfassung war das Ergebnis des ausdauernden Trainings.

»Ich bereite mich schon seit einem halben Jahr auf einen Triathlon vor, deswegen bin ich in so einer guten Form«, sagte er nicht ohne Stolz. Ich staunte und wollte erzählen, dass für mich nur das Tanzen in der Disko zum allwöchentlichen Sport gehört, ließ es aber dann.

»Interessant, du verbringst deinen Freitagabend auch in der Sauna«, schmunzelte er.

»Wunderschöner Zeitvertreib, wie es sich herausstellt«, flirtete ich zurück, »ich hätte nur was anderes bestellen sollen, etwas mit Alkohol wäre viel besser gewesen.« Ich zeigte auf mein dickflüssiges Getränk.

»Wie kommt es, dass du hier in Deutschland lebst? Ich meine, hoffentlich frage ich nicht zu viel, es interessiert mich einfach.«

»Du kannst fragen, was du willst«, lachte ich, »sonst erfährst du ja nichts. Ich bin mit einem Studentenaustauschprogramm aus Moskau gekommen und nach dem Studium hier geblieben. Manche Jobs ergaben sich damals einfach so, weil ich viele Leute kannte. Einer empfiehlt dich für einen Job weiter und so hat man wieder einen neuen Auftrag.«

»Wie heißt du überhaupt?«, fragte er. »Ich bin Sebastian.« Er streckte mir seine Hand entgegen.

»Ich bin Marina.« Ich lächelte, spürte einen kräftigen Händedruck und die raue Haut seiner Hände. »Stell dir mal vor, ich hab sogar ein unheimliches Glück mit dem Nachnamen. Ich heiße nämlich Marina Marlova und alle denken, dass das ein Künstlername ist, weil Vor- und Nachname so gut zueinanderpassen. Keiner glaubt mir, dass ich den Namen von meinen Eltern bekommen hab!«

Er lachte: »Ja, Glück muss man haben.«

Wir saßen da und quatschten, seine braunen Augen fixierten mich, aufmerksam und lächelnd. Ich flirtete locker, war unheimlich gut drauf und spürte meine steigende Aufregung. Als ich ihm in die Augen schaute, war es, als könne ich seine Gedanken lesen. Ich jubelte insgeheim darüber, dass wir beide an dasselbe dachten. Ich habe so eine Sehnsucht nach deinen Händen, ich möchte zu gern wissen, wie sich deine stoppelige Wange anfühlt, sagten meine Augen. Ich möchte zu gern wissen, wer du bist, und wie du im Bett bist, bekam ich die prompte Antwort aus seinem Blick.

Neben verschiedenen Saunen gab es im Wellness-Bereich auch einen Whirlpool mit vom Licht grün gefärbtem schäumenden Wasser. »Wollen wir kurz hineingehen?«, fragte er. Dies würde aber bedeuten, dass ich mein Handtuch in dem gut beleuchteten Raum ablegen, ein paar Treppen nach unten steigen müsste und erst dann ins Wasser eintauchen könnte. Ich nickte und lächelte: »Du zuerst.« Im Wasser saßen bereits ein paar Leute und so kamen wir uns immer näher. Er berührte wie zufällig meine Hand und mein Bein im Wasser und scherzte, weil ich mir ständig das Spritzwasser aus den Augen wischen musste.

Ich wusste nichts von ihm, seine Gegenwart war aber angenehm und machte Lust auf mehr. Sein Gesicht war mir so nah, sein Körper so aufregend nackt. Er erzählte mir etwas, doch ich hörte alles nur bruchstückhaft auf Grund des rauschenden Wassers, das überall spritzte. »Komm doch näher«, meinte er. Ich näherte mich ihm, bis mein Ohr ganz nah an seinen Lippen war. In diesem Moment legte er seine Hand um meinen Nacken, drehte sich zu mir und küsste mich vorsichtig, dann aber immer fordernder, als ob er prüfen wolle, wie ich reagiere. Verblüfft erwiderte ich diesen Kuss und merkte erst gar nicht, wie unter dem Wasser unsere Körper einander näher kamen. Nur die anderen Leute im Whirlpool hielten mich davon ab, ihn zu berühren.

Er raubte mir den Atem, küsste mich sanft und zart.

Dann lösten wir uns voneinander, er zeichnete die Umrisse meiner Lippen mit dem Finger nach, als ob er sie sich einprägen wolle und sagte mir leise ins Ohr: »Lass uns gehen. Die Leute werden hier sonst nervös.« Ich kicherte und stieg aus dem Whirlpool. Er musste kurz warten, damit sich seine Aufregung legt und folgte mir dann.

Ich hätte lieber etwas Alkoholisches trinken sollen, dann wäre ich hemmungsloser und würde mir nicht über alles einen Kopf machen, dachte ich mir. »Lass uns zu dir gehen«, sagte ich entschlossen. Ich wollte nicht, dass er wusste, wo ich wohne. Überhaupt wollte ich solche Details geheim halten. In meinem Leben wollte ich die Regeln bestimmen. Zum Glück wohnte er in der unmittelbaren Nähe, sodass ich wenig Zeit zum Nachdenken hatte.

Wir liefen über die Straße, stiegen einige Treppen nach oben und schon öffnete er die Tür und ließ mich in seine Wohnung. Kaum hatte ich die Jacke abgenommen, presste er mich an die Wand und steckte mir seine schnellen Hände unter meinen Pullover. Dabei leckte und umkreiste er mit der Zunge meine Lippen, liebkoste sie und knabberte ein wenig an ihnen. Seine Lippen erregten mich, ich berührte ihn jetzt auch durch das T-Shirt, spürte die festen Muskeln und lauschte seinem hastigen Atem. Er verlor keine Zeit, betastete meine Brüste und fuhr mit der Hand nach unten.

Ich öffnete seinen Gürtel, knöpfte sein Hemd auf und berührte mit den Fingerspitzen seine Brust. Er atmete hastig und ich konnte mich auch kaum beherrschen. Seine Nacktheit, die in der Sauna noch so verboten war, schien mir jetzt mit aller Rechtmäßigkeit zu gehören.

Ich küsste inbrünstig seine Lippen, biss leicht in seine Schulter und berührte mit der ganzen Handfläche sein Gesicht und die kurzen Haare. Ich zitterte sogar ein wenig vor Erregung. Noch nie zuvor war ich so schnell mit jemandem im Bett gelandet. »Lass dich fallen«, flüsterte er, zog mir meinen Pullover über den Kopf und öffnete den Reißverschluss meines Rockes. Seine Zunge an meinem Busen machte mich verrückt. Er streichelte meine Oberschenkel und seine Hand berührte wie zufällig mein Höschen. Seine Finger waren überall, betasteten, fühlten, entdeckten mich.

Das Warten war unerträglich, ich griff in seine Unterhose und nahm seinen erregten Schwanz in die Hand. »Bitte fick mich«, bat ich ihn und umfasste sein angespanntes festes Glied. Er zog mich zu seinem Schreibtisch, griff nach meinem Höschen und zog es mir langsam aus. Ich setzte mich gleich mit dem nackten Po auf einen

Papierstapel. Er berührte meine Brustwarzen, spreizte dann meine Beine und unsere Augen trafen sich. »Du bist so geil«, sagte er mir und fuhr mir mit der Hand zwischen die Beine, streichelte meine gekräuselten Haare.

Er fand schnell ein Kondom in der Schublade des Tisches und drang in mich ein. Ich war erstaunt, wie er mich ausfüllte und gab ein lautes Stöhnen von mir. Ich schlang meine Beine um seine Hüfte und zog ihn an mich. Er liebkoste meinen Nacken und bewegte sich langsam in mir. Mir war es aber nicht genug, sodass ich seine Hüfte packte und sie immer schneller an mich heranzog. Irgendwann löste ich mich von ihm, außer Atem, tauchte wieder in der realen Welt auf und er fragte mich, auch schwer atmend: »Bist du okay?«

»Ja«, atmete ich tief durch, »ich bin nur ...« Ich sank erschöpft auf seine Brust. Gleich nach dem Orgasmus bin ich immer unheimlich müde und habe nicht mal Lust aufs Reden. Ich umklammerte ihn immer noch mit Beinen und Armen und so hob er mich hoch und trug mich auf sein Bett.

»Ich mag deinen leichten Akzent, er ist so erotisch«, meinte er, als wir danach im Bett lagen. Ich setzte mich auf ihn und berührte seine Brust, die sich deutlich abzeichnenden Bauchmuskeln, fuhr nach unten und spielte mit dem halb erigierten Glied. Irgendwas verriet mir in diesem Moment sein Alter, vielleicht ein alberner Spruch oder die Art, wie er mich anschaute.

»Wie alt bist du?«, dämmerte es mir.

»Ich? 22. Und du?«

Ich verzog die Lippen, als ob ich die Frage nicht verstanden hätte, und meinte: »Ich schlüpfe kurz unter die Dusche.«

Im Bad probierte ich schnell sein Duschgel aus und schaute aus reiner Neugier in die Schubladen seines Schrankes. Im Spiegel über dem Waschbecken beobachtete ich meinen gut gelaunten Gesichtsausdruck. Verwuschelte rote Haare, ein abwesendes, ein wenig irres Lächeln. So schade, dachte ich. Er ist nichts für mich. Er ist einfach zu jung, wahrscheinlich gerade erst im zweiten Semester. Und ich ... ich führe schon ein komplett anderes, erwachsenes

Leben mit einem Job, ein paar Versicherungen und einem Bausparvertrag. Ich muss mir jemanden in meiner Altersstufe suchen. Das mit ihm würde nicht gutgehen. Das ist nur großartiger Sex, sonst nichts.

Als ich aus dem Bad kam, zog ich mich schnell an und küsste ihn auf die Wange. »Danke für diesen schönen Abend«, ich lächelte, »ich muss jetzt los.« Ich schaute ihm nicht in die Augen. Abschiedsszenen waren nicht mein Ding.

»Bleib doch, wieso eilst du so?« Er war verwirrt. Doch ich ließ mich nicht überreden und verließ schnell die Wohnung. »Wir sehen uns bestimmt irgendwo«, rief ich ihm noch zu. Als ich mich auf der Straße gedankenverloren umdrehte und das Fenster in der ersten Etage anschaute, sah ich ihn plötzlich, wie er mich beobachtete. Ich drehte mich wieder um und suchte nach der Straßenbahnhaltestelle. Ich hielt es für richtig, ihn nicht näher kennenzulernen. Immerhin war er ein smarter Typ und ich wollte mich nicht in ihn verlieben.

Am nächsten Abend, als ich es mir gerade im Sessel mit einem Glas Wein im bequemen Haus-Kimono vor dem Fernseher gemütlich gemacht hatte, klingelte jemand an der Tür. Die beknackte Nachbarin von oben, immer borgt sie sich was bei mir, was ihr im Haushalt fehlt, schimpfte ich im Geiste und rannte zur Tür. Doch da stand Sebastian und lachte mich mit seinen braunen Augen an.

»Wie hast du mich gefunden?« Ich war perplex.

»Du hast mir ja erzählt, dass du als freie Übersetzerin arbeitest. Und du stehst im Telefonbuch.«

Ich schwieg. Ich war verwirrt über seine Beharrlichkeit.

Er lachte laut: »Was denkst du denn, ich bin doch kein Stalker. Wenn du nicht willst, gehe ich sofort.«

Ich dachte kurz nach. Ich wollte nicht, dass er geht. Ich wollte nicht, dass dieses ungewöhnliche Liebesabenteuer schon zu Ende war. Ich hatte solche Lust, den Geruch seiner Haut wieder zu spüren. Komme, was wolle. Das Leben kann man sowieso nicht planen.

*Annika Schwisow*

# DER PHILOSOPH

*Wencke (23), Studentin, Rostock,*
*über*
*Matthias (28), Student, Rostock*

Ich bin wählerisch. Sehr wählerisch. Vielleicht ein bisschen zu wählerisch. Aber das muss ich auch sein. Denn Männer verlieben sich in mich. Dabei würde ich mich selbst nicht als Hammerfrau bezeichnen. Ich bin keine Marilyn Monroe, keine Barbie, keine Lady in Red. Ich habe volle rote Lippen, aber sicher keine Modelfigur. Meine Knopfaugen lassen mich vielleicht etwas wie Bambi in menschlicher Gestalt aussehen. Sie scheinen der Grund zu sein, weshalb Männer mir ewige Liebe schwören. Sie wollen nicht mit mir ins Bett, sie wollen mich heiraten. Mich aus den Klauen des bösen Wolfes oder den Fängen fieser Ganoven befreien und mit mir glücklich bis ans Ende unserer Tage in einer kleinen putzigen Dreizimmerwohnung leben. Männer glauben, sie könnten in meiner Gegenwart zu Helden werden.

Aber das stimmt nicht. Ich kann ganz gut für mich selbst sorgen. In meinem Psychologiestudium habe ich ganz schnell gelernt, woran ich einen Psychopathen erkennen und wie ich ihm aus dem Weg gehen kann. Und ein bisschen Judo kann ich auch, das muss genügen.

Klar suche auch ich insgeheim nach einem Supermann mit ausgeprägten Bauchmuskeln, der theoretisch einen Taschendieb zur Strecke bringen oder mich aus einem brennenden Hochhaus retten könnte. Aber ich will nach seinen Heldentaten nicht nur seine Muckis eincremen und ihm »Schatz, was bist du stark« ins Ohr flüstern, sondern mit ihm auch über den Luftwiderstand bei seinem Supersprint und die Statik des abgefackelten 17-Stöckers sprechen können. Ich träume von einem Genie mit Adoniskörper, von Steven Hawking in George Clooneys Hülle. Oder so.

Stattdessen habe ich in meinem Leben bisher viel zu viele Adam Sandlers und Friedrich Nietzsches mit einem Faible für das Kindchenschema getroffen – sprich entweder lustige Idioten oder irre Virtuosen, die eine Familie mit mir gründen wollten. Den Atem raubte mir keiner von ihnen, aber einer den Verstand: Er war der Erste, der mich nicht nur süß, sondern erotisch fand.

Ich lernte Matthias in einem Philosophieseminar kennen, das ich freiwillig besuchte. Er fiel mir gleich auf. Wahrscheinlich deshalb, weil sein Äußeres kaum weiter weg von meiner Vorstellung eines anbetungswürdigen Mannes hätte sein können. Er hatte eine Brille mit runden gelben Gläsern, trug eine Jeans-Latzhose und eine ausgefranste Melone. An seinem spitzen Kinn wuchs ein kleiner Bart, von seinem Kopf eine wallende Mähne, die unter dem Hut hervorlugte. Meine beste Freundin verpasste ihm, als sie ihn das erste Mal sah, den Spitznamen John Lennon. Und meinte damit nicht den verschmitzten, sexy Pilzkopf-John-Lennon, sondern den John-Lennon-und-Yoko-Ono-John-Lennon.

Vom ersten Tag an beobachtete ich diesen, na ja, Sonderling und lauschte gespannt seinen Ausführungen zu Immanuel Kants *Kritik der reinen Vernunft* und Albert Camus' *Sisyphos*. Matthias sah vielleicht nicht aus wie mein Traummann, aber er klang in manchen Momenten nach ihm. Und das reizte mich. Ich verwickelte ihn in den Pausen in tiefgründige Gespräche, provozierte ihn und ließ mich von ihm provozieren. Ich ertappte mich dabei, wie ich manchmal mit ihm stritt, nur weil es mir Freude bereitete. Dennoch kamen wir mit unseren Debatten nicht über den Flur der Universität hinaus. Ein ganzes Semester lang.

Erst nach der letzten Sitzung unserer Seminargruppe fragte er mich, ob wir gemeinsam einen Kaffee trinken könnten. Ich glaubte, er würde mich ins nächste Bistro einladen. Stattdessen landeten wir in seiner Studentenbude. Dort roch es nach Zigarettenqualm und Ölfarbe. Ich hatte noch nie so viele Möbel und so viel Kram in solch einem kleinen Raum gesehen: eine riesige Matratze, die auf dem Boden lag, ein Schreibtisch mit unzähligen Büchern, eine Staffelei mit einem halbfertigen Bild, zwei Stühle, eine Anbauwand ohne Fernseher, eine Kommode, ein Nachttisch – klassisch mit Lampe –, eine Couch, auf der man wegen lose herumfliegender Blätter jedoch kaum sitzen konnte, ein Esstisch – und das alles auf zwanzig Quadratmetern.

Von der Decke baumelte eine Spinne, die mich mit ihren acht Augen anstarrte. Ich starrte zurück, während ich überlegte, wie ich diesen Ort schnellstmöglich wieder verlassen könnte. Durch meinen Kopf spukten die absurdesten Ausreden und schlimmsten Abschreckungsmanöver: von »Oh, nee, mir ist gerade eingefallen, dass ich meiner Oma noch ganz dringend beim Unkrautjäten helfen muss« bis »Hör mal, ich würd so gern mal deine Leber sehen«.

Ehe ich mich für eine Variante entscheiden konnte, stand Matthias schon mit zwei Tassen dampfenden, köstlich duftenden Kaffees vor mir. Er räumte eine Ecke auf der Couch für mich frei und sah mich aus seinen freundlichen braunen Augen an. Die kleinen Lachfalten, die ich gerade erst in seinem Gesicht entdeckt hatte, fand ich irgendwie niedlich, also blieb ich.

»Und? Wie findest du meine Bilder?«, fragte er, als wir uns gesetzt hatten. Ich stammelte irgendetwas von »Sehen aus, als hätte dich Klee inspiriert. Sehr interessant, sehr interessant« und nickte unentwegt.

»Du hast keine Ahnung von expressionistischer Kunst, oder?«, sagte er irgendwann schmunzelnd.

Ich schüttelte den Kopf, war peinlich berührt und ließ meinen Blick hilflos durch das chaotische Zimmer fegen. In meiner Tasse schwappte die schwarze Flüssigkeit hin und her.

»Halb so schlimm. Dafür kann man mit dir über alles andere reden«, versuchte er, mich zu trösten. »Und irgendwie bist du so sprachlos ja auch ganz sexy.«

Er griff sich an den Kopf, nahm die Melone ab und setzte sie mir auf. Sie rutschte mir über die Augen. Ich hob die Nase und versuchte, unter dem Hut hervorzuschielen. Das musste wohl völlig bescheuert aussehen, denn er brach unvermittelt in lautes Gelächter aus. Und ich lachte auch. Ganz unbeschwert. Und war auf einmal völlig entspannt. Einfach weil ich wusste, dass wir nicht nur miteinander diskutieren, sondern auch zusammen fröhlich, gelöst, albern sein konnten. Inmitten all dieses Zeugs, mit diesem seltsamen Mann, der mich irgendwie faszinierte und mich soeben sprachlos gemacht hatte, fühlte ich mich urplötzlich wohl. Wir hatten doch etwas gemeinsam. Dabei hatte ich dieses Date gerade unter »Totalkatastrophe« abspeichern wollen.

Als wir uns wieder beruhigt hatten, kamen wir auf Platons *Symposion* und seine Theorien zur »höheren Liebe« zu sprechen.

»Glaubst du, dass er recht hatte? Dass es sie geben kann?«

Er lachte und ich wusste, dass er das Gespräch absichtlich auf dieses Thema gelenkt hatte. Er meinte seine Frage als Anmache und ich verstand sie als solche.

»Platonische Liebe gibt es bestimmt. Ich bin ihr bisher allerdings noch nicht begegnet«, antwortete ich. »Liebe ohne Sex ist wohl schwerer als Sex ohne Liebe.«

Ich lachte keck, dann griff ich nach meiner Tasche und ging. Wir hatten uns für das nächste Wochenende bereits zum Kochen verabredet.

*

Ich war überzeugt, dass mir Matthias ein bescheidenes Essen auftischen würde. Etwas anderes konnte ich mir einfach nicht vorstellen. Ein 3-Gänge-Menü würde er in der Gemeinschaftsküche des Studentenwohnheims wohl kaum zaubern, höchstens noch vier Eier in eine heiße Pfanne, ein bisschen Salz und Pfeffer drauf, Brot drunter und fertig. Spiegeleier auf Stulle!

Doch ich hatte mich getäuscht. Als wir uns zum zweiten Mal bei ihm trafen, hatte sich nicht nur das Bild auf der Staffelei geändert, er hatte auch alles für Sushi vorbereitet. Es war sicherlich nicht einfach gewesen, an die Zutaten zu kommen. Für die Nori-Blätter, den Gari und den Reisessig hatte er bestimmt mehrere Läden durchsuchen müssen. Asia-Märkte gibt es in kleinen Großstädten nicht gerade an jeder Ecke. Ich war von seinem Engagement und seinem Einfallsreichtum begeistert. Noch nie hatte ich das japanische Nationalgericht probiert, geschweige denn selbstgemacht.

Ich genoss es, mir von ihm erklären zu lassen, wie man den Reis zubereiten und die Zutaten zusammenbringen musste. Auch weil wir uns dabei so nah kamen. Er stellte sich hinter mich und führte meine Hände beim Rollen der Makis. Ich spürte seinen warmen Atem in meinem Nacken und wie er gierig den Duft meines Haares einsog. Gut, dass ich meine langen Haare hochgesteckt und mein Lieblingsparfüm aufgelegt hatte, dachte ich mir.

Meine Finger waren gelehrig. Schnell hatte ich mir die Handgriffe eingeprägt. Nori-Blatt, Reis in die Mitte, Gurke, Lachs und Frischkäse drauf, rollen. Matthias wich dennoch nicht von mir, blickte weiter über meine Schulter auf die Bastmatte vor mir und strich das eine oder andere Mal zärtlich über meine Finger.

Erstmalig, seit wir uns getroffen hatten, beschränkten wir uns nun auf nur wenige Worte und ließen unsere Körper sprechen. Der Abstand zwischen ihnen wurde immer geringer. Bald legte er seine Hände an meine Hüfte. Ich erschrak ein wenig, wies ihn aber nicht zurecht. Auch nicht, als er seinen Schritt gegen meinen Hintern presste und ich durch den dünnen Stoff meines karierten Rockes seinen Schwanz spürte, der bereits zu pulsieren begonnen hatte.

Ich fühlte mich geschmeichelt. Und zum ersten Mal in meinem Leben wirklich begehrt. Die Männer, die ich vor Matthias kennengelernt hatte, waren nie so offensiv gewesen, wenn es um Sex ging. Sie wollten mich armes sensibles Reh wohl nicht verschrecken. Dabei gefielen mir ein bisschen Mut, ein bisschen Aggressivität bei meiner Verführung ganz gut.

Matthias legte seine Lippen auf meine Schulter, sie war nackt, denn ich trug ein Top mit schmalen Trägern. Er küsste sich langsam an meinem Hals nach oben. Die feinen Härchen auf meinem Rücken, meinen Armen und in meinem Nacken stellten sich auf. Ich ließ ein Stück Gurke fallen, als er an meinem Ohrläppchen ankam und begann, zärtlich daran zu knabbern. Es traf die Tischkante und fiel auf den Boden. Es war mir egal. Und ihm auch. Matthias' Finger wanderten allmählich von meiner Hüfte zu meinem Po. Er krallte sich in meine prallen Rundungen, knetete sie. Ich stützte mich auf dem Tisch ab und seufzte leise. Wir hatten uns noch nicht geküsst, aber ich gierte inzwischen danach, wollte seine Lippen auf meinen spüren. Also gab ich ihm mit meinem Hintern einen sanften Stoß, sodass er kurz von mir abließ und ich mich zu ihm umdrehen konnte. Einen Moment lang blickte ich ihm in die Augen. Dann nahm ich ihm seine Brille ab und legte sie neben das Sushi auf den Tisch. Ich lehnte mich nach vorn. Ehe ich meine Zunge in seinen Mund gleiten ließ, fuhr ich mit ihrer Spitze über seine Lippen. Er lächelte und die kleinen Falten an seinen Augen kamen wieder zum Vorschein. Dann zog ich ihn an mich und küsste ihn ungestüm. Wir leckten, saugten, knabberten aneinander.

»Du bist so heiß«, flüsterte er, als wir beide das Spiel unserer Zungen für einen Moment unterbrachen. Wir hatten uns zum Luftholen kaum voneinander entfernt, sodass seine Lippen meine kurz anstießen, als er mit mir sprach. »Ich will dich. Unbedingt.«

Ich antwortete ihm nicht. Stattdessen griff ich nach dem Saum seines T-Shirts und riss es ihm ruckartig über den Kopf. Er war ein Hänfling, aber seine Haut war leicht gebräunt und schimmerte. Ich strich mit meinen Fingern über seine Brust, seinen Bauch und den schmalen Streifen Haar, der unter seinem Nabel begann. Um ihm bis zum Ende folgen zu können, öffnete ich die Knöpfe seiner Jeans. Plopp. Plopp. Plopp. Zum Vorschein kamen seine Shorts und die riesige Wölbung unter ihnen. Ich zerrte ihm seine Jeans herunter, spielte kurz mit dem Bund seiner Unterwäsche und streifte dann auch sie herab.

Seine Eichel streckte sich mir rosa und glänzend entgegen. Ich schaute mir seinen Schwanz genau an. Er war schön. Und ich wollte ihn spüren. Also schob ich meinen Rock an den Oberschenkeln herauf, und meinen Tanga hinunter. Dann hüpfte ich auf den Tisch, auf dem wir eben noch das Essen zubereitet hatten, das uns inzwischen egal war. Mein Hintern landete auf einer halbfertigen Maki-Rolle – nacktes Fleisch auf rohem Fisch. Meine Füße baumelten einige Zentimeter über dem Boden, auf dem das Stück Gurke lag.

Matthias beobachtete mich aufmerksam. Als ich meine Beine spreizte und ihm damit einen Blick auf meine sorgfältig rasierte Muschi gewährte, stieß er einen kleinen, glücklichen Seufzer aus, gerade so laut, dass ich ihn hören konnte. Doch statt sich augenblicklich auf mich zu stürzen und sein Ding in mich zu stecken, kam Matthias zunächst nur mit seinem Gesicht ganz nah an mich heran. Noch einmal spielten unsere Zungen miteinander, noch einmal spürte ich seine Zähne auf meiner Unterlippe, noch einmal strich meine weiche Zungenspitze sanft über seinen Mund. Unsere Küsse waren so leidenschaftlich, mein Saft rann an meinem Oberschenkel entlang. Mir war heiß, ich war feucht, ich wollte gefickt werden.

Also rutschte ich an die äußerste Kante der Tischplatte. Aus seiner Hosentasche holte er ein Kondom hervor und stülpte es über seinen eindrucksvollen Ständer. Dann zog ich Matthias an mich, griff nach seinen Pobacken. Seine Schwanzkuppe liebkoste flüchtig meine Klitoris, tanzte einen Moment um meine Spalte. Ich stöhnte. Und dann drang Matthias endlich in mich ein. Seine ersten Stöße waren langsam, aber tief. Ich krallte mich in seinen Rücken, er hielt sich an meinen Knien fest. Immer und immer wieder glitt er in mich und wieder hinaus. In mich und wieder hinaus. Ich atmete schwer.

Irgendwann wanderten seine Hände an meine Waden. Mit einem Ruck hob er meine Beine in die Höhe, ich lehnte mich auf dem Tisch zurück und stieß dabei die Schüssel mit dem Reis um. Matthias bewegte sich nun schneller, sein Becken klatschte härter gegen meines. Sein Gesicht glitzerte, kleine, funkelnde Schweißperlen sammelten sich auf seiner Stirn. Ich schloss die Augen, konzentrierte mich ganz auf seinen Schwanz, der mich von innen massierte. Ich genoss das Gefühl, ganz ausgefüllt zu sein. Immer schneller sog ich die Luft ein und stieß sie wieder aus. Mein Atem passte sich seinem Rhythmus an. Ich biss mir auf die Lippe, meine Finger suchten nach Halt. Als ich kam, entfuhr mir ein »Oh ... mein ... Gooott!«.

Matthias hielt einen Augenblick inne, gab mir Zeit, mich von meinem intensiven Orgasmus zu erholen, ehe er seinen Schaft aus mir herauszog, meine Beine herunterließ, mich am Arm packte und mich umdrehte. Ich stützte mich auf den Tisch, er streichelte meinen Hintern. Ich lehnte mich vor, sodass sein Schwanz erneut meine Spalte finden konnte. Und dann nahm er mich von hinten. Kräftig, heftig, leidenschaftlich. Seine linke Hand hielt meine Hüfte fest im Griff, mit der rechten rieb er zärtlich meinen Kitzler. Ich stöhnte, er brummte und ich spürte, dass ich meinem zweiten und er seinem ersten Höhepunkt Stoß für Stoß näher kam. Er zuckte, als sich sein Sperma in das Gummi ergoss.

Ich drehte ihm meinen Kopf zu, gab ihm einen leichten Kuss. Und grinste. Ich wusste, dass dies nicht das einzige Mal sein würde, dass wir beide Sex miteinander hatten.

In der Tat trafen wir uns noch viele Abende zum Philosophieren und oft zum Sex. Mit ihm zu schlafen, fühlte sich natürlich an, animalisch. Es bereitete mir Spaß, Befriedigung, Zufriedenheit. Aber ich konnte mich nicht in ihn verlieben. Und so machten wir all die Male nie Liebe, wir fickten. Dafür aber mit ganzem Herzen.

Anna Bunt

# NEULAND

*Anna (29 Jahre), Künstlerin, Stuttgart,*
*über*
*Friederike (23 Jahre), Studentin, München*

Es ist halb acht. Ich öffne meinen Kleiderschrank und streiche mir die noch leicht feuchten Haare aus dem Gesicht. Mein Blick fällt auf den schwarzen Anzug, den ich extra für den heutigen Anlass gekauft habe. Nach kurzem Überlegen entscheide ich mich für schwarze Unterwäsche und setze mich aufs Bett. Während ich mich schminke, beginnen meine Gedanken, mich einmal wieder zu verunsichern. Werde ich alles richtig machen? Werde ich es schaffen, meine Nervosität zu verbergen? Werde ich alle Zeichen richtig deuten und souverän durch den Abend führen? Oder werde ich mich vielleicht schrecklich blamieren? Auf all diese Fragen kann ich natürlich keine Antwort finden. Schon seit Tagen nicht.

Ich bin sehr aufgeregt. So aufgeregt wie schon lange nicht mehr. Immer wieder rutsche ich mit der Mascarabürste ab und ruiniere damit fast mein Make-up. Ein Hoch auf den Erfinder des Wattestäbchens, denke ich und färbe meine Lippen knallrot. Viel zu dunkel umrahme ich meine Augen, gehe dann ins Bad, bürste mein langes schwarzes Haar, föne es glatt und glänzend. Ich sehe mir selbst dabei im Spiegel zu, betrachte meine schön geformten Brüste, die sich unter meinem BH aus Spitze abzeichnen, meinen Bauch, der ein bisschen flacher sein könnte, und das kleine Piercing, das den Nabel ziert.

»Deine Augen sind so dunkelblau wie das Meer an seinen tiefen Stellen.« Das sagt Ben immer. Meistens sind mir solche Kompli-

mente peinlich. Auch nach drei Jahren noch. Ben – viel zu lange
habe ich ihn nicht mehr gesehen, seit er wieder auf diesem Dampf-
fer an der Küste Mittel- und Südamerikas entlangschippert. Ich
weiß nicht, ob ich mich jemals daran gewöhnen werde, monatelang ohne ihn zu sein. Meine Gedanken gehen auf Reisen und ich
lande bei einem unserer letzten Abende, kurz bevor wir wieder
einmal Abschied nehmen mussten. Wir besuchten eine dieser
Partys. Noch als wir auf den Parkplatz des Clubs fuhren, war ich
überzeugt davon, dass uns einer unserer speziellen Abende bevor-
stehen würde. Als ich gerade das Auto verlassen hatte, fiel mein
Blick jedoch auf ein großes Schild am Eingang des Clubs. Heute
Sklavenversteigerung, las ich zu meiner Überraschung.

»Schatz, willst du mich etwa loswerden?«, fragte ich mit ge-
spielter Nervosität. »Wer weiß«, antwortete Ben und warf mir
dabei einen dieser Blicke zu, die ich so sehr liebe. Er zog mich an
der Hand hinter sich her durch die Tür, die wohlbekannte Stein-
treppe hinab. Nachdem wir einige unserer zahlreichen Bekannten
begrüßt hatten, begab ich mich an die Bar, um Ben seinen obligatorischen Cuba Libre zu bestellen und mir ein Glas Sekt. Wir
betraten den großen Raum, in dem normalerweise um diese Uhrzeit schon kräftig getanzt wurde. Dieser war heute für meinen Geschmack viel zu hell erleuchtet. Man hatte eine Empore aufgebaut,
davor mehrere Reihen Stühle. Anstatt von lauter Musik war der
Raum nur vom Stimmengewirr der Anwesenden erfüllt.

Alle Geräusche verstummten, als der Auktionator in Robe
und mit altmodischer Perücke die Bühne betrat. Nach und nach
wurden Männer und Frauen vorgeführt. Die meisten von ihnen
nackt, einige mit verbundenen Augen, manche auch gefesselt.
Während sich die einen mit Freude präsentierten, war den anderen
die Scham sogar von Weitem anzusehen. Der Auktionator pries
die Vorzüge der zu Versteigernden an und klärte über ihre Tabus
auf. Bis auf ein asiatisch anmutendes Mädchen, das sofort für eine
sehr hohe Summe an ihren eigenen Herrn ging, hielten sich die
Gebote in Grenzen. Ich persönlich empfand die Veranstaltung als
völlig gekünstelt und so verfolgte ich mehr amüsiert als ernsthaft

das Geschehen. Mein Amüsement verging jedoch schlagartig, als ich aus dem Augenwinkel sah, wie Ben die Hand hob. Zu meinem Entsetzen hatte er tatsächlich soeben für das blonde Mädchen, das da auf der Bühne stand, ein Gebot abgegeben.

Meine Gedanken begannen, sich zu überschlagen. Schon seit Längerem hatte Ben immer wieder von meiner dominanten Seite gesprochen. Dass ich sie habe, daran habe ich nie gezweifelt. Im Alltag bin ich die Letzte, die sofort und ständig klein beigibt. Doch ich hatte mich bisher noch nicht dazu durchringen können, die sexuelle Dominanz zu leben. Seit geraumer Zeit befand ich mich zwar in einer Phase, in der ich meine Unterwürfigkeit nicht mehr richtig genießen konnte, doch dass das für mich den Seitenwechsel bedeuten sollte, an den Gedanken konnte ich mich lange Zeit nicht gewöhnen.

»Deine Hingabe wird wiederkommen, da bin ich mir ganz sicher«, hatte mich Ben immer wieder beruhigt und ich hatte beschlossen, ganz fest daran zu glauben, dass diese ganze Phase nur eine vorübergehende war. Was nun aber, wenn Ben dieses Mädchen ersteigert, um mich noch heute Abend ins kalte Wasser zu werfen, fragte ich mich, als ich während der Versteigerung neben ihm saß. Bei dem Gedanken wurde mir ganz heiß und am liebsten wäre ich aus dem Club gerannt. Er hob ein zweites Mal die Hand und ein drittes Mal und dann war das Mädchen tatsächlich unseres. Vielleicht hat er sie ja auch nur für sich selbst ersteigert, beruhigte ich mich. Vielleicht wollte er mal wieder erleben, wie es ist, mit einer Frau, die sich voll und ganz hingeben kann. Nicht so wie mit mir. Was mich anging, waren seit einiger Zeit nur noch begrenzt Dinge möglich, die über den normalen Sex hinausgingen. In mir flammte Eifersucht auf. Mit viel Beherrschung hielt ich meinen Hintern auf dem Stuhl, doch kaum war die Auktion abgeschlossen, sprang ich auf und rauschte in Richtung Bar. Die langen Röcke meines roten Kleides flogen hinter mir her. Ich ließ mir einen Sekt geben, stürzte ihn in einem Zug hinunter, stellte das Glas auf die Theke und drehte mich um. Ben hatte mich inzwischen eingeholt und war neben mich getreten. Ein kleines bisschen Wut stieg in mir auf. Ich fühlte mich übergangen und auch ein wenig unsicher. Er grinste auch noch, was meiner Laune nicht gerade zuträglich war. Manchmal kann ich es kaum glauben, wie arrogant er wirken kann. Durchdringend blickte er mich an, als wolle er mich herausfordern. Ich strich ein paar Strähnen meines langen schwarzen Haares von meiner Schulter und hielt seinem Blick stand.

»Was machen wir jetzt mit der Tante? Was hast du vor?« Er zog die linke Augenbraue hoch, wie er es immer tut, wenn sich einer meiner Gefühlsausbrüche ankündigt.

»Wir vergnügen uns, was denkst du denn?«, sagte er, gab dem Kellner ein Zeichen und nahm seinen Whiskey auf Eis entgegen. Um irgendetwas zu tun und mich gleichermaßen aus der Situation zu winden, zog ich meine Zigarettenschachtel aus meinem Strumpfband. Der aufmerksame Herr in Latexkleidung neben mir, der die Szene äußerst interessiert beobachtete, gab mir Feuer. Ich bedankte mich kurz, entfernte mich dann von der Bar und setzte mich auf ein nahe stehendes Sofa. Nur wenige Momente später kam Ben zu mir, setzte sich neben mich und legte seine Hand auf meinen Oberschenkel. »Ich mache das schon«, beruhigte er mich.

Einen kurzen Moment später wurde uns Friederike – so hieß das ersteigerte junge Ding – an Halsband und Leine vorgeführt. »Na, gefällt sie dir?«, wendete sich Ben an mich. Ich musterte sie. Friederike war objektiv betrachtet bildschön. Ihr langes blondes Haar umrahmte ein mädchenhaftes Gesicht, der sehr helle Teint unterstrich die großen grünen Augen. Sie war sehr schlank und hatte kleine Brüste. Zwischen ihren Schamlippen schimmerte ein kleiner silberner Ring. Zum Zeichen der Übergabe aller Verantwortung für ihre Person und ihren Körper kniete sie sich vor uns hin und senkte den Blick.

Wie versprochen nahm Ben die Situation in die Hand. Zusammen gingen wir in einen Raum, wo wir ungestört waren. Es folgte ein intensives und aufregendes Spiel bis in die frühen Morgenstunden, welches mit einem peinlichen Verhör des Mädchens begann und in einem grandiosen Orgasmus für mich endete. Noch nie zuvor war ich von einer Frau geleckt worden, doch an diesem

Abend konnte ich meinen Gefühlen freien Lauf lassen und fand Gefallen an meiner dominanten Seite.

Ben hatte mich also richtig eingeschätzt. Für einen kurzen Moment fliegen meine Gedanken zu ihm aufs Schiff. Ich stelle mir vor, wie er auf der Brücke sitzt und aufs große weite Meer hinaussieht. Wie gerne würde ich eine solche Situation mal wieder mit ihm gemeinsam erleben. Mit einem kleinen Seufzer kehren meine Gedanken zurück nach Deutschland ins Hier und Jetzt. Heute gibt es keinen Ben, der mich durch den Abend führt, heute bin ich ganz alleine für alles verantwortlich und ich bin mir nicht sicher, ob ich das wirklich kann.

Einige Wochen habe ich versucht, mich der Situation zu entziehen. Immer wieder habe ich E-Mails und SMS von Friederike bekommen. Sie hat mich zwar nie bedrängt, hat aber auch keinen Zweifel daran gelassen, dass sie mich wiedersehen wollte. Wie immer habe ich mich selbst mehr unter Druck gesetzt, als es nötig gewesen wäre. Dieser Druck erhöhte sich leider nur noch, als Friederike ihrer Freude über meine Einladung ungezügelt Ausdruck verlieh. Ich weiß ja, dass es besser werden wird, je öfter ich es tue. Der erste Sprung vom Zehnmeterbrett ist immer der schlimmste, aber es wäre mir recht, könnte ich das erste Mal einfach auslassen und gleich zum zweiten Sprung ansetzen.

Ich setze mich auf mein rotes Ledersofa. Mit zitternden Händen zünde ich mir eine Zigarette an. Eigentlich rauche ich nicht in meiner Wohnung, aber heute habe ich andere Sorgen. Ich inhaliere und spüre mal wieder, dass das Rauchen mich kein bisschen beruhigt. Ganz im Gegenteil. Mein Herz beginnt, nur noch stärker zu klopfen. Ich solle mir keinen Plan machen, hat Ben geraten. Einfach das tun, wozu ich im jeweiligen Moment Lust habe, hat er empfohlen. Das klingt zwar gut, aber es nimmt einem nicht gerade den Druck, wenn man diese Sache zum ersten Mal macht. Natürlich könnte ich mir eine Liste schreiben mit Dingen, die ich nacheinander abhandeln werde, wobei Friederike dann natürlich verbundene Augen haben müsste, doch ich will lieber versuchen, es intuitiv und spontan anzugehen.

Ich drücke die Zigarette in den Aschenbecher, gehe noch mal ins Bad, um meine Zähne zu putzen, öffne dann im Wohnzimmer das Fenster und begebe mich ins Schlafzimmer, um mich anzuziehen. Noch einmal ziehe ich das Rot meiner Lippen nach, schlüpfe dann in die schmale Hose des neuen Anzugs und in die Jacke. Die Bluse spare ich mir. Es wird mich sowieso keiner sehen. Keiner außer Friederike. Ich sehe auf die Uhr: Fast acht. Jeden Moment müsste sie eintreffen. Devote Menschen sind normalerweise eher überpünktlich als zu spät dran und während ich diesen Gedanken noch gar nicht zu Ende gebracht habe, klingelt es auch schon.

Ich atme tief durch, drücke auf den Türöffner und überlege, während Friederike schon die Treppe heraufkommt, wie ich sie begrüßen soll. Weil ich es nicht so genau weiß, umgehe ich einfach die Situation an der Tür, flitze schnell ins Wohnzimmer und drapiere mich auf das Sofa. Schnell schlage ich noch die Beine übereinander und ziehe den Stoff meiner Hose dabei glatt. Auch Friederike ist wohl ein wenig aufgeregt. Sie hat die Wohnungstür erreicht, scheint aber irritiert zu sein, dass sie dort niemand erwartet.

»Komm herein und schließe die Tür hinter dir«, rufe ich und muss mich dabei zusammenreißen, damit meine Stimme nicht versagt. Das Herz klopft mir bis zum Hals. Ich atme noch einmal tief durch, dann betritt Friederike den Raum. Ich gebe ihr ein Zeichen, sich zu nähern, und sie versteht. Als sie vor mir stehen bleibt, senkt sie den Blick und geht in die Knie. Ich bin überrascht. Das hätte ich weder verlangt, noch erwartet, aber nun nutze ich natürlich die Situation. Ich strecke die Hand nach dem Mädchen aus und so wird aus dem Begrüßungskuss ein Handkuss.

»Schön, dass du da bist.« Friederike hebt den Blick. »Möchtest du ein Glas Sekt oder einen Kaffee?«, frage ich und ärgere mich noch im gleichen Moment über mich selbst, weil ich nun wohl die Situation zerstört habe. Und das schon ganz zu Beginn unseres Treffens. Doch Friederike nickt einfach nur. »Lieber einen Sekt«, sagt sie. »Wo haben Sie die Flasche und Gläser?« Für einen kurzen Moment bin ich überrascht, besinne mich dann schnell und beantworte Friederikes Frage, mit der sie die Situation gerettet hat. Nur wenige Minuten später sitzt sie wieder vor mir auf dem Boden und wir stoßen wortlos an.

Nachdem Friederike das Glas halb geleert hat, lasse ich sie aufstehen. Wie ich es verlangt habe, trägt die Sklavin ein enges Top, einen kurzen schwarzen Rock, Stiefel mit Absatz und halterlose Strümpfe. Der Rock ist sogar so kurz, dass ein kleines Stück Spitze der Strümpfe darunter hervorblitzt. »Zieh dein Oberteil und den Rock aus!« Mein erster Befehl an diesem Abend. Friederike folgt meinem Wunsch, ohne mit der Wimper zu zucken. Sie trägt keine Unterwäsche. Auch das war mein Wunsch. Mein Blick fällt auf ihre kleinen, fast etwas zu flachen Brüste. Für meinen Geschmack könnte sie an den Hüften gerne noch das eine oder andere Kilo zulegen.

Ich freue mich über Friederikes Gehorsam. Ich hätte mir nicht vorstellen können, dass man bereits aus solchen Kleinigkeiten ein derart positives Gefühl ziehen kann. Ich richte mich auf. Meine Füße in den schwarzen Heels stelle ich parallel auf den Boden. Ich stütze die Ellbogen auf die Oberschenkel und lehne mich ein wenig nach vorne. Ich kann Friederikes Erwartung spüren und werde sie nun für einen kurzen Moment enttäuschen.

»Setz dich«, sage ich und deute auf den nicht mal kniehohen Tisch mit der fingerdicken Glasplatte, der vor meinem Sofa steht. Tatsächlich sieht Friederike etwas unsicher aus, als sie sich setzt.

»Spreiz die Beine«, sage ich und sehe ihr dabei direkt in die Augen. Sie wird für einen kurzen Moment rot und wendet den Blick ab, schlägt die Augen nieder.

»Schau mich an.« Ganz automatisch wird mein Ton streng. Ich finde bereits ein wenig Gefallen an der Sache. Friederike sieht mich wieder an, während sie gleichzeitig die Beine öffnet. Die Scham ist ihr nun deutlich anzusehen. Ein kleines Lächeln legt sich auf mein Gesicht und ich sehe ungeniert zwischen ihre Beine, während ich die Hand nach ihr ausstrecke. Leicht berühre ich den kleinen silbernen Ring, der ihren Kitzler schmückt. Diese leichte Berührung reicht bereits aus, um ihre Nässe zu fühlen.

»Ist die kleine Schlampe etwa schon geil?« Mein Lächeln wird fieser, Friederikes Wangen beginnen sich zu röten. Wieder wendet sie den Blick ab.

»Du sollst mich ansehen«, wiederhole ich in ruhigem Ton und schlüpfe dabei schon mal aus meinen Heels. Ich hebe den rechten Fuß in Richtung ihres Gesichtes. Friederikes Hand legt sich um meine Fessel und sanft beginnt sie, mit ihrer Zunge meine Fußsohlen zu streicheln. Immer noch sieht sie mich dabei an. Es ist ein wunderbar warm-weiches Gefühl. Ich lehne mich zurück, verschränke die Hände hinter dem Kopf und sehe ihr eine Weile dabei zu, wie sich ihre Zunge immer wieder zwischen meine Zehen schiebt.

»Knie dich hin.« Ich stehe auf. Mit betont langsamem Schritt umrunde ich den Tisch, bleibe dann hinter Friederike stehen. Ausgiebig betrachte ich sie und lasse ein wenig Zeit verstreichen, bevor ich sie wieder berühre. Mir ist, als würde sie leicht zusammenzucken, als meine Hand sich auf ihren Hintern senkt. Ich ziehe ihr die Hinterbacken auseinander und berühre sie dazwischen. Vom Anus schiebe ich meinen Finger langsam weiter nach vorn. Friederike beginnt, leicht zu zittern und ich gehe mit meinem Finger tiefer und tiefer in sie hinein. Kurz verharre ich, bewege mich dann dreimal heraus und wieder hinein, bevor ich mich zurückziehe.

Ich lasse sie noch eine Weile so knien, verbinde ihr dann die Augen und greife nach der dicken Kerze, die auf der Kommode neben der Balkontür steht. Mittlerweile seelenruhig betätige ich die Fernbedienung der Stereoanlage. Klassische Musik erfüllt den Raum. Friederike kann nicht hören, wie ich die Kerze anzünde.

»Geht es dir gut?«, frage ich sie und nehme ihr kurzes Nicken zur Kenntnis.

»Sehr gut«, fügt sie noch hinzu. Ich stelle die nun brennende Kerze noch für einen Moment zurück auf die Kommode, um abzuwarten, bis sich genügend flüssiges Wachs gesammelt hat. Kurz überlege ich, was ich zwischenzeitlich mit Friederike anstellen könnte. Ich gehe ins Schlafzimmer und hole zwei Wäscheklammern aus Holz. Das Mädchen zeigt keine große Reaktion, als ich sie an ihre Brustwarzen klemme. Intuitiv spüre ich aber, dass die Klammern ihre Geilheit steigern.

»Na? Wie findest du das?«, frage ich.

»Gut«, sagt sie nur und grinst.

»Wusste ich doch«, erwidere ich und gebe ihr einen Klaps auf den Po. Dann greife ich zur Gerte. Noch nie in meinem Leben habe ich jemanden geschlagen. Gut dass Friederike nicht gesehen hat, wie ich bereits vor ein paar Tagen mit einem Kissen geübt habe. Ich muss mir ein Kichern verkneifen, als mir diese Situation in den Sinn kommt.

Als ich so mit der Gerte in der Hand hinter Friederike stehe, zögere ich noch mal. Kann man eigentlich gleich mit der Gerte beginnen? Weil ich mir nicht so ganz sicher bin, kehre ich lieber noch mal um und hole den Flogger aus dem Schlafzimmer. Damit ist der Schmerz, den man verursachen kann, ja sehr begrenzt. Ich atme noch einmal tief durch. Meine Nervosität hat mich wieder ein wenig eingeholt, doch gleichzeitig spüre ich auch, wie es in meinem Höschen immer feuchter wird. Die Konzentration und die Überlegungen, die Unsicherheit darüber, vielleicht etwas falsch zu machen, nicht zu wissen, was als Nächstes zu tun ist, das alles lenkt mich dummerweise permanent von meiner eigenen Geilheit ab. Nur manchmal dringt sie kurzzeitig zu mir durch.

So auch jetzt. Ich koste das Gefühl aus, lasse die weichen Wildlederfransen des Floggers durch meine Hände gleiten und konzentriere mich ganz auf die Situation. Dann hole ich aus und lasse die Lederfransen mit Schwung über ihre Haut fahren, erschrecke aber kurz darauf auch schon, als Friederike zusammenzuckt. Tut das manchen Menschen vielleicht doch mehr weh als mir selbst, frage ich mich und werde sofort unsicher.

»Alles in Ordnung?«, frage ich vorsichtshalber. Friederike nickt, ich atme auf und hole nach kurzem Zögern ein weiteres Mal aus. Dieses Mal ist eine beginnende Gänsehaut an Friederikes Oberschenkel zu sehen, was mich dazu ermutigt weiterzumachen. Tatsächlich scheint sie den Flogger zu genießen. Wie ein Kätzchen, das sich auf dem Schoß seines Besitzers zusammengerollt hat und ausgiebig gestreichelt wird, kommt sie mir vor. Ich lasse das weiche Leder immer wieder auf Friederikes Arsch sausen und finde Gefallen daran. Manchmal gibt sie ein leises Stöhnen von sich, wie ich es manchmal tue, wenn ich eine Massage bekomme.

Als ich den Flogger zur Seite lege, beginnt Friederike, leise zu protestieren. Ich lächle und vertröste sie, trete leise hinter meine Sklavin und streichle zärtlich die warme, mittlerweile zart gerötete Haut ihres Hinterns. Friederike weiß nicht, dass ich nun die brennende Kerze in der Hand halte. Mit einer einzigen Bewegung kippe ich alles Wachs auf ihren Hintern und Rücken. Sie schreit erschrocken auf, scheint es dann aber zu genießen. Ich lächle zufrieden.

So banal mir meine Handlungen auch erscheinen mögen, so besonders scheinen sie für Friederike zu sein. In einem Anflug von Selbstsicherheit greife ich nun zur Gerte und schlage direkt zu. Zuerst zuckt Friederike wieder kurz zusammen, doch dann erträgt sie alles, ohne einen Mucks von sich zu geben. Immer wieder trete ich von hinten an sie heran und greife ihr prüfend zwischen die Beine. Manchmal berühre ich mit meinem nassen Finger kurz die zarte Haut direkt unterhalb ihrer Nase und lasse so ein wenig Mösensaft dort zurück.

Ich werde immer mutiger, lege die Gerte beiseite und greife nach dem Rohrstock. Ein paar Mal lasse ich ihn durch die Luft rauschen und lausche dem Geräusch, das er verursacht. Bereits in den ersten Schlag lege ich viel Kraft. Dementsprechend heult Friederike auf, als das harte Holz ihre bereits gerötete Haut trifft. »Nur zehn«, sage ich und: »Mitzählen.« Brav beginnt die Sklavin, von zehn abwärts zu zählen, und der Rohrstock hinterlässt rote Spuren auf ihrer Haut. Doch sie erträgt alles ohne Gejammer. Trotzdem atmet sie auf, als wir beim letzten Schlag angekommen sind. Kurz lasse ich sie in Ruhe, trete dann neben sie und streichle ihren Rücken. Sanft streiche ich mit den Fingernägeln über die Haut meiner Sklavin und wieder kann ich an ihrer Gänsehaut ablesen, wie sehr ihr das gefällt. »Du darfst dich aufrichten«, sage ich und verbinde ihr die Augen mit einem Tuch.

Als ich mit dem Vibrator in der Hand wieder das Wohnzimmer betrete, kniet Friederike immer noch auf dem Glastisch und harrt der Dinge, die da kommen mögen. »Leg dich hin.« Die Sklavin legt sich mit dem Rücken flach auf die dicke Glasplatte. Ein schöner Präsentierteller, dieser Tisch, denke ich mir und grinse in mich hinein. Eine Weile lasse ich sie da so liegen. Ich atme ein paar Mal tief ein und aus und beschließe dann, lieber nicht so genau über den nächsten Befehl nachzudenken. Ich spreche ihn einfach aus.

»Mach's dir selbst.« Friederike zögert kurz, ich warte ab.

»Wie soll ich es tun, Herrin?«, erhebt sich dann ein schüchternes Stimmchen.

»So wie du es tust, wenn du alleine bist.« Das Mädchen nickt, dann findet ihre Hand langsam den Weg zwischen ihre Beine. Ich sehe ganz genau hin. Friederikes rechter Zeigefinger wandert zielstrebig auf ihren Kitzler zu. Sie hebt die Hüfte leicht nach oben, beginnt dann, ihren Finger kreisen zu lassen. Manchmal schiebt sie den Finger zwischendurch weiter nach unten, um damit in sich einzudringen, und kehrt dann wieder zurück.

Ich setze mich auf das Sofa und lehne mich entspannt zurück. Ich kann nun kaum mehr widerstehen, gemeinsam mit meiner Sklavin zu masturbieren und so schiebe ich so lautlos wie möglich meine Hose herunter. Ich stelle die Beine links und rechts neben meinem Po auf das kühle Leder des Sofas und schiebe den dünnen, längst durchnässten Stoff meines Höschens zur Seite. Am meisten macht mich die Tatsache an, dass Friederike nicht weiß, was ich hier neben ihr tue.

Das Mädchen scheint langsam, aber sicher immer geiler zu werden. Sie bewegt sich mit dem Hintern auf der kalten Glasplatte hin und her. Ich kann nicht so richtig einschätzen, wie weit sie noch vom Orgasmus entfernt ist. Ich streichle mich selbst so lange, bis ich es kaum mehr aushalte, lasse dabei das Mädchen keinen Moment aus den Augen. Dann kommt mir der Vibrator in den Sinn. Er liegt neben mir auf dem Sofa. Ich taste danach.

»Warte«, sage ich und Friederike lässt sofort ihren Finger ruhen. Ihre Hand sinkt auf die Glasplatte neben ihrem Körper und sie wartet ab. Ich trete vor sie. Eigentlich habe ich nur vorgehabt, ihr den Vibrator in die Möse zu schieben, doch jetzt habe ich den Wunsch, das Mädchen zu berühren. Mein Blick fällt auf ihren vor Erregung stark angeschwollenen Kitzler. Ich strecke die Hand aus und berühre ihn. Das scheint wie ein Stromschlag auf Friederike zu wirken und sie stöhnt laut auf. Ich verstärke den Druck meines Fingers, während ich ihn bewege. Ich will nicht, dass sie schon kommt. Da ich mir nicht so sicher bin, wie weit die Sklavin schon ist, lasse ich von ihr ab. Kurz warte ich ab, als sie tief durchatmet, dann schiebe ich den Vibrator in sie. Ich spüre, wie sich ihre Möse zuerst dehnt und wie sich dann die Muskeln eng um den Gummischwanz schließen. Ich habe nicht erwartet, dass man offensichtlich viel Druck ausüben muss, um so ein Ding in eine Frau zu schieben.

»Mach weiter!«, befehle ich und setze mich wieder auf das Sofa. Neben mir liegt die Fernsteuerung des Vibrators. Friederike hat ihn in der einen Hand, mit der anderen massiert sie in kreisenden Bewegungen ihren Kitzler. Ihr Becken hebt und senkt sich auf dem Tisch. Nun beginnt sie, auch den Gummischwanz zu bewegen. Erst schiebt sie ihn sich selbst ganz langsam rein, dann wird sie immer schneller. Mit einem triumphierenden Lächeln greife ich nach der Fernbedienung. Friederike hält kurzzeitig erschrocken inne, als der Gummischwanz in ihrer Möse mit einem leisen Summen zu vibrieren beginnt.

Sie stöhnt nun etwas lauter, als sie es zuvor schon getan hat, und ich lehne mich entspannt zurück, beobachte mein Mädchen dabei, wie sie immer geiler wird, schiebe wieder den Stoff meines Höschens beiseite und massiere meinen mittlerweile ebenfalls stark angeschwollenen Kitzler. Manchmal werde ich so geil dabei, dass ich für einen kurzen Moment Druck auf die Klit ausüben muss, um den herannahenden Orgasmus noch abzuwenden. Ich schaffe es immer wieder, mich zu beherrschen, bis ich bemerke, dass Friederike kurz davor ist. Ihr Stöhnen wird immer lauter, ihre Bewegungen schneller. Gleichzeitig krampft sich ihre rechte Hand um den klitschnassen Gummischwanz, als habe sie Angst, er könne ihr entgleiten. Die linke Hand kreist in immer schnelleren Bewegungen um ihren Kitzler. Ich halte in angespannter Erwartung ihres Orgasmus den Atem an. In dem Moment, als mir klar wird, dass sie gleich direkt vor meinen Augen kommen würde, habe ich das Gefühl, als würde in meinem Hirn etwas explodieren. Ich verbiete mir selbst auch nur den leisesten Mucks, als ich gleichzeitig mit dem laut stöhnenden Mädchen komme.

»Danke«, höre ich sie sagen, als wir beide wieder halbwegs in die Realität zurückgekehrt sind.

»Bedank dich nicht zu früh, der Abend ist noch jung«, sage ich und ein zufriedenes Lächeln legt sich auf mein Gesicht.

*Vanessa Viola Lau*

# RUSSISCHE ROMANZE

*Katharina (21), Praktikantin, Bochum,*
*über*
*Vladimir (32), Schriftsteller, Moskau*

Vladimir begegnete ich auf einer Party in Moskau. Ich war Praktikantin in der Deutschen Botschaft, er war Schriftsteller. Vladimir entstammte dem russischen Landadel und war über 27 Ecken mit dem ehemaligen Zarenhaus verwandt. Das glaubte man ihm aufs Wort, denn er machte den Eindruck, als sei ihm der Verbleib des Bernsteinzimmers bekannt: Es glitzerte aus seinen Augen, die von der gleichen Farbe waren. Seine Nase war schmal und aristokratisch, sein Haar dunkel und gewellt. Er musste der begehrteste Junggeselle westlich des Urals sein, dachte ich und hing an seinen Lippen. Natürlich war ich nicht die Einzige. Ein Mann wie Vladimir entging keiner Frau. Eine Traube Mädchen hing an ihm, lauschte und lachte.

Vladimir rauchte Zigarillos und sprach deutsch mit diesem unverkennbaren russischen Akzent, der ihn verwegen wirken ließ. Die Russinnen um ihn herum verstanden zwar vieles von dem, was er sagte, und drängten sich ihm geradezu auf, aber ich war es, der er zuzwinkerte.

Das war der Moment, in dem ich wirklich in Russland ankam. Die raue, anstrengende Metropole setzte mir zu, ich verstand kaum etwas und es war bitterkalt draußen. Aber Vladimirs Lächeln nahm mich gefangen.

Hinterher kann man nie genau sagen, was es war, in das man sich verliebt hat. Bei Vladimir war es geradezu eine Reizüberflutung. Er war schön und gebildet, charmant und hatte beste

Manieren. Er war nicht laut, protzte nicht wie viele Neureiche. Er war ein Bohemien, geheimnisvoll und markant. Der perfekte Protagonist für ein russisches Wintermärchen.

Immer, wenn ich unsere Geschichte erzähle, kommt an dieser Stelle die Frage meiner Freundinnen: Gibt es denn nichts, was dich an ihm gestört hat? Nein, nichts, antworte ich dann und fahre fort. Sie runzeln ungläubig ihre Stirn und umklammern ihre Teetassen.

Die erste Hälfte des Abends verliebte ich mich in Vladimir, die zweite verbrachte ich mit dem leidvollen Gedanken, dass er mein Leben genauso schnell wieder verlassen könnte, wie er es betreten hatte. Gefangen in dieser Vorstellung konnte ich ihm nicht mehr richtig zuhören.

»Ich hab dich nach deinem Namen gefragt«, sagte Vladimir.

»Oh, äh, Katharina.«

»Wie Katharina die Große.« Vladimir schmunzelte: »Stets zu Diensten.« Dabei sah er mir in die Augen, dann an mir herunter und wieder in die Augen. Der Raum um mich herum begann zu schwanken. Wenn man sich verliebt, ist es normal, dass sich Naturphänomene ereignen. Man bekommt sozusagen sein persönliches Erdbeben gratis. Ich hätte drauf verzichten können. Männer wie Vladimir sind sich immer ihres Appeals bewusst. Das liegt in der Natur der Sache. Genauso wie die Tatsache, dass sie diesen Umstand ausnutzen. Wenn sie es nicht täten, würden die Gesetze des Universums erschüttert, was sehr gefährlich werden konnte, wie man aus alten Scifi-Filmen weiß. Passend zu diesem Gedanken kam Vladimir näher und flüsterte: »Ich bin ein Zauberer.« Dabei schaute er mich an wie die Schlange Kaa aus dem *Dschungelbuch*. Die Frage war nur, welche Sorte Zauberer er war. Das galt es herauszufinden. Jedenfalls war ab diesem Moment klar, dass er nicht alle Tassen im Schrank hatte. Damit war er genau mein Typ. Er wäre die perfekte Krönung meiner bisherigen Amourografie: Mein erster Freund Torsten las den ganzen Tag Mangas und ernährte sich ausschließlich von Eierlikör-Pralinés. Wenn man 16 ist und eine Schilddrüsenüberfunktion hat, wird man davon auch nicht dick. Mein zweiter Freund Jacob verließ nie das Haus und sammelte filigrane Kaffeetassen. Ich hatte ihn über das Internet kennengelernt und nie persönlich getroffen. Aber er kannte meine intimsten Geheimnisse, wie den Mord am Meerschweinchen meines Bruders und die Brandstiftung im Lehrerzimmer, bei der ich allerdings nur Schmiere gestanden hatte. Deshalb finde ich, er hat den Platz als mein zweiter Freund verdient. Danach kam Maik. Ihn kannte ich sehr wohl persönlich, denn er besaß weder einen Computer noch ein Handy. Das ersparte mir auch das Schlussmachen auf diesem Weg. Wenn man es genau nimmt, sind wir demnach heute noch zusammen, da nie einer von uns Schluss gemacht hat. Es verlief einfach im Sande. Danach kamen noch Florian und Don, die waren aber eigentlich normal: haben fremdgeküsst und mich zu selten angerufen.

Danach konzentrierte ich mich auf mein Studium und bekam das Praktikum in Moskau. Eigentlich hatte ich nach Paris gewollt, aber dahin gingen ja eh alle. Außerdem hatte ich alle im neunzehnten Jahrhundert angesiedelten russischen Romane gelesen und jahrelang Schnürstiefel und Zweireiher getragen. Dass dies wenig mit dem modernen Russland zu tun hatte, war mir damals nicht klar. Moderne Russen lieben Techno und Louis Vuitton. Für mein Wintermärchen müsste ich wohl eine Zeitreise antreten, stellte ich bei meiner Ankunft im Moloch Moskau enttäuscht fest. Dabei den kompletten Kommunismus rückwärts überspringen und eine Kutschfahrt mit Doktor Schiwago buchen. Zeitreisen waren – zumindest bis zur Drucklegung dieses Buches – noch nicht im Rahmen des technisch Möglichen.

Den modernen Entwicklungen zum Trotz: Vladimir taugte durchaus als moderner Märchenprinz. Am Samstagabend gegen 23 Uhr, Moskauer Zeit, hatte er mich verzaubert. Es wurde Zeit für den nächsten Schritt. Schüchtern war Vladimir nicht. Er sagte, er habe die Fähigkeit, Gedanken zu lesen, sah mir tief in die Augen und kam zu dem Ergebnis, dass ich nach meiner Telefonnummer gefragt werden wollte. Ich las wiederum die Gedanken der umstehenden Mädchen: Was hat die, was ich nicht hab? Das war nicht viel, aber solange das Vladimir nicht auffiel, konnte es mir herzlich egal sein.

Vladimir bekam meine Telefonnummer und rief nicht an. Ich fluchte verschnupft in mein Taschentuch und versuchte, das Handy zu hypnotisieren. Anders als Vladimir war ich der Zauberei nicht mächtig und schaffte es leider nicht, ein Klingeln herbeizuführen.

Irgendwann gab es wieder eine Party im selben Club. Von Weitem sah ich einen Pulk Mädchen. Ich näherte mich dem Zentrum der Aufmerksamkeit und – wie es zu erwarten war – in der Mitte stand Vladimir und referierte. Als er mich sichtete, bahnte er sich seinen Weg durch die Menge, ergriff unterwegs zwei Gläser mit Krimsekt, ohne den Blick von mir abzuwenden, und blieb vor mir stehen. Er sagte gar nichts. Ich guckte auf meine Füße, auf die Mädchen, dann irgendwohin in den Raum und wieder in Vladimirs Bernsteinaugen. Der Zauberer brauchte gar kein Kaninchen, um mich in seinen Bann zu ziehen, er war Magier und animalischer Assistent in einer Person. Das sollte sich später auch in anderen Lebenslagen bewahrheiten. Vladimir blinzelte nicht. Er wirkte amüsiert angesichts meiner Verlegenheit, reichte mir ein Glas und stieß mit mir an.

»Schau mir in die Augen!«, sagte er.

»Warum?«, fragte ich und kam mir verwegen vor.

»Kennst du das nicht? Sieben Jahre schlechten Sex hast du sonst.« Ich spürte, wie ich rot wurde, aber das fiel gar nicht auf, denn ich hatte mir von meiner Mitbewohnerin Elena eine anständige Menge Rouge ins Gesicht klatschen lassen. Ich sah jetzt beinahe aus wie ein Eighties-Punk. Elena hatte gesagt: »Dein Schwarm ist Russe, ich kenne russische Männer. Die stehen darauf.«

Vladimir griff mit Daumen und Zeigefinger an mein Kinn, so als wollte er sich mein Gesicht näher besehen.

»Sieben Jahre schlechter Sex? Willst du das? Das würde bedeuten, dass wir beide niemals Sex haben.«

Ich fand den Spruch ziemlich blöd, aber fühlte mich bei Vladimirs Anblick nun mal wie die Entdeckerin des Bernsteinzimmers. Ich spazierte darin herum und besah es mir. Er drehte mein Gesicht zur Seite.

»Warum so viel Farbe? Ich fand dich ohne Make-up viel schöner.«

Ein wohliger Schauer rann über meinen Rücken. Jetzt lächelte ich und guckte wieder auf meine Füße, trank einen Schluck Sekt und schaute schräg von der Seite zu ihm hoch. Leider kam in dem Moment von hinten wieder ein Mädchen, das ihn wegzog. Vladimir hatte sich wohl bereits entschieden, denn er bespaßte sie nur kurz und kam zu mir zurück, immer noch tief ins Sektglas schauend. Von Vladimir hörte ich den ganzen Abend nur noch zwei Sätze: »Wir müssen uns besser kennenlernen« und »Wir müssen uns mal alleine treffen«.

Am Ende der Party setzte er mich in ein Taxi und schickte mir, nachdem ich kaum außer Sichtweite war, eine SMS. Er wollte mich gleich morgen sehen. Ich zögerte, las die SMS circa zweihundert Mal. »Würde mich freuen, dich morgen zu sehen, meine Zarin.« Solche Momente muss man auskosten. Denn schon in dem Moment, in dem man antwortet, geht der Zauber des ersten Kompliments flöten. Außerdem hatte er es verdient, dass ich ihn zappeln ließ. Schließlich hatte er zwei Partys gebraucht, um sich endlich in Bewegung zu setzen und sich bei mir zu melden. Ich würde mich frühestens in einer Woche mit ihm treffen, schwor ich mir, als ich mit dem Handy in der Hand schlafen ging. Ich hatte damit gerechnet, dass er am nächsten Morgen noch einmal nachfragen würde, aber das tat er nicht.

Und dann passierte etwas Sonderbares: Leicht geschwächt von der Wirkung des Pheromoncocktails stimmte ich – ohne ein weiteres Mal mit Leidenschaft überzeugt worden zu sein – dem SMS-Angebot zu, bereute es jedoch gleich wieder, als er am nächsten Tag unpünktlich zum Date erschien. Da ich selbst zu spät war, was aber zur Taktik gehörte, fiel es eigentlich kaum auf. Ich ärgerte mich trotzdem und wies ihn auf sein Fehlverhalten hin. Den Rest des Tages wurde ich über russische Literatur und Astronomie aufgeklärt. Ich interessierte mich aber mehr für Astrologie und damit für sein Sternzeichen, damit ich den günstigsten Zeitpunkt für bestimmte Unternehmungen ausrechnen konnte.

Am selben Abend legte mir meine Freundin Lilo, eigentlich Ljudmila, die sich als Hexe bezeichnete, die Tarotkarten. Dabei kam heraus, dass er nur ein bisschen gebeutelt war, mich aber heimlich liebte, was er noch nicht wusste, aber bereits ahnte. Die bei Tageslicht zögerliche Kontaktaufnahme wäre das letzte Aufbäumen gegen diese emotionale Naturgewalt, der er sich aber letztendlich fügen würde. Wie dieses Fügen aussehen würde, konnten die Karten leider nicht sagen und außerdem war dann die Pizza fertig. Vladimir war im Urlaub in einer Datsche und damit in einer günstigen Ausgangslage, um sich auf sein Schicksal vorzubereiten. Er hielt Mystik ebenso wie Religion für Erfindungen, die auf rein ökonomischen Interessen basierten, und hätte sich von derartigen Prognosen wohl kaum bedroht gefühlt. Gesagt habe ich es ihm trotzdem nicht.

Meine Freundinnen werden an dieser Stelle meist ungeduldig. Sie schauen gelangweilt aus dem Fenster und warten auf die versprochene russische Romanze, auf Schlittenfahrten und Liebesschwüre am knisternden Kaminfeuer. Die Unbilden und Verzögerungen der Realität – er ruft nicht an, er hält keine Versprechen, er reist ab, ohne sich zu melden – kennen sie alle selbst. Deshalb überspringe ich jetzt die Diskussionen mit Lilo und die Psychoanalyse mit Elena.

Irgendwann rief der schöne Vladimir mit den Bernsteinaugen und den sinnlichen Lippen wirklich an. Nein, er rief nicht nur an, er hauchte ins Telefon, er müsse mich sehen. Blöder Idiot, dachte ich, das kann er vergessen. Ich hätte gleich auflegen sollen und überhaupt. Circa zehn Minuten später saß ich praktisch ohne Gepäck in einem Nachtzug in Richtung eines Ort, dessen Namen ich vergessen habe. Vladimir wollte mich dort abholen.

Der Bahnhof war winzig. Ein alter rotnasiger, pelzmütziger Vorsteher saß neben seiner Wodkaflasche in einem Kabuff und wurde Zeuge des eigentlichen ersten Aktes meines Wintermärchens. Der Zug hatte natürlich Verspätung gehabt, weil die Schneeverwehungen die Schienen unbefahrbar gemacht hatten. So stieg ich aus dem Zug in fast zwanzig Zentimeter Neuschnee und fiel Vladimir, der in seinem dicken Fellmantel und dem weißen Gestöber um sich herum den perfekten jugendlichen Liebhaber verkörperte, stilvoll um den Hals. Knips. Der Vorsteher hätte ein Foto machen müssen, um diese erste Kitschszene festzuhalten.Vladimir schnappte sich meinen Koffer und wir gingen zu seiner Kutsche, äh, seinem Wagen.

Der zweite Akt begann in dem Augenblick, als wir auf ein geheimnisvolles schlossartiges Gebäude zurollten. Ich schmachtete Vladimir an, der etwas auf Russisch in die Gegensprechanlage flüsterte, und verzieh ihm das verlängerte Vorspiel sofort. Am selben Abend lagen wir schon auf dem Bärenfell vorm Kamin. Wer das kitschig findet, ist ja nur neidisch. Es kommt aber noch schlimmer. Vladimir packte nämlich eigenhändig die Holzscheite in den Kamin. Er hatte die Ärmel hochgekrempelt und so konnte ich seine sehnigen Unterarme beobachten. Das Kaminfeuer tauchte den ganzen Raum in dunkle Bernsteinfarbe und mit Schampus in der Hand schauten wir erst einmal den Holzscheiten zu, bis sie funkensprühend umfielen. Uns beiden sollte es wenig später ähnlich ergehen.

Zuerst musste ich aber noch für kleine Zarinnen. Als ich zurückkam, hatte Vladimir gerade im Kamin nachgelegt und drehte sich zu mir um. Er hatte die Schuhe ausgezogen und stand barfuß auf dem Bärenfell. Unter seinem Hemd zeichneten sich seine Bauchmuskeln ab. Vielleicht bildete ich mir das auch nur ein, aber es kam mir so vor, als hätte ich alles deutlich erkennen können. Er war so schön, dass ich ihn gar nicht beschreiben kann, ohne dass es peinlich wird.

Da es bei spontanen Herzrhythmusstörungen immer hilfreich ist, sich an etwas festzuhalten, und Zigaretten mir da keine Hilfe waren, weil ich nicht rauche, wollte ich wieder nach meinem Glas greifen. Ich blieb einen Meter vor ihm stehen, schaffte es aber nicht, meinen Blick von ihm zu lösen. Seiner glitt zeitgleich an mir herunter. Zuerst in die Augen – die Augen sind wichtig. Dann über die Lippen – an den Lippen hing er länger als an den Augen. Herunter zum Dekolleté – ich trug einen weit ausgeschnittenen schwarzen Cashmere-Pulli, aus dem mein Push-up-BH zwei Halbmonde hervorschimmern ließ. Sie bebten wahrscheinlich, weil sie genau über dem Herzen lagen. Das hatte die Natur wohl absichtlich so eingerichtet. Mich beruhigte das schmeichelnde Kaminfeuer, das die Halbmonde wohl in ebenso tiefes Bernstein tauchte wie Vladimirs Unterarme. Vladimirs Blick wanderte weiter zu meinem Becken. Meine Problemzone, dachte ich. Vladimir spürte das und verweilte nicht allzu lange auf dieser Höhe, er wanderte tiefer. Zu meinen Knien – umspielt von einem Rocksaum aus schwarzer Spitze. Und nach unten – zu ebenso schwarzen Slingpumps.

Dann hockte er sich vor mich und strich mit seinen Händen meine Waden entlang zu meinen Fesseln hinab und umfasste sie mühelos. Er zog mir die Schuhe aus. Langsam. Dabei sah er zu mir hoch. Er strich über meine Knie und zog kleine Kreise darüber. Seither weiß ich, dass die Knie absolut erogen sind. Er küsste sie. Dummerweise hatte ich noch eine Strumpfhose an. In Romanen passiert so was nicht, da ist man immer so gekleidet, dass die Erotik ungehemmt fließen kann. Immerhin begann so einiges andere in mir zu fließen.

Ich stand mit leicht gespreizten Beinen vor ihm, während er immer weiter nach oben wanderte. Seine Küsse, sein Atem wärmten meine Oberschenkel und meinen Unterleib durch nach oben hin immer dichter werdende Stoffschichten. Aber das eigentliche Spiel fand im Kopf statt. Es hätte intensiver nicht sein können, als Vladimir meinen Venushügel küsste, während er meinen Hintern mit den Händen umfasst hielt. Mein Bauch zitterte lustig und kribbelte.

Im Kamin fiel ein Holzscheit krachend um. Vladimir drehte sich nicht um, nutzte das Ereignis aber zu einem Stellungswechsel. Er hob mich hoch und setzte mich auf die Couch. Er reichte mir wieder mein Glas. Den Sinn dessen sollte ich bald erkennen. Beim Nachschenken traf Vladimir das Glas nicht richtig und der Schampus lief kühl prickelnd über mein Dekolleté. Ich kicherte und warf meinen Kopf zurück. Vladimir umschlang meine Taille und leckte das Getränk von meinen Halbmonden. Erst links, dann rechts. Dann noch einmal links, während rechts seine Hand an meinen Busen wanderte. Ich ließ mich tief in den Samt der Couch sinken und schlang meine Beine um ihn. Ich fand diese Position sehr gemütlich. Vladimir lag auf mir. Sein Gewicht drückte meinen Körper angenehm tief in die Kissen. Ich war umhüllt von schönen Stoffen: Kaschmir, Samt, Seide und seiner Haut. Noch kuscheliger war der Anblick des Kaminfeuers, wenn ich ab und zu die Augen öffnete und über seine Schulter sah. Beim Knutschen ließ ich das dann aber wieder sein.

Vladimir wühlte sich durch verschiedene Stoffschichten. Ich machte gar nichts. Das gönnte ich mir einfach. Die Wilde zu spielen passt nicht in ein Wintermärchen. Da muss der Schwerpunkt auf dem Schmusen liegen, fand ich. Meine Strumpfhose zierten inzwischen einige Laufmaschen. Ich hätte besser Seidenstrümpfe angezogen, dachte ich, dann hätte Vladimir weniger Widerstand gehabt. Aber Widerstand war auch nicht schlecht, denn so musste er mich länger küssen und meinen Busen streicheln, während er mich auszog. Überhaupt hatte mir die Sache mit den Knien am besten gefallen, dachte ich, als er nach angemessenem Arbeitsaufwand endlich in mich eindrang. Der Akt selbst war schnell vorbei. Vladimir war wohl doch ein bisschen aufgeregt gewesen, denn beim zweiten Mal klappte dieser Teil schon viel besser.

Leider liebten wir uns nie wieder auf dem Bärenfell vor dem Kamin im »Bernsteinzimmer«, aber dieses Erlebnis bleibt meine besondere Erinnerung an ihn.

Wenn mich meine Freundinnen dann fragen, wie mein Wintermärchen ausging, verschütte ich etwas Cola oder versuche, anderweitig abzulenken, denn dass er mit einer anderen in die DomRep durchgebrannt ist, muss ja nicht jeder wissen.

*Sabine Hoffmann*

# ES WAR HEISS.

*Sabine (43), Krankenschwester, Flensburg,*
*über*
*Giorgos (35), Pilot, Athen*

Heißer als man es sich jemals vorstellen könnte, wenn man friert. Meine bloßen Füße standen versteckt hinter meinem Seesack im Staub einer wenig befahrenen griechischen Land-straße, denn meine Sandalen hatte ich nach meinem letzten Bad am Strand vergessen. Die Zikaden in den Bäumen mochten um diese Tageszeit eine Belastungsprobe für angeschlagene Nerven darstellen, aber damit hatte ich keine Probleme. Ich litt eher unter der Hitze.

Der Bauer, der mich hier abgesetzt hatte, hatte ein Kind dabei gehabt und auf der Ladefläche eine Ziege. Vor gut einer viertel Stunde war er unter deren Gemecker in die andere Richtung ge-fahren. In die Richtung, aus der jetzt ein Hund ganz aufgeregt kläffte. Ansonsten war hier anscheinend nicht viel los. Ich nahm einen Schluck aus der Wasserflasche, goss mir etwas Wasser in die Hand, befeuchtete damit Gesicht, Nacken und Arme und genoss die Kühlung einer sanften Brise. Die Tropfen, die vorbeigingen, malten dunkle Linien in den Staub auf meinen Beinen. Festland – auf der Insel war es mir nie so stickig vorgekommen.

Mein Seesack war beträchtlich angeschwollen, seit ich einen Schlafsack zum Abschied geschenkt bekommen hatte. Er war mir richtig wichtig geworden und das nicht nur, weil ich ihn jetzt vor meine nackten Füße stellen konnte. Denn dieser Seesack enthielt alles, was ich besaß, nachdem Roger sich mit dem Rest unserer Habseligkeiten abgesetzt hatte. Alles Roger?

Unterwegs lernt man sich selbst und auch andere Reisende schnell kennen, entwickelt sozusagen ein gewisses Gespür für den Menschen, oder glaubt das zumindest. Aber vor Überraschungen ist man niemals gefeit. Man tut sich auch schneller zusammen, womöglich sogar intensiver, ja, ich glaube sogar, dass man sich auf eine Art ehrlicher zeigt, denn man trifft sich, wenn es nicht so gut läuft, mit etwas Glück nie wieder.

Ich wünschte Roger, dass er nie wieder auf mich treffen musste. Und schwitzte dem Zeitpunkt entgegen, an dem ich ihm verzeihen konnte, dass er mit meinen Sachen, meiner Kohle und meiner Kamera durchgebrannt war, nur um mit dieser Amöbe von Rita nach Korfu zu segeln.

Zusammenbleiben oder Trennung, das war nie die Frage gewesen. Zwei Wochen lang waren wir zusammen gereist, alles war okay, wie es war, und das blieb so, bis Rita auf der Bildfläche erschienen war, und mit ihr der neue Busen, den Daddy ihr zu Weihnachten spendiert hatte, und das schmucke Segelboot.

Roger konnte nicht viel dafür, er war einfach so. Ein Arschloch eben. Zumindest das gestand ich ihm zu, als ein alter VW-Bus um die Ecke kam und in einer Staubwolke vor mir hielt. Ohne Kohle unterwegs zu sein, verschaffte dieser Auszeit einen ganz neuen Kick. Ich fand es immer wieder spannend herauszufinden, ob der Himmel mir an diesem Tag wohlgesinnt war, mir eine große Herausforderung bescherte oder eine unerwartete Annehmlichkeit, so wie jetzt.

»Are you going anywhere near Athens? Athena?«, fragte ich hoffnungsvoll durch das heruntergekurbelte Fenster in die dunkle Kabine hinein.

Ja, er fuhr nach Athen.

Ohne viel Aufhebens hatte ich meinen Seesack eingeladen und war eingestiegen. Der Wagen war staubig von innen, voll mit Werkzeug und leeren Flaschen, die in den Kurven durch die Kabine klöterten und natürlich hing am Rückspiegel ein Komboloi, das wegen der schlechten Straßenverhältnisse ständig in Bewegung war. Der Fahrer fuhr los, die schlanken Hände am Steuer, wo ich sie heimlich bewundern konnte. Er sah nett aus, ich betrachtete unauffällig sein Profil mit der nur leicht gebogenen Nase, die seinem Gesicht fast etwas Edles verlieh. Seine durchtrainierten Beine, nur mäßig behaart, steckten in abgeschnittenen Jeans, die Füße in leichten Canvas Boots, deren Verschnürung offen war.

Er fragte mich nach meinem Namen, wo ich herkam und wo ich hin wollte. Er hieß Giorgos, arbeitete als Hubschrauberpilot im Brandschutz, ging jetzt ins verdiente Wochenende und hatte die Sorte Hände, die mich antörnte. Braun, nicht zu zart und nicht zu grob, mit nicht zu langen Fingernägeln, die sauber waren, und einem hellen Halbmond, der in dem Rosa leuchtete, was angeblich auf gute Durchblutung schließen ließ. Ich hatte mich mal mit Hand- und Nageldiagnostik beschäftigt, wenn auch nur flüchtig.

Sein Englisch war auch sehr gut. Er kam aus Athen, war aber doch etwas älter, als ich anfangs angenommen hatte. Ich mochte seine Art, in reduziertem Englisch zu erzählen, die von dem ausländischen Charme des Griechischen gefärbt war, und sein verschmitztes Lächeln, wenn er mich dabei ansah. Das tat er für mein Empfinden gefährlich oft, schließlich waren diese Straßen nicht im besten Zustand.

Als wir in einem Dorf zum Tanken anhielten, lud er mich ins Kafenion nebenan ein und nachdem wir unseren dritten Eiskaffee getrunken hatten, war der Nachmittag bereits ziemlich vorangeschritten und der Dorfplatz im Schatten der riesigen Platane begann, sich zu füllen. Der Alte vom Nebentisch hatte uns irgendwann einen halben Liter Wein auf den Tisch gestellt und prostete uns nun ständig zu. »Yamaz!« Zwischendurch stellte er immer mal neugierige Fragen und nickte wissend mit dem Kopf: »Ah, Deutschland, Nazi, äh?«

Abgesehen davon war es überaus angenehm, mit Giorgos hier im Schatten zu sitzen, in seiner Gesellschaft zu sein und so viel zu lachen, denn er hatte einiges zu erzählen und langsam bekam ich einen guten Eindruck davon, wie es sein musste, in Griechenland aufzuwachsen. So hatte er schon einmal wegen Erdbebengefahr auf einer Athener Verkehrsinsel übernachten müssen. Und im Sommer, wenn er mal frei hatte, betrieb er mit seinem Boot Inselhopping, denn seine weitverzweigte Verwandtschaft hatte anscheinend auf ungefähr jeder zweiten Insel ein Häuschen. Eines davon übrigens ganz in der Nähe von hier, das hatte mal seiner Großmutter gehört, ob ich es sehen wollte?

In den letzten Stunden hatten wir uns viel übereinander erzählt, waren uns nähergekommen und hatten begonnen, ganz dezent miteinander zu flirten. Als wir, ein weiteres Fläschchen Wein später, endlich aufstanden, war ich bereit, mir das Häuschen seiner Oma anzusehen oder auch seine Briefmarkensammlung. Warum nicht? Ich hatte Zeit, mein Rückflug ging erst übermorgen und ich fand Giorgos in keinster Weise beängstigend, eher beängstigend süß. Arm in Arm schlenderten wir zurück zum Bus und angesichts der Hitze schien es nur vernünftig, diese Fahrt erst später fortzusetzen. Der Blick, den wir uns beim Einsteigen zuwarfen, hatte etwas Verschwörerisches.

Am Dorfausgang fuhr Giorgos in einen kleinen Weg, der von hohem Bambus gesäumt war und an einer Lichtung endete, auf der ein kleines verbarrikadiertes Häuschen stand – das Ganze direkt am Meer und im Licht der sinkenden Sonne: total romantisch. Ich hielt den Atem an und er das Auto. Mücken schwebten durch die goldene Luft. Der Motor knackte beim Abkühlen und ein Lüftchen raschelte im hohen Bambus. In der Ferne hörte ich das Tuckern eines Motors, aber ansonsten war es hier berauschend still.

Giorgos sah mich mit einem langen Blick an, bevor er ausstieg, kam um den Bus herum, öffnete meine Tür und stand plötzlich ganz dicht vor mir. Ich nahm wahr, dass er gut roch, als er einen besonderen Moment lang so stehen blieb, und auch die spürbar veränderte Atmosphäre zwischen uns, als er meine Hand nahm und mir aus dem Bus half.

»Welcome to Romiri ...«

Seine Stimme klang merkwürdig heiser und mein Herz klopfte wie wild, als er mich kurz an sich zog und dann mit mir zum Strand lief. Normalerweise hätte ich diese Traumlage bewundert, denn wer träumte nicht von einem Haus am Meer? Aber jetzt schien meine gesamte Aufmerksamkeit von seiner Hand gefangen zu sein, die mich wie selbstverständlich festhielt und dabei so warm und angenehm trocken war.

Und immer noch hatte ich keine Bedenken, ihm zu folgen.

Unten am Strand ließ er mich los, zog noch im Laufen seine Boots aus, das T-Shirt über den Kopf, gab mir ein Zeichen, ebenfalls zu kommen, und rannte mit dem Enthusiasmus eines kleinen Hundes laut spritzend ins Meer. Ich schaute mich um. Da wir anscheinend die einzigen Menschen auf der Welt waren, zog ich mein Kleid über den Kopf und tat es ihm gleich. Das Wasser jedoch blieb noch eine lange Strecke flach und während meine Nacktheit nur bis zum Knie mit Wasser bedeckt war, schwamm Giorgos schon im Tiefen und betrachtete mich die ganze Zeit mit unverhohlenem Interesse, was für mich ungewohnt war und irgendwie aufregend – besonders nachdem ihm ein anerkennendes »wow« entschlüpft war.

Ich fühlte mich wie auf dem Laufsteg, als ich langsamer werdend auf ihn zuging und sich meine Brustwarzen ihm schon ganz ungeniert entgegenstellten. Als ich endlich genug Wasser unterm Kiel hatte und ganz eintauchen konnte, war ich von unserem Blickkontakt so angeregt, dass ich allein das Eintauchen meines heißen Körpers in das Wasser als überaus sinnliche Erfahrung empfand.

Ganz ruhig und wie gezogen von der Intensität seines Blicks schwamm ich auf ihn zu und zum ersten Mal berührte ich ihn, hörte ihn leise aufstöhnen, als meine Hände seinen Rücken entlangfuhren und seine Pobacken umrundeten. Er stieß sich ab und tauchte unter und hinter mir wieder auf, umarmte mich fest von hinten, presste sich an mich, biss mich zärtlich in den Nacken, hauchte erregende Laute in mein Ohr. Mit seinen Händen fuhr er wie berechtigt über meinen nassen Busen, meinen Bauch, meine Spalte – aber nur kurz –, zwischen meine Schenkel, die sich ihm willig öffneten. Immer wieder strich er über meinen erschauernden Körper, der sich seinen Berührungen vor Entzücken entgegenbog.

Ich spreizte die Beine in der Schwerelosigkeit des Wassers und bot mich dar, spürte seinen strammen Phallus, der zum Einsatz bereit meine Pobacken streifte, aber Giorgos ließ mich noch nicht ran. Er schwamm ein Stückchen weiter, so lange, bis ich ihm folgte, tauchte unter und dann dicht vor mir wieder auf, unsere Blicke trafen sich wieder.

»So beautiful«, sagte er und erschauerte, als wir uns genauer zu erforschen begannen. Seine Haut war glatt und sonnenbraun, seine Hände kundig und energisch. Er hielt meinen Blick mit dem seinen gefangen und ich hatte zunehmend das Gefühl, mich in ihm zu verlieren, war wie in Trance. Es war, als verfügten seine Hände über Zauberkräfte. Sie legten mich aufs Wasser und sie hielten mich. Sie streichelten und zupften, sie rieben und kneteten, erkundeten. Sie lockten und verzückten, aber sie drangen immer noch nicht in mich ein. Ich fühlte mich wehrlos, begriff, dass ich nichts tun durfte, ihm völlig ausgeliefert war. War wie von Sinnen. Ich fragte mich nicht, wie weit das Wasser mein Stöhnen trug, es war egal. Aber dass auch er sich dabei nicht zurückhielt, törnte mich total an.

Seine schönen Zähne strahlten im Dämmerlicht und ich sehnte mich unendlich nach seinen feuchten Lippen, wollte sie beißen und lecken, ihn kosten und schmecken und mit ihm verschmelzen, als er plötzlich einen Schritt zurücktrat und mich mit wildem Blick herausforderte.

»You don't know me, do you want to go on with this?«

Und ob ich wollte. Schon lange bevor wir uns endlich küssten, war ich mit Haut und Haaren sein. Hand in Hand rannten wir durch das Wasser dem Strand entgegen. Wir erreichten den felsigen Teil des Strandes und Giorgos, der hier aufgewachsen war und sich gut auskannte, zog mich zwischen zwei Felsen, die in ihrer Mitte eine Mulde bildeten. Ich legte mich hinein, der Stein unter mir war noch angenehm warm. Giorgos schob seine Hände unter meinen Po. Er hielt meine Pobacken in seinen Händen und mit den Daumen öffnete er meinen Spalt, bevor er sein Gesicht zwischen meinen Schenkeln versenkte. Er saugte und leckte, bis ich vor Wollust laut aufstöhnte, züngelte mit seiner spitzen Zunge an meinen Schamlippen. Mit seiner edlen Nase rieb er dabei meine

Klitoris, bis ich es nicht mehr aushalten konnte, ihn anflehte, mich zu erlösen, ihn an den Haaren über mich zog und er mit einem tiefen Stoß in mich eindrang.

Wir passten perfekt zusammen. Er fing mit kleinen, flatterhaften Stößen an, dann zog er ihn halb heraus, um ihn dann ganz tief in mich hineinzurammen. Tiefer und noch tiefer, mal gnadenlos hart, dann wieder zum Verrücktwerden langsam stieß er zu, wieder und wieder. Dabei sahen wir uns unentwegt an. Den Ausdruck in seinen Augen, die halb geschlossen an meiner Erregung sich weideten, vergesse ich wohl nie.

Ich spürte genau, wie sich alles in ihm sammelte und er dann zum letzten Stoß ausholte, gemeinsam mit mir erbebte und sich zuckend in mir entlud. Völlig erschöpft sanken wir nebeneinander nieder. Meine Lippen brannten, mein Rücken auch. Alles an mir war irgendwie wund, erforscht, verzückt und sehr lebendig. Er hatte mich wie eine Göttin geliebt und ich fühlte mich auch so.

*Josefine Friedrich*

# GESCHICHTE ZUM ANFASSEN

*Josefine (29), Werbetexterin, Hamburg,*
*über*
*Ella (32), Grafikdesignerin, Hamburg,*
*und Georg (30), Architekt, Bremen*

Once I had a love and it was a gas, soon turned out had a heart of glass ...« Mein Handy sang mich aus dem Schlaf. Ich blinzelte und versuchte, mich im Halbdunkel des fremden Zimmers zu orientieren. Ella und ich waren an den Timmendorfer Strand gefahren, um ein paar Tage auszuspannen. Das war auch nötig: Nach dem Stress der letzten Wochen fühlte ich mich wie von einem Tanklastzug überrollt. Unwillig griff ich nach dem Handy auf dem Nachttischchen und drückte die grüne Taste.

»Hallo?«, krächzte ich mit verschlafener Stimme.

»Josefine! Hier ist Georg.«

»Georg?« Ich brauchte ein paar Sekunden, um die Stimme zuzuordnen. Ich hatte Georg das letzte Mal vor einer Ewigkeit gesehen. Wie lang war das her? Mit 15 waren wir mal ziemlich gut befreundet gewesen, im Laufe des Studiums hatten wir uns dann aus den Augen verloren. Wie das halt immer so ist.

»Nächsten Monat ist dein dreißigster Geburtstag. Wie sieht's aus, hast du schon einen Ring am Finger?« Sein Grinsen war nicht zu überhören.

»Oh Shit«, jetzt war der Groschen gefallen, »unser Pakt!«

»Frau Friedrich, ich bin wie immer beeindruckt von deinem Scharfsinn. Wo bist du?«

»Am Timmendorfer Strand.« Er würde doch nicht ...

»Sims mir deine Adresse. Ich mach mich auf den Weg!«

Ich kannte keine andere Person, die gleichzeitig so schlau und so naiv war wie Georg. Wie konnte er an diesem bescheuerten Teenie-Pakt festhalten? Wir waren damals in der Zeit auf dem Gymnasium jeden Dienstag zusammen ins Kino gegangen, aber nicht als Paar, das war ein reines Freundschaftsding. Wir sahen uns einen Film an, lästerten bei der Vorschau über unsere beliebigen Lover, deckten uns danach bei McDonald's mit pappigen Burgern ein, um diese dann im Mondschein auf dem Deich zu verspeisen. Unschuldiges, asexuelles Teenie-Glück. An einem dieser Dienstagabende hatten wir *Die Hochzeit meines besten Freundes* gesehen und beschlossen, es wie die Helden des Films zu halten und einander zu heiraten, falls wir mit dreißig immer noch Single sein sollten.

»Georg, ich weiß echt nicht, ob das so eine gute Idee ist. Ich wollte mal runterkommen und einfach ein paar Tage entspannen. Außerdem glaube ich nicht, dass Ella das so lustig findet, wenn …«

»Wer ist Ella?«, unterbrach er mich.

»Meine Kollegin. Wir sind im Strandhaus ihres Vaters.«

»Ihr seid im *Strandhaus*?! Ich bin heut Abend da.«

Es tutete in der Leitung. Da konnte man wohl nichts machen. Wenn Georg sich etwas in den Kopf gesetzt hatte, konnte er verdammt hartnäckig sein. Ich schlüpfte in meinen Bademantel und schlurfte in die Küche. Die Terrassentür stand weit offen und ein leichter Wind brachte den Perlenvorhang zum Klimpern. Auf der anderen Seite des Vorhangs lag Ella in einem Sonnenstuhl und las. Sie musste mein Schlurfen gehört haben, denn sie legte das Buch nieder, drehte ihren Kopf zur Seite und sah mich an.

»Komm raus, es ist traumhaft!«

Ella ist eine dieser Personen, bei denen man nie genau weiß, woran man ist. Wir saßen uns seit mittlerweile drei Jahren in der Werbeagentur gegenüber, harmonierten als Team, gingen abends was trinken und waren seit einem Jahr sogar so weit, dass wir gemeinsame Wochenendtrips unternahmen. Dennoch schien unsere Beziehung ständig zwischen Freundschaft und Arbeitsverhältnis zu pendeln. Immer wenn wir uns gerade besonders gut verstanden, kam plötzlich dieser Moment, ab dem sie sich vollkommen distanziert verhielt.

»Ist alles in Ordnung? Du siehst so nachdenklich aus.« Ella beäugte mich skeptisch. Ich beschloss, gleich mit der Tür ins Haus zu fallen.

»Mich hat ein alter Schulfreund angerufen. Was soll ich sagen, er ist auf dem Weg hierher.« Ich setzte einen entschuldigenden Gesichtsausdruck auf.

»Kein Problem. Ist doch genug Platz für alle da.« Ella zuckte mit den Schultern, erhob sich aus dem Liegestuhl und tapste Richtung Küche. Ihre Füße waren sandig und machten beim Abrollen knirschende Geräusche auf dem Betonboden der Terrasse. Sie konnte einen wirklich erstaunen. Ich hätte gedacht, dass sie ausflippt. Schließlich hatte sie sich vor Kurzem von ihrem Freund getrennt und war in letzter Zeit nicht so gut auf Männer zu sprechen. Stattdessen sah sie mich erwartungsvoll an, machte eine Winkbewegung und fragte unschuldig: »Kaffee?«

»Ja, gern.« Ich überspielte mein Erstaunen. »Ich sag nur noch schnell Georg Bescheid, dass alles klar geht.«

*

Am Abend hatten Ella und ich uns eine Strandmuschel dicht am Wasser aufgebaut. Nun lagen wir in eine Wolldecke gehüllt bäuchlings in unserer Höhle, sahen auf das Meer und malten uns unsere Alternativkarrieren aus, falls uns die Werbebranche doch irgendwann langweilen würde. Da die Hochsaison noch nicht angefangen hatte, waren nur wenige Spaziergänger am Strand. Für Anfang Mai war es zwar ziemlich warm, doch mit der herannahenden Dämmerung hatte sich die Luft merklich abgekühlt. Ich zog die Decke über meine Schultern und hörte Ella zu, die gerade dabei war, mir zu erläutern, warum sie sich eine Karriere als Schauspielerin vorstellen konnte. Plötzlich hörte ich hinter uns Schritte im Sand herannahen. Ich rollte mich zur Seite, lugte um die Ecke und blickte auf ein Paar Männerfüße in Flipflops.

»Hi Ladies!« Georg hatte diese wunderbar tiefe, leicht kratzige, beruhigende Stimme. Er sah gut aus: groß, athletisch, dunkles verwuscheltes Haar, in Jeans und lässiger Kapuzenjacke. Ich ertappte mich dabei, wie ich ihn einen Moment zu lang ansah. Das blieb nicht unbemerkt. Ein Lächeln umspielte seine Lippen und er zwinkerte mir zu. Ich blöder Idiot!

»Schön, dich zu sehen. Ella, das ist Georg. Georg – Ella.« Georg warf einen bewundernden Blick auf Ella. Es bereitete mir immer große Freude, einander fremde Menschen zusammenzubringen und abzuwarten, wie sie sich miteinander verstanden. Der Unterton in Ellas Stimme war verräterisch.

»Hi Georg, setz dich doch zu uns!«, flötete sie und in dem Moment wurde mir klar, dass dieser Abend interessant werden könnte. Georg ließ seine Sporttasche fallen und setzte sich uns gegenüber in den Sand. Er schien etwas nervös zu sein, versuchte das aber zu überspielen, indem er von der Fahrt und dem Stau auf der Autobahn erzählte. Ella war ein Profi in der Kunst des Small Talks und erzeugte schnell ein Gesprächsklima, in dem Georg sich sichtlich wohlfühlte.

Nachdem wir das allgemeine Was-machst-du-so-Geplänkel abgeschlossen hatten, wagte Ella sich vor: »Josefine hat mir erzählt, ihr beide seid alte Schulfreunde?«

»So kann man das sehen«, sagte Georg und warf mir einen verstohlenen Blick zu. »Mit fünfzehn war ich mal unsterblich in Josefine verliebt.«

Ich wurde sofort rot. Das hatte er mir nie gesagt. Zur Scham mischte sich Wut, schließlich hatte er mir früher wieder und wieder bestätigt, dass unsere Beziehung rein platonisch war. Darauf war ich immer sehr stolz gewesen. Ich wollte protestieren, fand mich dann aber albern und schluckte meinen Kommentar hinunter.

»Davon hat Josefine mir nichts erzählt!«, rief Ella erstaunt aus. So schnell wendet sich das Blatt. Jetzt hatte Ella wohl ihren Spaß daran, Georg und mich aufeinander loszulassen.

»Davon wusste ich ja auch nichts«, versuchte ich, mich zu erklären, und wand mich unter den neugierigen Blicken der beiden.

»Ach komm, Josefine, jeder wusste das.« Georg sah mich herausfordernd an. Ich fühlte mich ertappt und gnadenlos naiv. Außerdem war ich überrascht von Georgs Direktheit. Früher war immer ich der dominante Part in unserer Freundschaft gewesen.

»Ach, Josefine, du kleine Herzensbrecherin. Ich lern ja ganz neue Seiten an dir kennen ...« Ella lachte und kniff mir in die Wange, wie alte Frauen es bei kleinen Kindern tun.

»Ja, ja, macht ihr euch nur lustig. Ich hol mal was zu trinken«, erwiderte ich und stahl mich aus der Situation.

Als ich durch den Sand in Richtung Ferienhaus stapfte, hörte ich die beiden schnattern. Sie schienen sich gut zu verstehen. Sobald ich wiederkäme, würde das Thema hoffentlich gegessen sein. In der Küche angekommen, lud ich zwei Weinflaschen und drei Gläser auf ein Tablett.

Was bezweckte Georg mit seinem Besuch? Er würde mich ja wohl kaum fragen, ob ich ihn heiraten wolle. Schließlich schien sich gerade herauszukristallisieren, dass doch ich die Naivere von uns beiden war. Ich musste den Korkenzieher dreimal ansetzen, bevor ich es schaffte, die Flasche zu öffnen – meine Hände zitterten. Ich war verunsichert, gleichzeitig gefiel mir diese Ungewissheit und ich beschloss, den Abend einfach zu genießen. Also schnappte ich mir das Tablett und balancierte damit durch den Perlenvorhang.

Als ich mich unserer Strandmuschel näherte, waren die beiden bereits tief in ein Gespräch verwickelt. Ich stellte das Tablett neben Georg in den Sand und robbte zu Ella unter die Decke. Georg ergriff gleich die Flasche und schenkte uns ein.

»Wusstest du, dass Georg als Kind Schriftsteller werden wollte?« Ella war sichtlich von ihm angetan.

»Das hättest du mal werden sollen«, ich nahm einen Schluck aus meinem Glas, »du hast mir damals am Deich schon immer so schöne Geschichten erzählt. Weißt du noch?«

»Oh ja, eine Geschichte!« Ella glückste und kuschelte sich kleinmädchenhaft in die Decke ein. »Du erzählst uns eine Geschichte und wir machen's uns gemütlich.«

Georg blickte mich fragend an, ich zuckte mit den Schultern, legte mich auf den Rücken und zog mir mein Ende der Decke unters Kinn. »Worauf wartest du? Leg los!«, befahl ich schnippisch.

Georg hatte nichts von seinem Talent als Geschichtenerzähler verloren. Er erzählte von Erlebnissen in seiner Studentenzeit, Anekdoten von verpeilten Mitbewohnern und genervten Nachbarn. Ella und ich lachten, tranken Wein und lauschten seiner beruhigenden Stimme. Es war richtig gemütlich. Georg hatte sich vor unserer Strandmuschel auf die Seite gelegt und stützte seinen Kopf auf einer Hand ab, sodass sich sein Mund unweit meines Ohres befand. Nach dem zweiten Glas Wein trat plötzlich Stille ein. Wir lagen einfach nur da und träumten vor uns hin. Ella seufzte und streckte sich behaglich unter der Decke. Dann reckte sie ihren Kopf nach hinten und flüsterte: »Noch nicht aufhören! Erzähl uns doch noch eine letzte Geschichte!«

Georg zögerte einen Moment. Dann robbte er durch den Sand zu Ella, sodass er nun in ihr Ohr flüstern konnte. In mir keimte ein selten empfundenes Gefühl auf: Eifersucht! Nachdem er die ersten Sätze gesprochen hatte, war klar, dass dies eine andere Art von Geschichte sein würde.

»Stell dir vor, es ist ein warmer Sommertag. Du trägst ein luftiges Sommerkleid und gehst im Park spazieren. Dabei genießt du die Streicheleinheiten der warmen Luft und die leichte Brise, die deine Beine umspielt. Vor allem, weil du nichts drunter trägst.«

Das hatte gesessen. Ein leichtes Ziehen durchfuhr meinen Schoß und ich merkte, dass auch Ella erregt war. Sie lag auf der Seite, so dicht neben mir, dass mein Arm ihren Rücken berührte. Für einen Moment versteifte sich ihr Körper, der sich bis eben noch in regelmäßigem Ein- und Ausatmen gehoben und gesenkt hatte. Georg fuhr fort zu erzählen.

»Du suchst dir ein schattiges Plätzchen im Park, um dich hinzulegen, breitest dein Handtuch aus und lässt dich langsam auf den Bauch gleiten. Da fällt dir ein, dass eben jeder hinter dir deine Muschi gesehen haben könnte. Der Gedanke erregt dich und du fühlst, wie sich deine Brustwarzen in den kalten Boden bohren.«

Georg sprach mit ruhiger Stimme in Ellas Ohr. Auch wenn er sich zusammenriss, um einen souveränen Geschichtenerzähler abzugeben, so merkte ich doch, wie gewisse Passagen der Handlung ihn selbst erregten. Jedes Mal, wenn er davon sprach, dass sie kein Höschen trug, bebte seine Stimme ein wenig. Der Gedanke schien ihm zu gefallen. Und mir nicht minder. Da Georg sich nun Ella zuwandte, hatte ich das Gefühl, dass ich Zeuge einer Intimität wurde, die nicht für meine Ohren bestimmt war. Neben mir atmete Ella nun lauter. Ihr Haar verströmte einen angenehmen Duft. Ich schluckte und spürte, wie sich die Muskeln in meinem Schoß langsam zusammenzogen. Ich stieß einen kaum hörbaren Seufzer aus und rückte dichter an Ella heran. Bilder schossen durch meinen Kopf und ich stellte mir vor, wie Ella mich berührte. Ihre weiche Haut auf meiner, scheue Blicke, ihre Hände auf meinen Brüsten …

»Plötzlich merkst du, dass ein Fremder neben deinem Handtuch steht.« Georg sprach zu Ella, berührte mich aber flüchtig mit der Hand an der Schulter. »Du willst dich umdrehen, um zu sehen, wer da ist, aber irgendwas hält dich zurück und so lässt du zu, dass sich der Fremde neben dir niederlässt.« Ich wusste, was Georg wollte. Ich hatte selbst schon den Impuls verspürt, Ella zu berühren. Der Duft ihrer Haare übte eine unglaubliche Anziehungskraft auf mich aus.

»Du liegst ganz ruhig da und spürst, wie seine Hände über deinen Rücken wandern.«

Ich platzte beinahe vor Aufregung und neben mir atmete Ella immer schneller. Wie würde sie auf meine Berührung reagieren? Ich zitterte. Mit einem Seufzer drehte ich mich auf die Seite, wobei meine Hand flüchtig ihren Hintern streifte. Jetzt lag ich so, dass Ella meinen Atem in ihrem Nacken spüren konnte. Die kleinen blonden Härchen an ihrem Hals stellten sich auf und sie reckte ihren Kopf nach hinten wie eine Katze, die genüsslich in der Sonne badet. Ich deutete das als Einverständnis. Georg zögerte mit dem Weitererzählen. Er musste sich wohl erst wieder fangen. Dann fuhr er fort, detailliert zu beschreiben, wie der Fremde Ella berührte. Vorsichtig streckte ich meine Hand aus und ließ sie über

Ellas Po wandern. Jetzt war ich im Spiel und konnte keinen Rück-
zieher mehr machen. Ich musste grinsen. Die Streicheleinheiten,
die ich nun Ella zuteil lassen werden würde, würden auch bei
Georg Wirkung zeigen, dachte ich. Also würde ich mich von ihm
leiten lassen und all das ausführen, was seiner Fantasie entsprang.
Mich erregte die Frage, wie weit er wohl gehen würde, wenn er
merkte, dass ich seine Weisungen blind befolgte.

Die Haut unter Ellas Shirt war weich und warm. Langsam und
vorsichtig streichelte ich über ihre Seite und ihre Hüfte. Ich sah,
wie sich ihr Mund einen Spalt öffnete. Sie wollte augenscheinlich
mehr Berührung, als sie bekam. Dennoch hoffte ich, dass mein
Erzähler die Geschichte nur langsam vorangehen lassen würde.
Ihr aufkeimendes Verlangen steigerte meine Erregung. Diese süße
Qual gefiel mir mehr und mehr. Die Geschichte ging weiter und
bald bekam ich die Legitimation, Ellas Brüste anzufassen. Ich zog
Ella näher an mich heran und schob meine Hand unter ihrem Arm
durch. Ihre Brüste waren klein und fest. Ellas Körperwärme stieg
blitzschnell an und verbreitete einen süßen Geruch. Ich spielte ein
wenig mit dem Gedanken, sie sanft in den Hals zu beißen.

Plötzlich wurde mir bewusst, dass Georg von den Vorgängen
unter der Decke nichts sah. Das erschien mir ungerecht, wenn er
in seinem Amt als Erzähler schon nicht direkt eingreifen konnte.
Ich schob die Decke runter zu unseren Knien. Die kalte Luft hin-
terließ eine Gänsehaut auf Ellas Körper. Georg konnte jetzt sehen,
wie ich hinter Ella lag und ihre Brüste unter dem hochgeschobenen
Shirt massierte. Er konnte seine Augen nicht von meinen Händen
lassen und hatte jetzt garantiert den Ständer seines Lebens. Auf
jeden Fall mochte er, wie ich Ella mit meinen Händen bearbeitete.
Das war mir aber nicht genug, also führte ich meinen Mittelfinger
zum Mund, leckte ihn an und spielte damit an ihrer Brustwarze,
die sich sofort verhärtete. Ich genoss dieses Spiel: Sobald sich
ihre Brustwarze wieder entspannte, machte ich sie wieder hart.
Spätestens jetzt hatte ich ihn. Die Geilheit stand ihm ins Gesicht
geschrieben und ich fragte mich, wie lange er das noch aushalten
würde.

Doch seine Beherrschung war erstaunlich. Er ließ den Fremden in seiner Geschichte nur langsam vorstoßen und brachte mich mit dieser Ruhe wiederum fast um den Verstand. Ich hatte Lust, es Ella so richtig zu besorgen und ich glaubte zu wissen, was sie wollte.

»Du bist total willenlos und flehst ihn geradezu an, dich zu fingern.« Georg spielte mit mir. Er wusste, dass ich es wollte, zögerte die Handlung des Fremden in der Geschichte aber gnadenlos hinaus. »Doch der Fremde lässt seine Hand deinen Hals hinaufgleiten, teilt deine Lippen und schiebt zwei Finger in deinen Mund.«

Endlich eine neue Erlaubnis. Vorsichtig öffnete ich Ellas Mund und ließ zwei Finger in ihn hineingleiten. Der Moment, in dem ihre Zunge auf meine Finger traf, bereitete mir eine Gänsehaut. Ihre Zunge war weich und angenehm feucht, was mir eine süße Zukunftsvision bereitete. Ich genoss ihr Zungenspiel an meinen Fingern und flüsterte ihr auffordernd ins Ohr. Dann warf ich Georg einen Blick zu. Ich konnte seine Gedanken förmlich sehen. Er nickte mir zu und ich glitt mit meiner Hand Ellas Körper hinab bis unter das Bündchen ihres Bikinihöschens. Meine Hand lag nun unmittelbar vor ihrer offenen Muschi und ich spürte, wie ungeduldig sie war. Ich drehte ihr kurz meinen Kopf zu und sah sie an. Sie hatte kleine Schweißperlen auf der Stirn und die Lider ihrer geschlossenen Augen zuckten unregelmäßig hin und her, als wollte sie sagen: Mach schon, bitte hör jetzt nicht auf!

Aber ich zögerte den Moment hinaus und stellte mir vor, wie sie sich wohl von innen anfühlen würde. Meine Hand tastete sich immer näher an die feuchte Öffnung heran. Dann teilte ich ihre inneren Schamlippen mit Zeige- und Mittelfinger, hielt einen Moment inne, um ihr Verlangen auszukosten, und ließ dann meinen Mittelfinger Zentimeter für Zentimeter in ihre warme Möse gleiten. Ihre Hüften fingen leicht an zu kreisen und ihre Muskeln übten einen fordernden Druck auf meinen Finger aus. Langsam bewegte ich ihn in ihr, Ella stöhnte auf, drehte sich auf den Rücken und spreizte ihre Beine. Jede meiner Berührungen rief eine unmittelbare Reaktion bei ihr hervor. Wurde ich schneller, stöhnte sie auf. Zog ich meine Hand zurück, griff sie danach und presste sie gegen ihren Venushügel. Als Ella und ich uns küssten, verstummte Georgs Stimme. Seine Weisungen waren aber auch nicht mehr nötig, Ella und ich hatten eine Eigendynamik entwickelt. Ihre Zunge in meinem Mund war unglaublich sanft, doch sie küsste mich immer ungestümer und streckte mir ihren Körper entgegen. Als sie mir in die Lippe biss und ein leichter Schmerz meinen Körper durchfuhr, zog ich ihren Kopf an den Haaren in den Nacken. Eine Etage tiefer war meine Hand feucht von ihrer Lust und ich spürte, wie sich Ella immer mehr anspannte. Ihr Atem an meinem Hals war heiß, mein Herz raste. Als ich einen zweiten Finger in sie hineingleiten ließ, riss sie den Mund auf, schloss die Augen und kam.

Erschöpft drehte ich mich auf den Rücken. Neben mir hörte ich Ella laut atmen. Nur langsam beruhigte sie sich, dann wurde es plötzlich ganz still. Keiner schien sich zu trauen, etwas zu sagen. Langsam neigte ich meinen Kopf zur Seite – Ella sah mich bereits an. Und plötzlich mussten wir beide lachen. Wir gackerten wie die Hühner, bis wir uns die Bäuche hielten und nur noch wimmern konnten.

Endlich meldete Georg sich mit einem Räuspern zurück. Er stand vor der Strandmuschel und blickte gleichermaßen begeistert wie fassungslos drein. Gespielt nervös fuhr er sich durchs Haar, mit weit aufgerissenen Augen sah er uns abwechselnd an. Dann ließ er sich theatralisch auf die Knie sinken, lächelte verschmitzt und sagte: »Ich weiß, das war zwar anders geplant, aber … Ella, Josefine, wollt ihr mich heiraten?«

*Julia Strassburg*

# Amsterdam – eine Reise

*Carla (29), Fotografin, Berlin,*
*über*
*Maaike (28), Freelancerin, Amsterdam,*
*und Rico (30), Inhaber einer Bar, Amsterdam*

Amsterdam, meine Stadt. Skurril, sich wandelnd, unmöglich. Selbst ihr Rotlicht schillert. In den Gassen zwischen alten Gemäuern lauern unzählige Geschichten des ältesten Gewerbes. Prostitution wird hier zur Attraktion. Die Reeperbahn ist ein verkitschter Spielplatz dagegen. Ich frage mich, was ich ausgerechnet in dieser Touristenkneipe tue. Es riecht nach Bier und altem Holz, wir sitzen am Tresen einer schäbigen Bar. Er und ich.

Es ist mein zweiter Tag. Gestern in der Bahn: rote Locken, ein halber Kopf größer als ich, ein kleines weißes Gesicht. Ich musste an der nächsten Station aussteigen, deshalb kam es zu einem spontanen Austausch von Handynummern. Etwas zu spontan, stelle ich fest. Nun sitzen wir hier. Er redet, redet, redet über Verkaufstechniken von Handyverträgen. Die Lider plinkern nervös bei jedem Satz über dem verwaschenen Blau seiner Augen.

Glücklicherweise ist meine Freundin Maaike, bei der ich untergekommen bin, auch in der Nähe unterwegs. Mein Urlaub ist zu kurz, um ihn mit unspektakulären Männern in trostlosen Saufbuden zu verbringen. Schnell tippe ich eine SMS in mein Handy, mit der Bitte, mich abzuholen. In seinem Redefluss bemerkt mein Date nicht einmal, dass ich längst nicht mehr zuhöre. Seine weißblonden Wimpern wippen aufgeregt. Wir haben vereinbart, dass Maaike mich im Notfall aus meiner Lage befreit. Jener Notfall ist absolut eingetreten.

Gefühlte dreißig Minuten, tatsächlich bloß 15 Minuten, später steht Maaike in der Tür der Bar A. Wir haben nicht darüber gesprochen, wie Maaike mich befreit, lediglich, dass sie es tut. Sie stürmt auf mich zu.

»Oh Carla, it's so good to see you«, ruft sie enthusiastisch, nimmt meine Hand, zerrt mich vom Stuhl. Dann richtet sie ein holländisches Wort an meine Begleitung, das ich nicht mal im Ansatz verstehe, und zieht mich Richtung Ausgang. Draußen angekommen, stellt sie beiläufig ihre männliche Begleitung vor. »Das is de Rico.« Ihr entzückender holländischer Akzent wird von einem österreichischen Dialekt untermalt, denn Maaike hat in Österreich Deutsch gelernt. Ich habe kaum Zeit, mir Rico anzuschauen. Maaike greift nach unseren Händen mit den Worten:

»We got to run!« Wir gehorchen stumm, laufen los. Wir laufen durch eine kleine amsterdamtypische Gasse, vorbei an Coffeeshops, Restaurants, an Maaikes Blumenhändler, der schon geschlossen hat … Wir laufen und laufen.

»Wohin laufen wir?«, rufe ich keuchend.

»Laufe Sie einfach«, ruft Maaike lachend, ihre roten Haare bleiben zwischen ihren Zähnen hängen, als sie den Kopf dreht. Ihr Lachen steckt an. Rico und ich lachen nun auch, obwohl wir gar nicht so genau wissen weshalb. Als wir den Leidseplein erreichen, bleiben wir stehen.

»Wolle Sie in die Pianobar gehe?« Maaike siezt Frauen grundsätzlich. Ich glaube, sie denkt, dass das »Sie« eine weibliche Form der Anrede ist. Natürlich könnte ich sie verbessern, aber ich finde ihren kleinen Fehler so entzückend, dass ich nicht darauf verzichten möchte.

Die »Pianobar« ist eine kleine Bar, in der, wie der Name verrät, ein Piano steht. Den ganzen Abend kann man sich vom Pianomann Lieder à la carte wünschen, welche auf den Holztischen ausliegen. Die Bar ist winzig, die Stimmung riesig. Als wir sitzen, erklärt Maaike, dass sie, als sie mich vom Tisch wegzog, meiner spröden Begleitung versprochen hat, mich nur kurz zu entführen und in wenigen Minuten wiederzubringen. Kurzerhand bekomme ich ein schlechtes Gewissen, frage mich, wie lange der arme milchige Kerl nun noch in dieser Touristenkneipe verharren wird. Maaike lacht Tränen und drückt dabei dem noch immer stummen Rico einen Kuss auf die Stirn. Ihre Lebenslust ist so ansteckend, dass sich sogar mein Gewissen eingestehen muss, hier völlig fehl am Platz zu sein. Ich beschließe, mich nicht mehr zu sorgen.

»Lasse Sie uns Cocktails trinke, so viele wie möglich«, ruft Maaike. Wieder greift sie nach Rico, umarmt ihn mütterlich grob. Er schaut sie an, voller Bewunderung, und wirft dann mir einen freundlichen Blick zu. Seine Augen sind braun. Die Getränke kommen. Maaike hat inzwischen ein Lied beim Pianomann bestellt: *Ain't no sunshine when she's gone.* Lautstark singt sie mit, stößt lachend mit uns an. Ich genieße ihre Leichtigkeit, die mir selbst oftmals fehlt. Sie ist eine Lebenskünstlerin aus Überzeugung. Ihre Lebensfreude zeugt nicht etwa von Oberflächlichkeit. Sie hat einiges hinter sich, viel Kampf und Ausdauer. Im Winter ist sie Skilehrerin in Österreich. In zwei Wochen reist sie wieder nach Mexiko. Schon das dritte Jahr in Folge. Dort hilft sie Straßenkindern, arbeitet mal hier, mal dort. Sie ist eine Reisende. Ich habe mich das nie getraut. Allein der Umzug von Hannover nach Hamburg kam mir vor wie ein riesiger Schritt Richtung große, weite Welt.

Wir trinken Mai Tai. Maaike schwört darauf, weil sie so »lekka betrunke« machen. Sie ist so lebendig, nicht zu greifen zwar, doch menschlich so nah, wie es mir selten eine Freundin nach kurzer Zeit war. Diese Anziehung übt sie nicht nur auf mich aus. Auch Rico kann den Blick nicht von ihr lassen. Sie weiß es. Für einen Moment lässt sie ihn gewähren, lächelt unbezwingbar authentisch, strahlt ihn an, als wäre er der einzige Mann für sie. Dann küsst sie ihn verheißungsvoll, überlässt ihn seinem Liebestaumel und stimmt wieder schallend mit dem Pianomann ein, als wären sie und Rico bloß Freunde. Jedes Lächeln hinterlässt bei mir den Wunsch nach mehr. Sie macht einen irre. Diese grünen strahlenden Augen, der rote Haarschopf und dieses breite ehrliche Lächeln. Sie lockt mit uneingeschränkter Unbeschwertheit, schenkt einem häppchenweise ihre Wahrhaftigkeit und zieht sich schließlich zurück auf eine Ebene, die für die meisten unerreichbar scheint. Sie ist ein Flatterwesen.

Zwei Cocktails und Maaikes gaunerhafte Sorglosigkeit haben mich an einen Platz navigiert, den ich viel zu selten besuche: meinen Bauch. Kopflos treibe ich durch den Abend. Der Pianomann spielt eine interessante Version von *Nothing Else Matters*. Ich kippe den letzten Schluck meines Drinks, lasse den Eiswürfel in meinen Mund purzeln. Von Rico bekomme ich ein Kompliment für die Fotos, die ich von Maaike gemacht habe. Woraufhin Maaike mich packt und mir einen gütigen Kuss auf den Mund drückt.

»Du bist ein Künschtler.« Die Lippen hinterlassen ein feuchtes Gefühl. Verdutzt, aber angetan, spucke ich meinen Eiswürfel zurück ins Glas, schaue sie an.

»Es gibt da etwas, was ich schon lange mal fotografieren wollte.« Rico spitzt nun die Ohren.

Ich setze einen bewussten Schweigemoment. Nicht weil ich mich für folgenden Satz schäme und deshalb noch abwiegen muss, sondern der Vorfreude wegen. Alle vier Augen sind nun auf mich gerichtet. Erst jetzt spreche ich es aus.

»Ich würde gern mal eine Möse fotografieren, eine Möse, die mit Milch übergossen wird.«

Maaike lacht, ihre Wangen färben sich rot.

»Oh, Carla, Sie seht so lieb aus und ist doch so eine böse Mädchen.«

Verwunderung mischt sich in Ricos Lächeln.

»What the fuck is a Möse?«, fragt er.

Maaike streicht ihm über die Wange.

»A pussy, baby.«

Nun wird auch Rico etwas unruhig. Doch ich bin noch nicht fertig. Die Farbe von Maaikes Wangen und ihre plötzliche Aufmerksamkeit sind eine Ausgangsposition, die ich noch nicht verlassen möchte.

»Hast du Milch zu Hause?« Grinsend widme ich mich wieder dem Eiswürfel in meinem Glas.

Maaikes Augen formen sich zu Schlitzen. Sie fixiert mich, hat nun wieder ihre Überlegenheit zurück. Ich kann nicht anders, greife nach ihrem Gesicht. Der Eiswürfel auf meiner Zunge landet alsbald auf ihrer; sie lässt es geschehen. Als wir wieder auseinandergehen, ist ihr Blick verbindlich, aber frech. Frivolität steht ihr gut und ich bin stolz darauf, selbige verschuldet zu haben. Sie beugt sich zu Rico, reicht ihm den Eiswürfel weiter, ich sehe ihre Zunge aufblitzen. Es nimmt seinen Lauf. Der Auslöser bin ich und Täter! Maaike meine Komplizin.

Rico grinst schelmisch, sie gibt ihm ein zustimmendes Kopfnicken. Mit den Händen auf der Tischplatte beugt er sich zu mir rüber, ich komme ihm entgegen. Unsere Lippen finden sich, der Eiswürfel – inzwischen nicht mehr größer als ein Smartie – wird sanft auf meiner Zunge platziert. Verblüfft schaut Maaike mich an, nimmt mein Gesicht und küsst mich. Ihr Mund ist klein. Man spürt deutlich den Unterschied zu einem Männermund. Eine liebevolle Zunge streicht über meine Lippen. Unsere Gesichter lösen sich, unsere Blicke nicht. Es gibt Momente, die sollten nicht vergehen. Nun ist Maaike entfacht, das spüre ich.

»Ich habe Milch zu Hause!«, ruft sie und schaut kichernd zu Rico, der staunend und hilflos den Blick zwischen uns hin und her wechselt. Er spricht kein Deutsch, versteht aber das meiste. »God must love me!«, sagt er dann und grinst frecher denn je. Einstimmig lachen wir. Nervosität vereint. Wir lassen uns die Rechnung kommen.

Vor der Tür entscheiden wir zu laufen. Es sind nur zwei Stationen vom Leidseplein zu Maaikes Wohnung. Die Stimmung ist ungeordnet, aber gut. Neugier treibt uns voran. Maaike springt Rico auf den Rücken. Er nimmt sie huckepack. Sie trällern ein holländisches Lied, welches ich nicht kenne. Ich lache. Als Maaike wieder Boden unter den Füßen hat, schiebe ich mich zwischen die beiden. Sie ist gute acht Zentimeter größer als ich, Rico legt noch mal fünf obendrauf.

»Let's have a triple kiss«, sage ich kindlich, albern, ohne sicher zu sein, ob man das überhaupt so sagt. Gut, dass ich es auf Englisch sagen kann, denn es gewährt mir etwas Abstand zur Situation. Dicht an dicht stehen wir. Auf Zehenspitzen nähere ich mich ihren Gesichtern. Wir kichern unbeholfen. Ein feuchtes Zungengewirr lässt uns kurz verstummen. Es ist noch sehr verhalten, doch macht Lust auf mehr. Ein paar Jugendliche gehen an uns vorbei. Sie rufen uns Dinge zu. Man muss die Sprache nicht beherrschen, um zu verstehen, was sie sagen. Rico nimmt uns an den Händen, schreitet mit gestählter Brust weiter.

»Oh yes, this is my day!«, sagt er mit stolzem Unterton. Wir sind froh, dass er so albern ist, denn zwischen Maaike und mir baut sich allmählich eine Spannung auf, ganz unabhängig von Rico. Sie schaut mich anders an. Ihre Blicke sind jetzt länger, bindender, lassen kein leeres Gefühl zurück, keine Fragen offen.

Am Ziel strömen wir auseinander, finden einen Moment zum Durchatmen. Maaike rennt als Erstes in die Küche, um sich zu vergewissern, ob die Milch tatsächlich an ihrem Platz ist. Ich mache meine Kamera startklar. Rico kümmert sich um unsere Zerstreuung, öffnet eine Flasche Weißwein. Noch ist das, was gerade passiert, nicht ganz in mein Bewusstsein vorgedrungen. Ich frage mich, ob einer von uns bald einen Schlussstrich zieht und das Ganze als Scherz abtut. Dass Rico dieser Jemand sein wird, nehme ich jedoch nicht wirklich an.

Wir treffen uns im Badezimmer, denn hier soll die Milch verschüttet werden. Jeder für sich ist jetzt sehr technisch. Ich prüfe die Lichtsituation. Maaike überprüft ihre Rasur. Rico lässt das Wasser in der Dusche schon mal warmlaufen. Verlegenheit umgibt uns, als Maaike sich auszieht.

»Ich habe eine schlechte Rasur an meine Pussy«, schreit sie auf.

»Das ist nicht gut, denn ich will ein Close-up davon machen.« Meine professionelle Sachlichkeit ist mein Schutz. Rico ist hocherfreut. Mit einem Rasierer bewaffnet, baut er sich vor Maaike auf.

»Ik kann je uit de brand helpen?!«

Wieder ein Lachen, wieder Stille, ein Stück mehr Nähe.

Maaike ist nackt. Ihr Körper ist schön, obwohl er nicht perfekt ist. Die Brüste sind klein und fest, ihre Brustwarzen etwas zu groß.

Schlanke, sehr schöne Beine, ein wenig Speck an den Hüften. Ihre Wangen glimmen. Obwohl nun gar nicht mehr so überlegen wie sonst, wirkt ihre Natürlichkeit nun umso echter. Rico hilft bei der Rasur, begleitet von Maaikes Mädchen-Glucksen.

»Dies ist das craziest thing I ever did«, ruft sie. Niemand nimmt ihr übel, dass sie unsicher ist. Ich will nicht blöd rumstehen, schenke uns Wein ein.

»Au!«, schreit Maaike und stößt einen holländischen Fluch aus. »Der hat mir geschnitten!«

Wir lenken nun alle zum ersten Mal gleichzeitig unseren Blick auf ihre Möse. Eher zwangsläufig als bewusst. Die äußeren Schamlippen sind geschlossen, verraten nichts von dem, was sich dahinter verbirgt. Ihr Venushügel ist drall und hat den Namen Hügel augenscheinlich verdient. Von einem Schnitt ist nichts zu sehen, wir sind alle sehr erleichtert.

Ich reiche meinen Komplizen Wein, wir setzen an, ohne anzustoßen. Maaike leert ihr Glas demonstrativ in einem Zug.

»I need much more of this shit!«, lacht sie.

Die Zeit ist nun gekommen. Es ist an mir zu beginnen. Dem Schwips und aller gemeinsamen Versunkenheit zum Trotz war es ja letztlich meine Idee. Die Kamera ist startklar.

»Okay, kann's losgehen?«

Maaike und Rico schauen sich grinsend an, als warteten sie auf eine Antwort des jeweils anderen. Etwa einen Meter entfernt hocke ich mich in Position, navigiere Maaike an einen guten Platz. Rico setzt die Milchtüte über ihrem Bauchnabel an. Sie quiekt.

»Bei drei, okay?«, sage ich, blicke Rico prüfend an. Er spielt den Konzentrierten, nickt. Ich fokussiere mein Motiv, stelle scharf und ärgere mich ein wenig über das Neonlicht des Badezimmers. Drei … zwei … eins … und Klick! Die Milch läuft, Maaike beschwert sich über ihre niedrige Temperatur. Das erste Bild ist im Kasten. Noch immer lässt Rico es fließen. Ich fordere meinen unkonzentrierten Assistenten auf, damit aufzuhören. Funktioniert ein Bild nicht auf Anhieb so, wie ich es in meinem Kopf habe, bin ich unzufrieden. Rico und Maaike gackern aufgeregt. Dass sie nicht bei der Sache sind, stört mich. Doch Maaike macht dem weiblichen Geschlecht alle Ehre, bemerkt meine Unzufriedenheit und fordert Rico auf, sich wieder auf seine Aufgabe zu konzentrieren.

Das nächste Bild löst meine Anspannung deutlich. Die Milch findet einen Zugang zu Maaikes Spalte, schlängelt sich munter in sie hinein, macht einen kleinen Sprung, fließt dann an ihren Beinen hinab. Das Bild ist grandios. Ich knipse ein weiteres, stecke meine Komplizen mit meiner Begeisterung an. Gemeinsame Freude bewirkt Nähe. Jene Verbundenheit, die auf dem Weg hierher etwas verloren gegangen schien. Wir beäugen einander, lächeln, genießen. Maaike und Rico küssen sich innig. Mit den Händen umschließt er ihre Brüste. Wie von selbst setze ich die Kamera an. In mir ist es laut und fahrig. Die Kamera verschafft mir den nötigen Abstand, um in die Situation zu finden. Hier hinter dem Schutz der Linse genieße ich, als wäre ich nicht anwesend. Maaike macht die Dusche an, zieht Rico mitsamt Klamotten darunter. Nervös knipse ich meine Bilder, ohne auf den Schärfeverlauf oder sonstige Einstellungen zu achten. Alles passiert, ich bin mittendrin. Um die Bilder geht es längst nicht mehr. Rico ist nicht zimperlich und zieht sich aus. Maaike ist ihm behilflich. Dann trifft mich ihr Blick und ich ahne, was er bedeutet.

»Carla, komme Sie zu uns.«

In ihrer Stimme liegt eine milde Belehrung. Als ich die Kamera weglege, verwandeln sich meine Knie in Butter, weitaus mehr als nur meine Hände ist bereits feucht. Feuchtigkeit zieht sich auch als Nebel durch den Raum und ich ziehe mich aus. Dabei bilde ich mir ein, meinen eigenen Herzschlag hören zu können. Wie ferngesteuert stehe ich nun vor ihnen, nackt, bereit, mich noch entblößter zu zeigen. Rico reicht mir die Hand, zieht mich an seine Brust. Maaike und ich stehen dicht gedrängt. Ich spüre ihre nasse Haut. Unsere Köpfe lehnen an Rico. Wir lassen los, ich lasse los. Meinen Kopf, meine Gedanken, mich. Niemand fühlt sich getrieben, keiner hetzt den anderen. Mein Gesicht wendet sich Maaike zu, ihr Kuss ist gierig. Der Strahl der Dusche zwingt uns, die Augen zu schließen. Hände, überall Hände. Welche Hand zu welchem Körper gehört, schwer zu sagen. Wir lassen es passieren, lassen uns passieren, wir passieren miteinander. Wassertropfen in meinen Augen, nur meine Hände erfassen den Moment tatsächlich. Ricos Schwanz steht zwischen uns, Maaike ist die Erste, die in die Hocke geht. Nun küsse ich Rico, das Bärtchen am Kinn kitzelt angenehm. Sein kurzes Stöhnen verrät mir, was Maaike gerade tut. Auch ich begebe mich nach unten, treffe dort auf meine rothaarige Freundin. Sie lächelt mich an, sieht aus wie ein tropfnasser Engel. In ihrer Hand hält sie den geschwollenen Rico. Sie greift nach meinem Kinn, führt mein Gesicht zu Ricos Schwanz. Meine Lippen nehmen ihn auf. Maaike führt mit der Hand, bestimmt meinen Takt. Sein Stöhnen ist mir ganz egal, denn es ist Maaike, der ich dabei gefallen möchte.

»Carla, Sie blase genauso wie ich.«

Ich muss lachen, küsse sie dafür. Dann tauschen wir. Ich führe Maaikes Kopf mit der einen Hand, mit der anderen umschließe ich Ricos Eier. Dann lässt Maaike von Rico ab und wendet mir ihr Gesicht zu. Wir debattieren über die Größe seines Schwanzes. Maaike findet ihn »riesegroß«, ich dagegen habe schon größere gesehen. Während wir reden, lassen wir immer wieder unsere Münder darübergleiten. Abwechselnd teilen wir uns Rico, reden über ihn, als wäre er nicht anwesend.

»Hellooo, I am still here as well«, schimpft er und spielt den Beleidigten.

»Come on, you like to get used!«, sage ich und Maaike fügt hinzu. »Dicks never lie, baby!«

Die Stimmung ist gelöst. Wir freuen uns und beschließen, im Schlafzimmer fortzufahren. Es ist kühl, als wir aus der Dusche kommen. Maaike reicht uns riesige bunte Badetücher, die sie aus Mexiko mitgebracht hat. Rico reicht uns Wein. Gegenseitig rubbeln wir uns trocken, bibbern gemeinsam, werfen uns albern auf Maaikes selbst gebauten Bettkasten, auf dem bequem drei Leute Platz haben. Langsam finden wir wieder zueinander. In unseren bunten mexikanischen Handtüchern liegen wir an Ricos Brust gekuschelt. Maaike krault meinen Arm. Ich fühle mich, als hätte ich zu viel Kaffee getrunken. Sie lässt mich aus ihrem Weinglas trinken – eine Herausforderung im Liegen. Das Rinnsal, welches kurz darauf meinen rechten Mundwinkel entlangläuft, wird ihr zur Aufgabe, sie fängt es mit der Zunge. Bisher warteten Ricos Hände geduldig auf unseren Hinterteilen, nun wandern sie unter die Handtücher. Sein Finger schiebt sich zwischen meine Beine. Unsere Körper setzen zu einer gemeinsamen Bewegung an. Meiner landet auf dem Rücken, was Rico einen besseren Zugang verschafft. Maaike schlängelt sich zwischen uns. Knabbert mal hier, kostet mal dort. Bis ihre Lippen an meinem Hals zur Ruhe kommen. Ihre fürsorgliche Zunge bildet eine wohlige Ergänzung zu den immer härter werdenden Bewegungen von Ricos Fingern in mir. Er fickt mich, während Maaike mich fängt. Ihre Lippen schmecken nach Wein und einer Nuance Rico. Er hat sich seinen Platz erobert, seine Finger, inzwischen sind es drei, erzählen, dass er noch immer darum kämpft. Derweil massiert Maaike seinen Schwanz. Immer wieder verkrampft er, hält inne, bevor er das Tempo wieder aufnimmt. Ganz und gar könnte ich mich in diesem Rhythmus verlieren, doch ich möchte Maaike wieder spüren. Mein Ansatz, mich zu bewegen, löst eine Welle in unserer Dreierkonstellation aus. Wieder fließen wir gemeinsam in eine neue Position. Ich greife nach ihr. Dass sie nass ist, gefällt mir sehr. Wie aufgewühlt sie ist, wie verklärt dieser Blick, als glaubte sie nicht recht, was mit ihr geschieht. In einem Kuss von Rico findet sie Erlösung. Salzig schmeckt sie, aber irgendwie gut. Rico hält sie fest, nimmt sich zurück, schaut zu. Ich genieße es zu fühlen, wie sie sich durch meine Zunge zusammenzieht, wieder entspannt. Ihr Stöhnen ist zurückhaltend, aber verschafft mir Antrieb.

Ich will noch mehr von ihrer Lust erleben, nehme meine Hand dazu. Zwei Finger, dann drei, langsam, wieder schneller. Ich ziehe mit meinen Zähnen, sauge mich mit den Lippen fest. Meine Finger stoßen zu. Sie wird lauter, bewegt sich. Meine Hände schieben sich unter ihren Hintern, halten ihr Becken. Ich schmecke sie, ertaste die Struktur ihrer Scham, all ihre Hügel und Täler, gehe auf Wanderschaft. Urplötzlich passiert etwas. Sie krampft sich zusammen, hält nicht zurück mit ihren Lauten und unerwartet schmeckt sie anders. Ich lege mich auf sie, lasse sie kosten, was ich gerade geschmeckt habe. Ein aufgeregter Körper – unter mir.

»It's amazing to watch you«, sagt eine Stimme aus dem Off. Rico, wir haben ihn völlig ausgeblendet. Lachend setze ich mich auf ihn. Etwas langsamer folgt Maaike, lehnt ihren Kopf an seine Schulter, sieht mich an.

Ein neuer Morgen, eine Hand auf meiner Brust. Sie muss der Person gehören, die mich löffelt. Es riecht nach frischem Kaffee. Schwere Augen. Der Wein zeigt seine Nachwirkung, deshalb kuschle ich mich an die Person hinter mir, umfasse die Hand auf meiner Brust. Rico, es ist Ricos Hand.

»Gute Morge. Habe Sie lekka geslafe?«, höre ich eine beschwingte Maaike sagen. Ich drehe mich um. Ein zerzauster Rico lächelt mich müde an. Maaike, ganz die alte, drückt mir einen Becher Kaffee in die Hand.

»Die müsse Sie teile, ich habe keine saubere Geschirr mehr.« Wir schmunzeln. Neben dem Duft des Kaffees liegt noch etwas anderes in der Luft. Obwohl keiner von uns auch nur den Hauch einer Andeutung über den gestrigen Abend verlauten lässt, ist der Raum dennoch von einem schelmischen Gemeinschaftsgefühl erfüllt. Eine Mischung aus Stolz und Verlegenheit, Unsicherheit, auch Überlegenheit. Ein zwiespältiger Emotionsmix, der sich verdammt gut anfühlt. Wir stehen über den Dingen, schweben vielleicht sogar. Noch immer sind wir Komplizen. Unsere Tat liegt hinter uns. Der Coup ist geglückt. Keiner kann es leugnen, wir waren alle nicht betrunken genug, die Verantwortung von uns zu weisen. Mit Lenny Kravitz läutet Maaike den Morgen ein. Gemächlich kommen unsere Lebensgeister zurück.

»I wonder if I'll ever see you again!«, singt unsere muntere Gastgeberin, verschwindet wieder in der Küche, kurz darauf hören wir das vertraute Geräusch von klapperndem Geschirr. Als ich aufstehen will, fällt mir ein, dass ich nackt bin und so bleibe ich noch eine Weile liegen, in der Hoffnung, dass Rico mutiger ist als ich. Tatsächlich. Sein Hintern – heute Morgen nicht weniger knackig – strahlt mich wenige Sekunden später kalkweiß an. Erst jetzt fällt mir auf, was die Sonne bei ihm hinterlassen hat. Der Abdruck seiner Badehose an den Oberschenkeln springt mir ins Auge. Während ich ihn betrachte, bin ich froh, dass nicht ich diejenige bin, die in diesem Moment so gemustert wird. Entrückt schaut er aus dem Fenster. Es scheint ihm gut zu gehen, schlussfolgere ich, denn Männern, die nackt sind und geistesabwesend aus dem Fenster sehen, kann es nur gut gehen. Wäre ich ein Mann, blickte ich wohl ebenso versunken in die Ferne – in Anbetracht dessen, was ich gerade erlebt hätte. Ich muss lächeln, denn als Maaike und ich uns gestern ganz ihm gewidmet haben, hatte er solch einen zufriedenen Gesichtsausdruck, dass dieser allein die Nacht wert gewesen wäre. Auch wenn sie ihren eigentlichen Zauber ganz anderen Momenten verdankte.

Rico trottet ins Bad, hinterlässt mir sein Lächeln.

»A man got to do, what a man got to do«, sagt er mit gespielt rauchiger Stimme. Ich muss lachen. Und doch holt mich diese Information zurück in die Gegenwart. Ich schlüpfe aus dem Bett, ziehe mich an.

Die gute Laune und die Nähe halten, als wir gemeinsam losziehen, um uns ein Frühstück zu besorgen. Daran ist das Wetter nicht ganz unbeteiligt. Sonne, Wärme, Vogelgezwitscher, alles stimmig. Wir wundern uns über den grummeligen Typen an der Kasse, darüber, dass die Frau beim Bäcker so grimmig schaut und auch über das junge Paar, das unfreundlich dreinblickt. An einem solchen Tag sollte man gute Laune haben, finden wir und machen keinen Hehl daraus, wie gut es uns geht. Ein leichter Kater sitzt mir in den Gliedern. Vielleicht ist dieser daran schuld, dass mein Kopf noch immer nicht Beschwerde eingereicht und den Realitätsalarm ausgelöst hat. Ich bin ganz im Jetzt. Auch meinen beiden Verbündeten fehlt es an nichts. Maaike tastet auf dem Rückweg nach unseren Händen. Wir schlendern nach Hause.

Dort angekommen, läuft alles routiniert. Rico schleppt die Matratze aus dem Bett ins Wohnzimmer, baut uns ein Lager aus Kissen vor das Sofa, während wir Mädels uns um das Frühstück kümmern. In meiner Vorstellung sind wir eine kleine Familie, die ihr gemeinsames Wochenende beginnt. Ein Mann, zwei Frauen. Dabei hat jeder seine gewohnte Aufgabe im Haushalt. Danach trifft man sich in der Mitte und genießt. Daran finde ich gerade gar nichts Ungewöhnliches. Maaike wäre eine fantastische Frau fürs Leben. Ihre Natürlichkeit brächte Heiterkeit in unseren All-tag. Die Liebe ginge immer wieder durch unsere Mägen, weil wir von ihren original mexikanischen Gerichten niemals genug bekä-men. Abends erzählte sie uns bei Rotwein und Kerzenlicht von ihren Reisen durch die Welt. Mit leuchtenden Augen lauschten wir, ganz egal ob wir die Geschichte bereits zum hundertsten Mal hörten. Rico der Gentleman, der mit ruhiger Stimme und sanftem Gemüt Ruhe in unser Östrogenchaos brächte. Aufmerksam und hilfsbereit stellte er, wann immer gewünscht, seinen Körper zur Verfügung.

Leider stoße ich bei meinen Träumen auf ein Hindernis: mich selbst. Was wäre meine Aufgabe in dieser Beziehung? Gibt es etwas, das mich unersetzlich macht, etwas zum Wohle aller Be-teiligten? Ich bin etwas erschrocken über diesen Gedanken, denn mir fällt nichts ein. Die Rolle der wundervollen, gütigen Frau ist ja schon besetzt, die Rolle des Beschützers ebenfalls. Bin ich über-flüssig? Oder wird es erst durch mich zu etwas Vollkommenen? Einzig und allein durch meine Anwesenheit. Vielleicht bin ich ein Egoist, weil ich mich in diese Beziehung dränge, alle Früchte ernte, ohne selbst welche zu säen.

»Wo ist Sie mit Ihre Gedanke?«, ruft Maaike, während sie der Herdplatte einen Topf mit überkochender Milch entreißt. Ich ziehe die Stirn in Falten. Abdriftende Gedanken sind immer das erste Anzeichen für Zweifel. Der Moment darf nicht leiden, nicht heute, nicht jetzt. Alles ist zu perfekt, um zu Ende gedacht zu sein. So soll es bleiben.

*Kira Licht*

# WEIHNACHTSLOCKEN

*Kira (21), Chemiestudentin, Witten,*
*über*
*Jaro (22), Schauspielschüler, Salzburg*

Weihnachten drehe ich mir immer die Haare auf. Ich sehe total bescheuert damit aus, aber Oma und Opa lieben es. Selbst Papa guckt ein wenig sentimental. Bliebe zu erwähnen, dass ich als Kind herzallerliebste Ringellöckchen hatte und sich alle komischerweise lieber an die Zeit erinnern, als ich noch ein kleines Mädchen war. Doch leider fehlt mir die Muße nachzudenken, warum dem so ist, denn wie üblich habe ich ein Zeitproblem. Die offizielle Familienzusammenführung beginnt um Punkt 13 Uhr an der weihnachtlichen Heimatfront, sprich: im elterlichen Anwesen, genauer gesagt im »Kaminzimmer«. Das ist eigentlich bloß unser Esszimmer, aber weil dort ein Kamin eingebaut ist, der noch nie funktioniert hat, wurde es auf diesen klangvollen Namen getauft. Pünktlichkeit ist obligatorisch. Ich bin bis jetzt jedes Jahr zu spät gekommen. Und genau deshalb sollte ich darauf achten, dass die Locken auch etwas werden.

Während ich meine Bluse bügle, schiele ich auf meine Armbanduhr, natürlich ohne mit dem Glimmstengel in der Linken den hübschen Baumwollbatist zu verkohlen: Halb eins. Nicht gut. So gar nicht gut. Die Wickler sind erst seit fünf Minuten drin. Geschminkt bin ich auch noch nicht. Für die zwei Blusen brauche ich bestimmt noch zehn Minuten, dann noch die Tasche packen und ... um Himmels willen, wieso habe ich immer noch meine Jogginghose an?

Genau zwanzig Minuten später habe ich das Unmögliche vollbracht. Ich habe alles verstaut, allerdings bin ich immer noch ungeschminkt, in Räuberzivil und mit Lockenwicklern verunstaltet. Doch dafür habe ich keine Zeit mehr, die Fahrt dauert mindestens vierzig Minuten, mit dem zu erwartenden Schneefall oder unzurechnungsfähigen Verkehrsteilnehmern eher eine Stunde. Also wickle ich mir, ganz hollywoodlike, ein buntes Seidentuch um den Kopf und quetsche die weiten Säume meiner Hose in die bereitstehenden Ugg-Boots. Gerade habe ich zwecks Stressbewältigung eine weitere Zigarette angesteckt, da schweift mein Blick zufällig Richtung Spiegel. Oh je, ich bin die Königin der Augenringe. Bei allen Leute, die ich kenne, sind die Stellen grünlich, bei mir schimmern sie lila. Jeder Untote sieht im Vergleich zu mir wie das blühende Leben aus. So können wir also nicht aus dem Haus.

Als ich fünf Minuten später durch die Haustür auf den Gehweg stolpere, muss meine Nachbarin von gegenüber vor Schreck den Kochlöffel zur Seite legen. Ich versuche, sie zu ignorieren, komme aber nicht drum herum, mich mir selbst in diesem Moment vorzustellen: rauchend, mit gut erkennbaren Lockenwicklern unter dem bunten Kopftuch, überdimensionaler schwarzer Sonnenbrille, Lederjacke und Jogginghose, gekrönt mit Klumpfuß-Fellstiefeln und genervtem Gesichtsausdruck.

Sie guckt weiter so abschätzig, ich schmeiße ihr meinen Glimmstengel in den Vorgarten. Bevor sie zum Fenster hechten kann, habe ich meine Tasche auf den Beifahrersitz gepfeffert und bin losgerast. Leck mich, denke ich, und frohe Weihnachten.

Zu Hause sind alle schon wieder so was von »zusammen«. Man sitzt auf den Couchen, trinkt das erste Gläschen Sekt und übersieht gnädig, dass ich aussehe wie frisch aus der Entzugsklinik entlassen. Mama dreht mir sogar die Wickler aus dem Haar und nebelt mich mit einem wohlriechenden Haarspray ein. Kurz darauf habe ich meine gute Bluse an, frisch gewaschene Bluejeans und meine blassen Wangen erfrischt ein rosiges Rouge. Und plötzlich sind alle anderen noch netter zu mir.

Der Rest des Nachmittags verschwimmt in der üblichen festlichen Zeremonie: spazieren gehen, Kuchen essen, Konversation machen, Abendessen, Bescherung und Lieder singen. Opa sagt ein

Gedicht auf, das er mal in der Grundschule gelernt hat. Damals vor dem Krieg. Wir hören alle schwer beeindruckt zu. Danach verlangt die Tradition, dass mein Vater mit schreckgeweiteten Augen von einem Blick auf die Straße zurückkehrt und etwas von »Glatteis« erzählt. Woraufhin Opa Oma panisch zum Aufbruch drängt, damit sie ja noch sicher nach Hause kommen. Der Trick klappt jedes Jahr. Sind sie weg, legt Papa laut Musik auf, holt den harten Alkohol raus und wir feiern eine richtige Party. Oma und Opa sind gerade mit ihrem klapprigen Benz von dannen geschlittert, da stehen die ersten Gäste vor der Tür. Bruder Nummer eins hat seine niedliche Freundin eingeladen. Dieser tätschelt er wahlweise den Hintern oder das Gesicht und ihr ist das sichtlich unangenehm. Sie murmelt immer »Michi, hör auf«, doch er lässt sich nicht abwimmeln. Bruder Nummer zwei ist gerade verlassen worden und in einer sehr wilden Phase. Er hat gleich drei von seinen Leuten eingeladen, zwei von ihnen sitzen schon im Wohnzimmer. Meine beste Freundin, die eigentlich auch fest eingeplant war, liegt mit einer Grippe im Bett.

»Wo bleibt Bini?«, will Noah, Bruder Nummer zwei, wissen.

»Krank«, sage ich. »Grippe.«

»Oh, blöde Sache.« Er nickt verständnisvoll. »Haste mal ne Kippe für mich?«

»Klar doch.« Gerade als ich ihm die Schachtel hinhalte, klingelt es an der Tür.

»Na endlich, das ist Jaromir«, schnauft Noah und vergisst die Glimmstengel.

»Wer?«, frage ich, weil ich mir sicher bin, mich verhört zu haben. Doch mein Bruder ist schon Richtung Haustür unterwegs.

»Herr der Ringe, oder was?«, rufe ich ihm nicht so ganz nüchtern hinterher. Ich bekomme natürlich keine Antwort.

»Seit wann trifft er sich mit Elben?«, frage ich Mama. Sie denkt kurz nach und fragt dann: »Mit wem?« Und das ganz ernst. Ich schüttele nur den Kopf, während die Haustür zugeknallt wird und ich meinen Bruder im Flur reden höre. Jaromir, Jaromir, was habe ich mir unter so einem Namen vorzustellen? Lange Haare mit fettigem Ansatz und ausgefransten Spitzen? Knöchellanger Kunstledermantel mit breitem Kutscherkragen? Kinnbärtchen? Uh, gar nicht schön!

Dann ist Noah wieder da. Und Jaromir sieht so ganz anders aus. So ganz wunderbar gut aussehend anders! Er gibt wohlerzogen zuerst meiner Mutter die Hand und sie strahlt. Ich schaue ihn mir an, während er sich allen vorstellt. Graues, eng geschnittenes Oberhemd, Jeans, Künstlerschal und Rosenkranz um den Hals. Dunkelblonde kinnlange Haare, blaue Augen. Guter Body, runde Schultern, schöne Stimme. Ich glaube, ich finde ihn gut.

»Kira, das ist Jaromir«, stellt Noah ihn vor.

»Jaro reicht«, sagt er und lächelt.

»Wie nett«, sage ich, weil mir nichts Intelligenteres einfällt.

»Setz dich, ich hole dir ein Bier.« Noah platziert ihn direkt neben mich und ich stelle entzückt fest, dass Jaro sogar dezent parfümiert ist. Oh, ich finde ihn gut! Und zwar nicht unbedingt im romantischen Sinne. Mama ist ja der Meinung, dass es dieses körperliche Ding bei Frauen nicht gibt. Männer begehren, Frauen geben nach. Wie altmodisch. Ich finde ihn scharf und ich hätte nichts dagegen, wenn er noch mehr ausziehen würde, so ganz spontan. Allein seine Stimme bringt mich dazu, mein Haar neckisch um den Finger zu wickeln. Womit wir unweigerlich auf dem Boden der Tatsachen gelandet wären. Hilfe, ich sehe bescheuert aus! Mein Kopf ist dank Mamas Wunderspray immer noch so voller Locken, dass jeder Paradepudel neidisch auf mich wäre. Ich kippe mein ganzes Glas Weißwein auf ex herunter und drehe mich entschlossen zu ihm.

»Eigentlich sehe ich ganz anders aus«, sage ich leicht angesäuselt.

»Och, wie schade«, sagt er.

»Kleines Momentchen mal.« Ich drücke mich von der Couch hoch und bemühe mich, grazil und lässig zugleich den Raum zu verlassen. So kann ich nicht arbeiten, die Locken müssen weg. In Mamas Bad schütte ich mir einen Zahnputzbecher Wasser über die Mähne und kämme gnadenlos alles weg, was nach Welle aussieht. Dann föhne ich kurz meine Haare und schon sind sie wieder glatt und schulterlang. Endlich bin ich wieder ich selbst. Schnell noch ein bisschen schwarzen Kajal um die Augen und auf in den Kampf. Hoffentlich hat Noah sich jetzt nicht neben ihn gesetzt. Doch ich habe Glück, neben Jaro ist mein Platz noch frei.

»Wieder da«, sage ich und lasse mich neben ihm nieder.

»Das war es?«, fragt er und berührt meine glatten Haare. »Das ›Ich sehe ganz anders aus‹?«

Ich nicke und er grinst.

»Du glaubst also, sie stehen dir nicht, die Locken.«

»Genau.«

»Dein Bier«, sagt Noah, der auf einmal wieder da ist. Mich guckt er kurz prüfend an, scheint dann keine Veränderung festzustellen und setzt sich uns gegenüber hin. Männer!

Jaro erweist sich als charmanter Gesprächspartner. Er erzählt, dass er am Mozarteum in Salzburg Schauspiel studiert. Und berichtet direkt danach sehr unterhaltsam von seiner Odyssee über sämtliche Bühnen der deutschen Schauspielschulen. Dann fragt er sogar, was ich so mache. Doch ich skizziere ihm nur kurz meinen bisherigen Werdegang inklusive beruflicher Ziele: Abitur, Chemiestudium, Berufsziel Forschung. Immer wenn wir uns anschauen, tanzen kleine Sternchen zwischen uns, natürlich nicht in echt – mein Vater hätte längst den Feuerlöscher aus der Waschküche geholt – aber es fühlt sich so an. Ich will, dass er noch mehr erzählt, ich mag seine Stimme und ich schaue ihm gerne beim Sprechen zu. Außerdem frage ich mich, ob so ein verheißungsvoll sinnlicher Mund genauso sinnlich küssen kann. Also redet Jaro weiter, Noah simst mit seiner Ex und vernachlässigt seine beiden anderen Kumpels, Michi und seine Freundin tanzen den Briefmarkenblues und meine Eltern unterhalten sich mit zwei befreundeten Paaren. Als Jaro gerade mal wieder mit Händen und Füßen eine lustige Begebenheit zum Besten gibt, streift seine Hand wie zufällig die meine. Ich gucke wie elektrisiert darauf, er auch. Es kribbelt und zwar so was von doll, dass ich hoffe, er möge seine Hand einfach wieder dorthin legen. Doch das tut er nicht. Er guckt erst zu Noah, dann zu meinen Eltern und dann auf seine Bierflasche.

Na klar, was habe ich auch erwartet? Dass er in einem fremden Haushalt unter den Augen der Eltern über die Tochter herfällt? Also muss ich die Initiative ergreifen.

»Kommst du mit rauchen?«, frage ich, springe auf und das, völlig ohne zu schwanken, denn ich habe seit dem Wein auf ex auf Alkohol verzichtet. Jaro hat immer noch sein erstes Bier und es gibt außerdem nichts Schlimmeres als betrunkene pseudoenthemmte Frauen. Er nickt und folgt mir Richtung Terrassentür.

»Wo geht ihr hin?«, fragt Noah und lässt das Handy auf den Schoß sinken.

»Rauchen«, sage ich und hoffe, dass er jetzt nicht mitkommt.

»Seit wann rauchst du?«, will mein cleverer Bruder stattdessen von Jaro wissen.

»Manchmal auf Partys«, meint dieser und zuckt unbeteiligt mit den Schultern. Mein Bruder kauft es ihm ab, nickt und widmet sich wieder seiner SMS. Draußen angekommen, verdrücken wir uns in eine unbeleuchtete Ecke und kichern albern wie zwei Teenager. Er stellt sich nah vor mich und ich lasse es zu, weil ich will, dass er mich endlich anfasst. Er scheint zu verstehen, denn er legt zart einen Arm um meine Hüfte.

»Du …?«, setzt er an und kriegt es dann doch nicht so richtig hin.

»Ja«, sage ich, weil ich weiß, was er fragen will.

»Aber …?«

»Nein.«

»Auch nicht …?«

Ich schüttele den Kopf. »Nein, mach dir keine Gedanken.«

Gut, das wäre geklärt, auch wenn er etwas skeptisch guckt. Seine Hand ruht immer noch auf meiner Hüfte. Langsam lege ich meinen Arm auch um seine und ziehe ihn ein klein wenig dichter an mich heran. Sein Gesicht kommt immer näher, dann küsst er mich. Und das macht er gut, also ziehe ich ihn noch enger an meinen Körper, während seine Zunge in meinen Mund gleitet und ich ihn leise seufzen höre. Seine Lippen sind warm und weich, meine freie Hand streichelt seine Wange, auf der ich die leicht kratzenden Stoppeln eines nicht sichtbaren Bartwuchses spüre. Ich atme tief durch die Nase ein, während unsere Zungen sich weiter verknoten. Es stimmt also, dieses Phänomen, dass man jemanden von Anfang an gut riechen kann. Etwas an ihm ist für mich auf einer biochemischen Ebene so verführerisch, dass ich es nicht kontrollieren kann. Ich denke an seinen nackten Körper, an das, was seine Zunge vermutlich noch so alles kann, und an diese sehnigen Muskeln, die sich ertasten lassen. Ich reiße meinen Mund von seinem los und nehme Jaro stattdessen an die Hand.

»Komm mit!« Wir schleichen durchs Kaminzimmer, am Wohnzimmer vorbei, eine Etage hinunter zu den »Kinderzimmern«, die so heißen, obwohl keines der Kinder mehr zu Hause wohnt. In meinem alten Zimmer mache ich eine kleine Lampe an und schließe die Tür hinter uns ab. Schon ist er wieder vor mir, er küsst mich leidenschaftlich und ich bekomme ganz weiche Knie. Seine Hand greift in meine Haare und ich nestele an den Knöpfen seines Hemdes herum. Als ich es aufhabe, lässt Jaro plötzlich von meinen Lippen ab und reißt mir meine Bluse bis zum Bauchnabel auf. Ich keuche erschrocken, während die kleinen Knöpfe in alle Ecken hüpfen. Eine unendliche Sekunde lang starren wir uns in die Augen, er guckt genauso verdutzt wie ich.

Scheißegal, denke ich, dann greifen meine Hände nach dem Rest seiner Klamotten und wir sind ziemlich schnell ziemlich nackt. Sein Körper ist athletisch schön, er ist nicht zu muskulös, aber auch nicht zu wenig. Ich werfe einen Blick auf seinen harten Schwanz und stelle entzückt fest, dass es sich mit diesem anscheinend ähnlich verhält. Wir fallen aufs Bett, während Jaro mit einer Hand an meiner rechten Brustwarze spielt und mit der anderen in meinen Haaren wühlt. Ich schwinge ein Bein über ihn und lasse mich auf seinem Bauch nieder. Dann krallen sich meine Hände in das weiche Fleisch seiner Brustmuskeln und er bleckt die Zähne in einer Mischung aus Schmerz und Wohlgefallen, was mich ziemlich anmacht. Ich mag Männer mit einem zivilisierten animalischen Touch. Glücklicherweise habe ich in meinem Nachttisch immer noch Gummis liegen. Schnell habe ich ihm eins verpasst und dann will ich ihn mir nehmen und zwar ganz, mit Haut und Haaren.

Jaro stöhnt und schließt die Augen, als ich mich auf ihn setze. Ich bewege mich auf und ab, während meine Fingernägel über seinen harten Bauch kratzen. Er greift mit beiden Händen um meine Hüften und presst mich noch härter an sich. Ich glaube, er hat gerade geknurrt, aber mir gefällt das, also schaue ich mit Schlafzimmerblick auf ihn herunter und genieße das Gefühl, wie er auf meinen Mund starrt. Er hält inne und lächelt mich unwiderstehlich an. Und ich stelle mal wieder fest, dass ich total auf blaue Augen stehe.

»Was ist?«

»Hör auf, so zu gucken«, flüstert er.

»Warum?«

»Weil ich dann gleich schon komme.«

»Ach?«, flüstere ich und streichle scheinbar zufällig die Rundungen meiner Brüste nach, um ihn ein bisschen zu ärgern.

»Das ist unfair ...«, stöhnt Jaro und will es meinen Händen gleichtun.

»Warum?«, frage ich mit Unschuldsblick und lege gleichzeitig seine gierigen Finger wieder zurück auf meine Hüften.

»Ich will auch ...«

»Soso ...«, nicke ich und wackle ein bisschen mit dem Oberkörper. Jaro guckt gebannt auf meinen wippenden Busen.

»Kommen Sie doch ein bisschen näher, mein Freund«, flüstere ich und bedeute ihm sich aufzusetzen. Seine Nase verschwindet in meinem Dekolleté. Ich beuge mich noch weiter vor, während er an mir saugt, die Rundungen entlangleckt oder zärtlich an mir knabbert. Sein Haaransatz ist schon ein wenig feucht und ich streiche ihm die Haare nach hinten, als Jaro plötzlich hochsieht.

»Nicht bewegen«, keucht er.

»Warum?«, frage ich und reibe mich ein wenig an seinen Bauchmuskeln.

»Das halte ich nicht lange durch und dann bist du enttäuscht.«

»Ich stehe gar nicht auf Marathonvögeln«, sage ich in seine weichen Haare. »Irgendwann ist alles taub und dann ist man nur froh, dass es endlich zu Ende ist.«

Ich höre Jaro leise lachen, erleichtert irgendwie, aber auch noch ziemlich angetörnt. Also mache ich weiter, während er meinen Kopf zu sich herunterzieht, um mich erneut zu küssen. Seine Zunge wandert über meinen Hals und eine Gänsehaut rast über meinen Körper. Sein Atem ist warm, unsere Körper schwitzen und ich beiße die Zähne zusammen, obwohl mir nichts wehtut. Die Geräusche unserer beider Körper erzeugen in mir fast so viel Lust wie sein Schwanz, der zur Zeit tief in mir drinsteckt. Jaro stöhnt erneut, unser Rhythmus wird schneller, bald wird er kommen. Ich finde ihn unglaublich sexy, wenn er die Augen schließt und den Kopf nach hinten fallen lässt. Meine Klitoris reibt sich an seinem Bauch, während ich mich immer schneller auf ihm bewege. Jaros Hände packen meine Hüfte, halten sich daran fest, dann flüstert er: »Kannst du kommen?« Ich nicke und versuche, an nichts anderes zu denken als an seinen sinnlichen Mund, die tiefblauen Augen und seine leckere Figur.

»Mach einfach«, wispert er. »Wenn du kommst, komme ich sowieso.« Mein Puls rast, mein Körper schwitzt und das Blut tobt in meinen Adern. Das hier jetzt ist der beste Teil. Ich reibe mich hart an ihm, meine Hände vergraben sich in seinen Haaren und ich drücke seinen Kopf zwischen meine Brüste. Sein Atem geht schnell, der Duft seines Parfüms mischt sich mit dem seiner Haut. Nicht mehr lange, alles in mir beginnt zu kribbeln und ich versuche, den Moment zu konservieren. Doch dann muss ich mich geschlagen geben: Ein letztes Mal auf und ab, dann komme ich mit einem genießerisch langen Seufzen. Eine Sekunde später ist Jaro auch so weit, er verzieht das Gesicht, beißt sich auf die Unterlippe und atmet noch einmal laut aus. Ich merke, wie sein Schwanz in mir zuckt, dann löst sich alle Anspannung aus seinem Körper und er lässt erschöpft den Kopf auf meine Brust sinken.

»Oh herrje …«, seufzt er.

»Ich fand's auch gut«, sage ich und betrachte ihn eingehend. So zervögelt sieht er fast noch besser aus. Seine Wangen sind leicht gerötet, der hübsche Mund vom Küssen noch sinnlicher, selbst das verschwitzte Haar steht ihm. Und er hat immer noch diesen coolen Rosenkranz um. Eine Weile noch liegen wir Arm in Arm in den zerwühlten Laken, dann hat die Realität uns langsam wieder.

»Wir müssen bald wieder nach oben, sonst wird es langsam auffällig«, sage ich, schon wieder ganz pragmatisch.

»Aber deine Bluse ... das tut mir echt leid!« Jaro guckt ehrlich zerknirscht.

»Ich habe zum Glück noch eine zweite mit. Das wird niemandem auffallen, sie sind beide weiß.«

»Ich kaufe dir trotzdem eine neue.«

»Nein, so teuer war die nun auch wieder nicht.«

»Dann kaufe ich dir etwas anderes.«

»Okay.« Ich finde es schon anständig, dass er es mir überhaupt anbietet. Ich suche meine Bluse, die eigentlich für den ersten Feiertag eingeplant war, aus meiner Tasche hervor und frische mein kaum noch vorhandenes Make-up notdürftig auf. Jaro kämmt sich die Haare und ich schlinge ihm seinen Schal wieder um den Hals.

Als wir zurück ins Wohnzimmer kommen, simst Noah immer noch mit seiner Ex. Seine beiden anderen Kumpels haben sich bereits verabschiedet.

»Wart ihr bis jetzt rauchen?«, fragt er und guckt ein wenig misstrauisch.

»Wir haben uns noch ein wenig unterhalten«, antworte ich ziemlich abgebrüht. Jaro sagt lieber gar nichts. Gemeinsam setzen wir uns wieder auf unsere angestammten Couchplätze. Ich glaube, meine Eltern haben nicht mal realisiert, dass ich weg war.

»Was ist mit deinen Haaren passiert?«, fragt Noah plötzlich. Jaro und ich gucken uns an. Ich fange an zu kichern, er grinst bis zu den Ohren. Und dann müssen wir beide lachen und können irgendwie nicht mehr aufhören. So viel zum Thema »Locken«.

*Anna Blumbach*

# Es war einmal im Frühlingsgras

*Anna (36), Autorin, Berlin,*
*über*
*Francis (32), Lebemann, Paris*

Der Frühling war in der letzten Woche mit voller Wucht herein-gebrochen. In jedem Gesicht auf der Straße waren die Erleich-terung und Freude darüber zu erkennen. Also auch in meinem. Unverhofft ward mir ein freier Tag beschert und ich hatte Lust, mich auf eine fette grüne Wiese zu setzen und den Duft des saftig grünen Grases einzuatmen. Auf dem Weg in den Park genoss ich den Anblick der leicht bekleideten Mädchen und es schien mir, als würden sie nach Fruchtbonbon riechen.

In gebührendem Abstand zu den anderen Herumliegenden hatte ich mir einen schönen Platz unter einem Zierkirschbaum für meine Picknickdecke ausgesucht. Ich legte mich auf den Bauch und nahm als Erstes einen tiefen Atemzug mit dem Gesicht im Gras. Es roch nach Regen. Dann auf dem Rücken liegend starrte ich in die satten rosigen Blüten über mir, die mit dem knallblauen Himmel im Hintergrund ein herrlich kitschiges Bild ergaben. Der laue, warme Wind fühlte sich weich auf meiner Haut an. Und wenn dann ab und an auch noch Blütenblätter verspielt auf mich herunterrieselten, war dieses Märchen durch nichts mehr zu über-bieten. Oder doch? Jetzt noch ein richtig gutes Gedicht finden, begeistert sein und selig beduselt davon tief ein- und wieder aus-atmen. Ich nahm die frisch erschienene Anthologie aus meinem Rucksack, schlug als Erstes mein Gedicht darin auf und grinste zufrieden. Es war ein sehr kurzes und knappes Gedicht, mehr ein Gedichtchen. Ich wunderte mich, dass es überhaupt den Weg in dieses Buch gefunden hatte.

Bevor ich mich in die anderen Texte vertiefte, wollte ich mir eine Zigarette anstecken, kramte die Schachtel aus dem Rucksack, konnte dann aber kein Feuerzeug finden. Mist! Mein Märchen hatte ein abruptes Ende gefunden.

Ich kann doch keine Anthologie im Park lesen, ohne dabei zu rauchen! Und noch viel schlimmer war, dass ich mir jetzt ein Feuerzeug besorgen musste, dazu würde ich aber meinen schönen Platz hier aufgeben müssen und wenn ich dann zurückkäme, würde er vielleicht von jemandem besetzt worden sein. Ich sah mich um. Jedes Mal Leute anzuquatschen, wenn ich Feuer brauche, dazu hatte ich wirklich keine Lust.

In einiger Entfernung lag jemand, genauso wie ich, unter einem Baum auf einer Decke und las. Als ich auf diesen Menschen zuging, musste er wohl bemerkt haben, dass jemand kommt, denn er blickte auf. Diesen Moment mag ich nicht. Diese letzten Schritte unter Beobachtung des anderen auf ihn zu, diese Frage über dieser Situation, warum du als wildfremder Mensch jetzt gerade auf diesen anderen dort zugehst. Mir kommt es immer vor, als würden sich die Sekunden, bis ich endlich dort ankomme, plötzlich sehr breit ausdehnen oder als würde meine Geschwindigkeit schlagartig verlangsamt oder als würden meine Füße ins Leere treten und ich sage meinen Beinen, dass doch alles in Ordnung sei und sie jetzt bloß nicht stolpern dürften. Zu allem Überfluss kam in dieser Situation noch hinzu, dass mir dieses Gesicht, von dem ich da beäugt wurde, auch noch gefiel. Durch Zufall also ging ich dort auf der Suche nach Feuer gerade auf einen Mann zu, der perfekt in mein Beuteschema passte.

Ich glaube, ich werde dann auch noch schlagartig rot.

»Entschuldige, hast du mal Feuer?«, frage ich verlegen, als ich endlich dort angekommen bin.

Auf dem Bauch liegend lächelt er zu mir rauf, wirft mit einer knappen Kopfbewegung das dunkle Haar aus dem Gesicht, lehnt sich auf den Ellenbogen, kramt mit der freien Hand in seiner Hosentasche, holt ein Feuerzeug heraus und hält es mir hin. Ich gehe einen Schritt auf ihn zu, klemme mir mein Buch zwischen die Knie, um die Hände frei zu haben, und ziehe an meiner Zigarette. Als ich ihm das Feuerzeug zurückgeben will, gehe ich wieder einen Schritt auf ihn zu, dabei fällt aber das eingeklemmte Buch zwischen meinen Knien herunter. Ich schäme mich, dass ich so schusselig bin – während ich ihm das Feuerzeug hinhalte, hocke ich mich gleichzeitig hin, um nach dem Buch im Gras zu langen, verliere das Gleichgewicht und lande auf dem Hintern. Na toll! Wir lachen. Ich bleibe erst einmal im Schneidersitz und schüttele meinen Kopf, traue mich nicht, ihn anzusehen.

»What are you reading?«, fragt er mich dann. Jetzt muss ich aber so langsam wieder aufsehen. Er lächelt sehr hübsch und nickt in Richtung des Buches zu meinen Füßen. Dann steckt er sich auch eine Zigarette an. Ich lege mein Buch vor ihn auf die Decke, will dann auch einen Zug von meiner Zigarette nehmen, aber sie brennt gar nicht mehr. Er liest, in ganz lustig schlechtem Deutsch, den Titel vor. Ich grinse und wiederhole in der richtigen Aussprache.

»It's a collection of different German poems from the past year.«

Er nickt und hält mir sein Buch hin. Hölderlin. Allerdings eine deutsche Ausgabe. Ich wundere mich.

»Dann kannst du ja doch Deutsch«, sage ich. Er sieht mich fragend an. »So you do speak German«, antworte ich seinem Blick.

»No, I just love Hölderlin, I know the translations, but now I want to read the original«, sagt er, sieht, dass meine Zigarette ausgegangen ist, und hält mir das Feuerzeug hin. Ich nehme es und stecke sie an.

Auweia! Habe ich da gerade einen französischen Akzent herausgehört? Eine böse Schwäche von mir, diese Kombination: Franzose spricht englisch.

»Cool!«, sage ich doof, aber dann legt er schon los, mit einigen Zeilen in mies gebrochenem Deutsch (Alles klar! Er ist Franzose.

Hm … ). Ich lächle kriecherisch, finde ich, aber inzwischen kann ich gar nicht mehr anders, denn abgesehen von diesem Akzent, der mich ganz wuschig macht, gefällt mir jetzt auch noch seine Stimme dazu. Und die Tatsache, dass seine Rezitation in diesem Moment überhaupt nicht doof oder peinlich rüberkommt, sondern völlig schlüssig, ja, fast schon beiläufig erscheint, die gibt mir den Rest. Ich meine, mein dummes Grinsen verzieht sich einfach nicht aus meinem Gesicht. Ich glaube, ich bin verknallt: Diese Selbstverständlichkeit, mit der er hier im Park Hölderlin in gebrochenem Deutsch rezitiert, ohne mit der Wimper zu zucken!

Ich erzähle ihm, dass ich dieses eine Gedicht sehr mag, in dem die Zeile vorkommt: »Wie Wasser von Klippe zu Klippe geworfen«, wegen des Sounds darin – und schon sagt er das gesamte Gedicht auf. Alles auswendig! Ich kann mir höchstens ein paar Zeilen merken, aber ganze Gedichte? Und dann auch noch in einer fremden Sprache?

Nach seinem hübschen Vortrag möchte ich von ihm wissen, wie es dazu gekommen ist, dass er sich mit deutscher Lyrik beschäftigt, und schon beginnt eine Unterhaltung, die bis zur Dämmerung dauern wird, weil wir uns beide ganz gut auskennen, und schon fast zwangsläufig wird es sich dann auch noch um unsere Lieblingsmusiken drehen …


So geschah es, dass ich auf einer duftenden Frühlingswiese unter rosafarbenen Zierkirschblüten bei strahlend blauem Himmel im sanften Sonnenschein neben einem zuckersüßen Franzosen mit einer wunderschönen Stimme, während Blütenblätter auf uns niederrieselten, *Cripple Crow* zu hören bekam. Ich wollte nirgendwoanders sein in diesem Moment. Und vor allem wollte ich ganz plötzlich diesen Mann dermaßen gern küssen für dieses schöne und unverhoffte Geschenk.

Inzwischen war es dunkel geworden. Ich zumindest war von seinem Rotwein ganz hübsch angeduselt, aber auch von seinem DJ-Set hier im Park. Unser Musikgeschmack deckte sich sehr gut, wir spielten uns gegenseitig Stücke vor, die wir liebten, und mit jedem Stück zog es mich mehr und mehr zu ihm hin. Ich suchte einen Song aus dem Netz heraus und er antwortete darauf mit einem anderen. Manche kannten wir beide, manche waren neu für uns. Ich entdeckte durch ihn Grizzly Bear und Devandra Banhart und er durch mich die Cold War Kids, Gang Gang Dance und Jay Jay Pistolet. Als ich diesen Namen aussprach, lachte er, wiederholte ihn und sagte dann: »What a name! It sounds like a song, or like a full story … behind it … like …«

Dafür musste ich ihn einfach küssen. Wir lagen auf unseren Bäuchen vor seinem Laptop. In der Dunkelheit waren unsere Gesichter nur vom Licht des Monitors erhellt. Ich sah und lächelte ihn an, als er das sagte, und dann lehnte ich mich an seine Schulter und küsste seine Wange. Ich küsste ihn für diesen seinen Satz, weil ich es nämlich ganz genauso empfand.

»Why …? What for …?«, fragte er lächelnd, aber er wartete meine Antwort gar nicht ab, sondern schob den Laptop von uns, legte sich auf die Seite und seine Hand in meinen Nacken, zog mein Gesicht auf seines und dann küssten wir uns.

Dieser Kuss war mehr wie eine Frage, eine Frage, ob es okay sei – und wie er okay war, dieser Kuss! Nur schwirrten mir plötzlich lauter Fragen im Kopf herum … Die wollte ich aber nicht hören und deshalb versuchte ich, mich wieder darauf zu konzentrieren, was ich gerade fühlte – und was ich fühlte, fühlte sich sehr gut an. Ich wollte, dass er durch meinen Kuss zu spüren bekam, wie froh ich über ihn und wie dankbar ich für diese Begegnung mit ihm war. Etwas in der Art dachte ich, als ich ihn küsste, als er mich küsste, als meine Hand unter sein Shirt an seinem Rücken fuhr und seine warme Haut berührte, streichelte, während er mich an sich zog und sein Kuss dann atemloser wurde und in mir dieses Kribbeln aufkam – so schnell schon? –, so schnell kam dieses schon sehr wichtige Kribbeln auf, dieses Gefühl, ihn noch mehr spüren zu wollen. Ich liebe es, wenn es über mich kommt, dann muss ich Luft holen, dann spüre ich mich für eine Sekunde fallen, bekomme Angst … öffne meine Augen, sehe, was mir die

Angst wieder nimmt, und will mich dann nur noch in dieses Fallen stürzen.


Er lehnt sich gegen mich, ich schiebe den anderen Arm unter ihn und streichle mit beiden Händen seinen Rücken. Er entlässt meine Lippen und sieht mich an. Das kann ich spüren, obwohl meine Augen geschlossen sind. Seine Handfläche liegt auf meiner Wange, ich öffne meine Augen. Wir lächeln.

»I'd like to listen to *Cripple Crow*«, sage ich.

Er nimmt seine Hand von meiner Wange, langt rüber zum Laptop und lässt das Lied laufen. Ich lächle selig, als es anfängt, lege mich auf den Bauch und stecke mir eine Zigarette an. Er drückt sich neben mich und ich gebe ihm ab und an einen Zug ab. Rauchend lauschen wir. Um uns herum ist es finster. Seine Lippen berühren meine Finger, wenn er an der Zigarette zieht … sein Profil hat etwas von einer griechischen Statue. Wenn er konzentriert auf den Monitor stiert, spitzt er seine Lippen etwas und zieht die Augenbrauen zusammen. Ich sehe ihn gern an. Wir liegen im Gras im Dunkeln, es ist niemand in unserer Nähe. Wir lauschen dem Lied und den Geräuschen der Stadt um uns herum. Der Monitor ist mir zu hell. Ich klappe das Ding zu. So ist es schöner. Er richtet sich auf und zieht seine Decke über uns. Ja, so ist es besser.

Er und ich unter seiner Picknickdecke, Musik hörend, rauchend, kein Wort sprechend. Als das Lied vorüber ist, seufze ich und sage, dass ich ihm sehr dankbar dafür bin. Er sagt, dass ich mir einmal dieses Album von Devandra anhören solle, tippt auf seiner Tastatur herum, klappt den Monitor runter und legt sich auf die Seite, sieht mich auf den Ellenbogen gestützt an. Ich bin plötzlich völlig verlegen – was jetzt? Also küsse ich ihn. Schnell küssen, damit er mich nicht so ansehen kann. Er legt sich beim Küssen halb auf mich, ich weiß auch nicht, aber sein Gewicht auf mir und die Tatsache, dass wir unter dieser Decke versteckt sind, das macht mich plötzlich ganz mutig und heiß ist diese Situation auch ziemlich. Die Kälte, jetzt, ist schön, weil wir uns aneinander wärmen können. Ich komme auf verrückte Ideen ... also küsse ich ihn schon etwas inbrünstiger, ich habe Lust auf das alles hier und vor allem habe ich richtig Lust jetzt ...

Ich ziehe ihn beim Küssen auf mich, nehme ihn zwischen meine Beine, er drückt auch gleich seinen Schoß an meinen und ich kann seinen Ständer da unten spüren. Seine Hand fährt unter mein Shirt und schnurstracks zu meiner Brust, von mir aus kann er sich jetzt an mir reiben, bis er kommt ... Da zieht er die Decke über seinen Kopf, schiebt mein Shirt hoch und den Stoff meines BHs runter, ich halte mit einer Hand die Decke über seinem Kopf fest, starre in den Sternenhimmel und hole tief Luft. Ich spüre seine Zunge an meiner Brust und seine Lippen, ich japse ... oh mein Gott! Ja, weitermachen, bitte, weiter so ... die andere Brust legt er auch frei und greift nach ihr. Ich muss jetzt aufpassen, nicht zu laut zu atmen – ich vergehe noch vor Wonne ...

Da kommt er plötzlich rauf zu meinem Gesicht und küsst mich heftig. Ich kann nicht anders, ich greife mit einer Hand nach seinem Gürtel und öffne ihn und auch den Knopf an seiner Hose, jetzt komme ich ganz leicht rein und bekomme gleich seine Eichel in die Finger, ich öffne auch noch den Reißverschluss und so kann ich eine Faust um seinen Ständer machen. Er atmet heiß in meinen Mund und ich in seinen. Jetzt kann ich ihm ganz langsam, während wir uns küssen, einen runterholen. Ich schiebe den Stoff seiner Shorts runter und sein Ständer fluppt mir geil entgegen, oder sollt ich ihm jetzt einen blasen? Ich weiß nicht ... ich weiß ja noch nicht. Das alles fühlt sich einfach nur gut und schön an und ich will nicht, dass es so schnell vorüber ist. Noch nicht! Sorry, da bin ich jetzt einfach mal egoistisch. Aber das alles ist dermaßen heiß jetzt gerade, dass eine Pause auch nicht drin ist. Er bewegt seinen Schoß vor und zurück, ich halte nur meine Faust um seinen Schwanz geschlossen, ich kann spüren, dass er feucht ist, und so gleitet alles schön in meiner Hand.

Plötzlich drückt er sich hoch, legt seinen Oberkörper neben mich, meine Hand bleibt, wo sie ist, er schnauft atemlos in mein Ohr, streicht mir das Haar aus meinem Gesicht und fragt hechelnd, wie ich eigentlich heiße. Ich muss grinsen, mit seinem Schwanz in meiner Hand, während ich ihn weiter wichse, antworte ich ihm.

Er findet meinen Namen schön, dann nennt er mir seinen. Ich spreche ihn nach. »I like your name also«, sage ich und verteile seine Liebestropfen über seiner Eichel.

»Where the fuck did you come from?«, fragt er dann.

»Nice to meet you!«, sage ich trocken.

Er lacht und dann küsst er mich auf die Wange, legt seinen Kopf auf seinen Oberarm, ich herze seinen Ständer, er schiebt seine Hand unter die Decke, unter mein Shirt und herzt meine Brust als Antwort. Nein, das alles darf noch nicht so schnell zu Ende gehen. Wir lauschen der Musik und ich bin völlig benebelt von allem hier, selig und glücklich verwirrt … ein seltsames Märchen ist das hier.

»I'd love to make love to you«, sagt er plötzlich.

Ich schlucke, versuche aber zu lächeln. Wie jetzt? Wo jetzt? Aids! Kondom! Kondome!

Ich antworte mit einem Kuss, etwas Besseres fällt mir mal wieder nicht ein. Oh, ja, ich will auch gern *Liebe mit ihm machen*, aber ich habe keine Lust, einfach null Bock, jetzt über Aids und so ein Zeug mit ihm zu reden, nicht jetzt. Bitte nicht!

Während wir uns küssen, spüre ich ihn in seiner Hosentasche kramen. Hm! Und dann, dann spüre ich über unseren Köpfen, dass er rumhantiert, und dann höre ich ein vertrautes Knistern. Er scheint meinen Kuss wohl als ein Ja verstanden zu haben. Und ja, es war eigentlich schon ein Ja, aber … Und dann zieht er sich von mir zurück, stützt sich auf den Ellenbogen neben mich und dann frickelt er sich da unten das Kondom über – ich übernehme dann mal –, während ich ihm also das Kondom überstreife, sehen wir uns an. Er legt seine Hand auf meine Wange und streichelt sie mit seinem Daumen.

»I want a kiss!«, sage ich. Er beugt sich runter, legt sich auf mich und küsst mich. Ich schließe meine Augen. Nur nicht nachdenken jetzt …

Während ich seinen Schwanz befingere, öffnet er meine Hose, unser Kuss ist zärtlich und sanft, ja, ich habe Lust auf diesen Mann in diesem Moment. Aber auf die Missionarsstellung habe ich jetzt keine Lust. Ich schiebe meine Hose runter, über meinen Hintern, er hilft mir dabei, dann drücke ich ihn von mir und lege mich auf die Seite, zieh die Decke über unsere Körper und drücke meinen nackten Hintern gegen seinen Schoß, greife mir seinen Ständer und wichse ihn, führe ihn dann an die Stelle, um die es jetzt geht, er greift sich meine Brust von hinten, zieht mich an sich, bewegt seinen Schwanz in meiner Faust vor und zurück, küsst meinen Hals von hinten, ich bin so heiß jetzt ... Ja, komm schon ... Ich hebe mein Bein leicht an, befingere meine Muschi etwas, ja, alles schön feucht da unten, wie soll es auch anders sein, ja ich will, ich will jetzt ... übernehme die Führung, zeige ihm, wo es langgeht und dann, dann lasse ich los und dann, dann drückt er langsam, ganz langsam, auf der Seite liegend seinen Ständer in mich ...

Ich atme ein und halte die Luft an. Diesen Moment liebe ich. Wenn ich die Luft anhalten muss ... wenn mir das Blut in die Wangen schießt ... wenn es mich in jeder einzelnen Zelle meines Körpers ganz klein und süß pikst ... Ich schnappe wieder nach Luft, er auch, und so vögelt er mich ganz langsam und genüsslich, ich drücke meinen Schoß an seinen und ziehe mich wieder zurück und vor und zurück ... das kann jetzt noch stundenlang so weitergehen, meinetwegen, stun-den-lang.

Aber das da unten macht mich bald schon total heiß, also schnappe ich mir seine Hand an meiner Brust und drehe mich zusammen mit ihm auf den Bauch. Er klemmt meine Beine zwischen seine und so kann er schon etwas heftiger zustoßen. Ich hebe meinen Hintern, er drückt sich gegen mich. Ja, so ist es gut! Wir geben uns Mühe, nicht zu heftig zu atmen. Ich werfe einen flüchtigen Blick in unsere nähere Umgebung. Wir sind hier die Einzigen auf der Wiese, soweit ich es erkennen kann. Vielleicht sitzt auch irgendwo jemand auf einer Bank und beobachtet uns, aber das ist mir jetzt, mit Verlaub gesagt, ziemlich schnuppe. Echt jetzt! Ich spüre ihn dort unten hinten in mich stoßen und bin geil ohne Ende. Ich atme in die Picknickdecke und versuche, so leise wie möglich zu sein. Er atmet heiß und stoßweise in meinen Nacken. Das lässt mir einen Schauer über den Rücken laufen … und dann, dann spüre ich seine Hand an meinem Kitzler. Ich bin dankbar, aber ich weiß einfach, dass ich jetzt und hier und so ganz sicher nicht kommen werde, aber das ist schon okay. Alles ist gut und schön, so wie es ist. Es fühlt sich irre sexy an, wie unsere Finger zusammen dort ganz leicht gleiten … geil gleiten … irre sexy … von hinten gefickt und vorn … dieses warme, feuchte, geile Gleiten …

Jetzt atme ich stoßweise und schon kurz vorm Überschwappen in diese Decke unter mir – rieche Gras Gras Gras, spüre nur noch hin, spüre diesen Rausch, alles andere existiert nicht mehr, nur noch dieser Rauschschschsch …

Rausch in meinen Ohren, es rauscht über meinen Rücken, kommt rauf zu mir gerauscht, über meine Schultern, meinen Nacken, über meinen Hinterkopf … es schießt in meine Wangen, ich halte die Luft an …

Als er dann auch kommt, liege ich längst nur noch hechelnd da und grinse glücklich ganz tief aus- und einatmend vor mich hin. Er bleibt noch auf mir liegen danach und hechelt in mein Haar. Vielleicht vögeln wir ja später noch einmal, denke ich. Oder in seinem Bett zur Abwechslung, er wohnt doch hier in der Nähe … oder wir schlafen heute Nacht einfach im Park … Alles ist heute noch drin und möglich in diesem meinem feuchten Frühlingsmärchen.

# DIE AUTORINNEN

**SABINE ANDERS** (geb. 1979) hat Literatur studiert und eine Doktorarbeit über den amerikanischen Schriftsteller Cormac McCarthy geschrieben. Seitdem ist sie als freie Autorin und Übersetzerin tätig. 2010 erscheint ihr Buch *111 Gründe, Pferde zu lieben* im Schwarzkopf & Schwarzkopf Verlag.

**ANNA BLUMBACH** (40) lebt und arbeitet als freie Autorin und Designerin mit ihrem Kind in Berlin. Ihr Roman *Kurze Nächte* erschien 2009 bei ANAIS.

**ANNA BUNT** wurde 1980 in Esslingen am Neckar geboren und lebt in der Nähe von Stuttgart. Mit achtzehn Jahren wurde sie sich ihrer devoten Neigung bewusst. Damit begann für sie ein schwieriger Auseinandersetzungsprozess, den sie einfühlsam in ihrem autobiographischen Roman *Subjektiv* (ANAIS) thematisiert.

**MARLENE BURBA,** 1985 im westfälischen Gronau geboren, studierte Modejournalismus und Medienkommunikation an der AMD in Düsseldorf. Nach dem Studium und einer TV-Hospitanz bei 3sat arbeitete sie bei Mode-Fachmagazinen und als Online-Redakteurin.

**HANNA DONATH** wurde 1979 in Frankfurt am Main geboren. Heute arbeitet sie als Redakteurin bei einem Printmagazin und lebt in einer WG in Freiburg. Im Frühjahr 2011 erscheint ihr erster Roman bei ANAIS.

**JOSEFINE FRIEDRICH** studierte Kunstgeschichte und Philosophie an der Humboldt-Universität zu Berlin. Nach ihrem Abschluss zog es sie zurück in ihre Heimatstadt Hamburg, wo sie als Texterin in einer namhaften Werbeagentur arbeitet.

**CARMEN GRIESSBACH** hat verschiedene Ausbildungen im Bereich Medizin und Handel absolviert sowie ein Studium als Personal Coach. Als Teenager entdeckte sie ihre Passion für das Schreiben. Heute veröffentlicht sie regelmäßig im PO-Magazin und schreibt Kurzgeschichten.

**CHRISTIANE HAGN** studierte in Erlangen an der Friedrich-Alexander-Universität Theater- und Medienwissenschaften, Psychologie und Spanisch. Seit April 2007 arbeitet sie im Bereich Stoffentwicklung für eine Film- und Fernsehproduktionsfirma. Im Herbst 2010 erscheint bei ANAIS ihr Debütroman *Mein Herz ist ein Idiot*.

**ANNIKA HENNEBACH** wurde 1976 in Hamburg geboren. Seit ihrem Magister in Germanistik arbeitet sie als freie Autorin in Berlin. 2009 brachte sie eine Tochter zur Welt, im gleichen Jahr erschien ihr Debütroman *Emmas Laden* (ANAIS).

**BINE HOFFMANN** wurde 1961 in Uelzen, Niedersachsen, geboren. Heute, nach jahrelangen Auslandsaufenthalten, lebt und schreibt sie in der Nähe der dänischen Grenze am Meer.

**CORNELIA JÖNSSON** wurde 1980 in Lörrach am Ende der Welt geboren. Ihr gelang die Flucht über Wien nach Berlin, wo sie Theaterwissenschaft und Philosophie studierte. In Kreuzberg verfasst die Walter-Kempowski-Preisträgerin und mehrfach Geliebte derzeit Romane und Theaterstücke.

**MIA KOWALTZKI** kommt aus Hamburg, ist 27 Jahre alt und kämpft hauptberuflich gegen Zeitdiebe jeglicher Couleur. Nebenher beschäftigt sie sich ab und an mit dubiosen Comics und kognitiver Linguistik.

**INA KÜPER**, 1984 bei Münster geboren, studierte Modejournalismus und Medienkommunikation in Düsseldorf. Danach war sie freie Redakteurin bei Dessous- und Brautmodenzeitschriften. Heute lebt und liebt sie wieder im Münsterland.

**VANESSA VIOLA LAU** ist Juristin und Yogini, Weltenbummlerin und Abenteurerin. Sie arbeitete in internationalen Kanzleien und Konzernen in Peking, Taipeh und Hongkong. Heute lebt sie in Berlin und Tokyo. 2010 erscheint ihr Buch *Küss mich überall* im Schwarzkopf & Schwarzkopf Verlag.

**KIRA LICHT** hat Naturwissenschaften studiert und schreibt doch eher über das, was sich in labortechnisch korrekten Experimenten so gar nicht erforschen lässt. Sie wohnt mit ihrem verzogenen Hund und ganz vielen Büchern in der Nähe von Bochum, NRW. Ihr Roman *One Night Wonder* erschien bei ANAIS.

**MIA MING** wurde im Rheinland geboren und lebt seit zehn Jahren in Berlin-Kreuzberg. Ihre Trilogie *Schlechter Sex* wurde zum Bestseller. Vor Kurzem erschien ihr neues Buch *Seitensprünge* im Schwarzkopf & Schwarzkopf Verlag.

**ELKE MORRI** verdient mit Sex ihr täglich Brot. Sie macht mit Prominenten und den restlichen Freaks erotische Interviews und schreibt schräge Reportagen. Morri lebt als freie Journalistin am Wörthersee. 2010 erschien ihr Buch *Alle Männer sind Freaks* (Schwarzkopf & Schwarzkopf Verlag).

**ALEXANDRA NEWSKI** wurde 1979 in Nowosibirsk, der Hauptstadt Sibiriens, in einer deutsch-russischen Familie geboren und verbrachte ihre Kindheit und Jugend in Russland. Seit 2004 studiert sie Ingenieurwissenschaften in Berlin.

**ANOUK S.** wurde 1980 im Rheinland geboren. Nach dem Abitur zog sie nach Berlin, um Philosophie und Neuere deutsche Literatur zu studieren. Später arbeitete sie zunächst als freie Journalistin und Autorin. Gegenwärtig schreibt Anouk S. an ihrer Doktorarbeit.

**ANNIKA SCHWISOW** wurde 1986 in einem hübschen Ort an der Ostseeküste geboren. Nach ihrem Journalistikstudium zog es sie nach Berlin. Dort arbeitet sie inzwischen als freie Redakteurin und Autorin und klärt die Einheimischen über »Schietwedder« und die hohe Kunst des Klönschnacks auf.

**MARIE SOMMER** war schon immer von dem Mann-Frau-Sex-Liebe-Ding fasziniert, weshalb sie sich auch als *Dirty Girl* (Schwarzkopf & Schwarzkopf Verlag) in ausufernde Feldforschungen auf diesem Gebiet stürzte. Marie ist um die dreißig und macht »was mit Medien«.

**JULIA STRASSBURG** kam 1978 in Hannover zur Welt. Nach dem Grafikdesignstudium in Hamburg strandete sie in Berlin, wo sie heute freiberuflich tätig ist. Schon früh verlieh sie dem schöpferischen Kribbeln im Kopf Ausdruck in Text und Bild. Mit *Was sie will* (ANAIS) legt sie ihren ersten Roman vor.